십자가와 구속

D. M. 로이드 존스 지음
서 문 강 옮김

기독교문서선교회

THE CROSS

By
D. M. Lloyd-Jones

Translated by
Kang Seo-Moon

Copyright © 1986 by Bethan Lloyd-Jones
Originally published by kingsway publications LTD.
as *THE CROSS* by D. M. Lloyd-Jones
Translated by permission of kingsway publications LTD.
Through the proprietor's agent, Winfried Bluth M. A.
Lottbridge Drove, Eastbourne BN23 6NT, England
All right reserved.

Korean Edition
Copyright © 2001 Christian Literature Crusade
Seoul, Korea

저자서문

"그러나 내게는 우리 주 예수 그리스도의 십자가 외에 결코 자랑할 것이 없으니 그리스도로 말미암아 세상이 나를 대하여 십자가에 못박히고 내가 또한 세상을 대하여 그러하니라."

갈라디아서 6:14

26년 동안 웨스트민스터 강단을 지켜오는 동안 참으로 어리석게도 모든 것을 여러 번 설교했으니 더 이상 할 말이 없지 않는가 하는 의문에 빠지곤 했습니다. 마귀는 내게 그러한 생각을 갖도록 부추겼습니다. 그러나 이제 나는 시작에 불과하다는 느낌을 가지고 있다고 말할 수 있어서 하나님께 감사합니다. 이 십자가에 대한 영광스러운 메시지에는 끝이 없습니다. 전에 알지 못했던 새롭고 신선하고 황홀하고 감동적이고 심령을 높여 주는 어떤 것이 항상 거기에 있기 때문입니다.

D. M. 로이드 존스

머리말

　　마틴 로이드 존스(Martyn Lloyd-Jones) 박사야말로 20세기 영어 문화권 최대의 설교자라는 데 조금도 의문의 여지가 없습니다. 그의 설교를 들을 수 있는 특권을 가졌던 우리들은 그가 복음의 영광에 사로잡혔을 때 사람의 영혼을 일깨웠던 강렬한 메시지를 쉽게 잊지 못할 것입니다. 하나님께서 그를 통해서 그러한 능력으로 말씀하셨습니다. 그러나 그분이 이지(the mind)에 머물러 있는 사람은 아니었습니다. 또한 인간적인 재능들이나 지적인 능력들이나 개인적인 매력을 특별하게 가지고 있는 사람도 아니었습니다. 그가 자신의 설교를 듣는 청중들에게 지울 수 없는 인상을 남긴 것은 진리의 능력과 하나님의 위대함과 인간의 부족함, 그리고 성경의 영광스러운 계시와 권위에 대한 강조였습니다. 그러므로 그의 설교를 출판하게 된 것은 교회 전체가 감사해야 할 일임에 틀림없습니다.

　　본서에 소개된 내용은 1963년 가을에 런던의 웨스트민스터 교회당에서 설교된 내용들입니다. 모두 다 갈라디아서 6:14의 "그러나 내게는 우리 주 예수 그리스도의 십자가 외에 결코 자랑할 것이 없으니 그리스도로 말미암아 세상이 나를 대하여 십자가에 못박히고 내가 또한 세상을 대하여 그러하니라"는 사도 바울의 말에 대한 설교였습니다. 이 설교들은 본문에 대한 박사의 깊은 이해와 연구를 보여 주는 참으로 놀라운 표본이며, 동시에 십자가에 못박히신 그리스도를 전하는 그의 설교의 빛나는 표본들입니다.

로이드 존스 박사의 설교는 열정적인 웅변과 논리적인 논증과 가장 성숙한 청중이라도 깊이 숙고할 수 있는 심오성이 놀랍게 조화되어 있습니다. 그러면서도 어린아이들도 능히 그의 설교를 이해할 수 있는 단순성을 갖추고 있습니다. 이러한 특징들이 이 일련의 연속설교에서 참으로 잘 예증되어 있습니다. 오늘날 그러한 설교들이 갈수록 더 필요한 것은 구미 지역에서 능력 있는 성경적 설교(강해서)의 약화 때문이기도 합니다. 또한 이 설교가 다루는 주제 때문이기도 합니다. 이러한 기독교 복음의 중심적인 진리를 회상하고 파헤치고 선포하고 자랑해야 하는 것은 이제 우리의 긴박한 과제가 되어 있습니다. 이러한 상황 가운데에서 우리는 로이드 존스 목사님의 다음과 같은 언급을 기억할 필요가 있습니다.

> "그리스도의 사역(事役)에 대한 피상적인 관점들은 피상적인 그리스도인의 삶을 만들어 낸다."

하나님께서 이 책을 통해서 십자가를 새롭게 자랑하도록 우리를 자극하시며, 성경강해에 대한 새로운 열심을 불러일으키시며, 그리스도를 향한 새로운 사랑을 풍성하게 고취시키기를 바랍니다.

에릭 알렉산더

서 론

여러분은 케네디 대통령의 암살소식을 접하게 되었을 때 어떤 일을 하고 있었는지 기억하실 수 있습니까? 그 사건의 충격은 너무나 커서 사람들은 그 소식을 들었을 때 자기들이 어디에 있었는지 정확히 기억해 낸다고들 말합니다. 그 당시 나는 불과 여덟 살밖에 되지 않았습니다. 그렇지만 대통령이 피격당했다는 비극을 전하는 텔레비전의 특보를 보았던 것을 뚜렷이 상기해 낼 수 있습니다.

젊은 나이에 비극적인 죽음을 당한 케네디의 사건을 접하고 몹시 충격을 받고 슬퍼했던 분들 중 하나가 바로 마틴 로이드 존스였습니다. 아마 대통령이 그처럼 젊은 나이에, 장래가 무한히 촉망되어 보이는 삶의 전성기에 목숨을 잃었다는 것―그 사실이 거의 모든 사람들에게 충격을 주었을 것입니다. 그러나 로이드 존스 박사에게는 더 중요한 또 하나의 죽음이 있었습니다. 그 죽음은 싸움으로 찢겨진 세상에 훨씬 더 중요하고 더욱 필요한 죽음이었습니다. 진실로 문제되었던 그 죽음은 참으로 오랜 세월 전에 갈보리 언덕의 십자가에서 일어났던 예수 그리스도의 죽음이었습니다.

더 나아가서 케네디의 죽음과는 달리, 십자가에서 죽으신 그리스도의 죽음은 전혀 비극이 될 수 없고 오히려 영광스러운 사건이었습니다. 실로 이 연속설교의 주제 본문은 바로 이 점을 정확하게 보여 줍니다. 사도 바울이 갈라디아 사람들에게, "그러나 내게는 우리 주 예수 그리스도의 십자가 외에는 결코 자랑할 것이 없다"라고 쓴 바와 같습니다. 로이드 존스 박사에게 있어서 그것은 바로 가장 중요한 사건이었습니다. 오늘날의 세상은 예수 그리스도 안에서만이 소망을 가질 수 있습니다. 단순한 인간의 죽음은 절망을 불러오지만 예수 그리스도의 죽음은 생명을 줍니다.

십자가에 관한 설교들은 대개 부활절을 앞에 두고 전해집니다. 그러나 이 설교들은 1963년 가을 웨스트민스터 교회당에서 전해진 것들입니다. 이 일련의 연속설교가 거의 마무리 단계에 접어들 즈음에 달라스에서 케네디 대통령이 암살당했다는 끔찍한 뉴스가 전해졌습니다. 그 사건 직후에 전해진 설교는 무엇이 로이드 존스 박사로 하여금 특별하게 능력 있는 설교자가 되게 했는가를 보여 줍니다. 그는 오늘날 어떤 사람들이 행하는 바와 같이 연속설교를 중단하고 존 케네디의 삶에 초점을 맞춘 특별한 설교를 하지는 않았습니다. 그는 계속해서 자기가 시작해 왔던 갈라디아서의 연속설교를 진행해 나갔습니다. 반면에 많은 사람들이 행하는 것처럼 그 사건을 전혀 무시하지도 않았습니다. 오히려 그는 자기의 갈라디아서 설교에 케네디의 죽음을 언급했습니다.

왜냐하면 로이드 존스 박사가 볼 때 십자가는 인생 가운데서 일어나는 모든 것과 연관을 맺고 있었기 때문입니다. 많은 사람들은 케네디 대통령을 앞으로 도래할 핵으로 인한 대량학살의 위협을 받는 세상에 평화를 가져올 인물로 알고 그에게 희망을 걸고 있었습니다. 그 위험은 오늘날도 참으로 무섭게 우리들 위에 드리우고 있습니다. 그러나 로이드 존스가 지적하였듯이 가장 진실된 의미에서 평화를 가져올 수 있는 분은 오직 주 예수 그리스도뿐입니다. 하나님께서 주권자이십니다. 세상의 운명을 정하는 것은 어느 인간도 아니고 오직 하나님뿐이십니다.

　케네디도 미국의 흑백 인종문제를 화해시키려고 무진 애를 썼습니다. 그러나 다시 한 번 인종간의 진정한 연합은 예수 그리스도의 교회와 갈보리의 피로 인하여 구속받은 사람들 속에서만 이루어진다고 그는 역설하였습니다.

　박사는 그리스도인들이 정치적이고 사회적인 활동을 하는 것이 잘못되었다거나 적절치 못한 것으로 본 것은 아닙니다. 그는 사춘기에 접어들면서 하원(下院) 방청석에서 윈스턴 처칠과 데이비드 로이드 조지가 격론을 벌이는 것을 보았습니다. 그리고 나서 그의 전생애 기간 동안 정치에 대해 상당한 매력을 느끼게 되었습니다. 또한 정치와 사업과 예술과 그와 유사한 일들에 관계하는 그리스도인들을 다 좋아했고 많은 사람들에게 그렇게 하도록 격려하였습니다. 그럼에도 불구하고 그는 사람의 난제들에 대한 "궁극적" 해답이 사람에게 있는 것이 아니라 예수 그리스도에게 있다는 사실을 성경으로부터 알았던 것입니다. 이것은 케네디 대통령의 취임연설 때 행한 말과 완전히 대치되는 것입니다. 케네디 대통령은 이탈리아의 르네상스 시대에 유행되었던 한 철학자의 말을 인용하면서 사람이 모든 난제를 창출해 내는 만큼 그 난제들을 사람이 해결할 수 있다고 말했습니다. 그 철학자는 다음과 같이 말하였습니다.

> "사람은 모든 사물의 척도이다.
> 원하기만 하면 모든 것을 해낼 수 있다."

　로이드 존스 박사의 관점에 따르면 20세기의 역사는 그러한 관점이 전혀 어리석고 무모한 것이었음을 의심의 여지 없이 보여 준 것이었습니다.

　실로 이 설교들이 보여 주는 바와 같이 예수 그리스도의 십자가는 그때처럼 오늘날도 똑같이 필요하고 적합합니다. 십자가는 자본주의자들에게뿐 아니라 공산주의자들에게도 똑같이 말합니다. 모든 인종을 불문하고 살아 있는 모든 인류에게 말합니다. 더 나아가서 박사가 명백히 밝히듯이 청종하여 듣는 것만으로는 충분치 못합니다. 십자가의 메시지는 살아서 그 메시지를 듣는 모든 사람들로부터 반응을 요구합니다. 그것이야말로 오늘날 소망에 대한 하나님의 메시지입니다. 다른 것은 전혀 없습니다.

크리스토퍼 개더우드

목차

저자서문 / D. M. 로이드 존스 · 3
머리말 / 에릭 알렉산더 · 5
서 론 / 크리스토퍼 캐더우드 · 7

제1장	참 놀라운 십자가	13
제2장	진위(眞僞) 테스트	41
제3장	하나님의 지혜	69
제4장	"세상을 사랑하지 말라"	95
제5장	십자가의 승리	121
제6장	그는 우리의 평강이시다	147
제7장	그리스도의 십자가는 말한다	171
제8장	새로운 본성	197
제9장	값주고 사서 자유케 하였느니라	22

역자후기 · 249

1

참 놀라운 십자가

산을 옮길 수 있고
산을 평지로 만들 수 있는
믿음을 제게 주소서
주의 집을 다시 짓고 싶어 견딜 수 없는
기도의 열망이 넘치는 사랑을 제게 주소서
주의 사랑을 내 마음에 부으사
내 속량받은 영혼이 사로잡히게 하소서.

귀한 시간 내어
나는 이 목적만을 위해 살기 원하나이다
아직 내 구주 모르는 자들을 위해
그 모든 시간도 쓰기 원하나이다
주님이 내게 주신 사명이 이것이니
주의 사랑만 전파하고 전파하리다.

> 주여!
> 내 재능과 은사와 은혜 모두 다 당신께 드리나이다
> 오직 주의 말씀 전하며
> 주의 영광만 바라며 살게 하소서
> 나의 모든 성결한 삶은 죄인 된 친구를
> 변화시키는 데 쓰이게 하소서.
>
> 하나님의 무한한 사랑으로
> 내 마음 넓게 해주신
> 그것으로 불꽃이 일어 가득 차게 하소서
> 내 있는 힘 다 기울여 당신의 열심으로 그들을 사랑하며
> 당신의 문으로 인도하겠나이다
> 목자 되신 주님이 위하여 죽으신 양들을 위해.
>
> 웨슬리(C. Wesley)

여러분은 모든 날들을 위의 시에서 말하는 그런 식으로 보낼 수 있었으며 보내려 하였습니까? 바로 그것이 문제입니다. 이 모든 시구(詩句)가 겨누고 있는 이 "친구"를 찬양하면서 당신의 모든 날들을 보내고 싶은 간절한 마음이 있습니까?

자, 이 질문에 답하도록 도와주기 위해서 바울이 쓴 갈라디아서에 나오는 말씀을 상기시켜 드리고 싶습니다. 바울은 6:14에서 "그러나 내게는 우리 주 예수 그리스도의 십자가 외에 결코 자랑할 것이 없으니 그리스도로 말미암아 세상이 나를 대하여 십자가에 못박히고 내가 또한 세상을 대하여 그러하니라"고 기록하였습니다. 이 구절은 그 앞에 있는 말과 연결되어 있습니다. 14절 초두에 "그러나"라는 말이 그 점을 암시해 줍니다. 12절과 13

절은 이렇게 되어 있습니다. "무릇 육체의 모양을 내려 하는 자들이 억지로 너희로 할례받게 함은 저희가 그리스도의 십자가를 인하여 핍박을 면하려 함뿐이라 할례받은 저희라도 스스로 율법은 지키지 아니하고 너희로 할례받게 하려 하는 것은 너희의 육체로 자랑하려 함이니라."

방금 상기시켜 드린 바와 같이 이 진술은 문맥을 따라 파헤쳐야만 바로 이해될 수 있습니다. 그래야만 사도 바울이 우리의 주요 구주이신 하나님의 아들이 갈보리 언덕 십자가 위에서 죽으신 죽음에 대해 그런 식으로 말하는 이유를 쉽게 알게 됩니다. 그는 지금 갈라디아서를 끝맺고 있는 중입니다. 갈라디아 사람들은 바울 자신의 설교(전도)와 가르침으로 말미암아 그리스도인이 된 사람들입니다. 그러나 그렇게 그리스도인이 된 사람들을 넘어뜨리려고 어떤 다른 교사들이 가만히 들어왔습니다. 그들은 복음을 믿는 것은 좋지만 확실한 그리스도인이 되어 하나님의 진정한 축복을 받으려면 역시 할례를 받아야 하며 유대교의 율법 아래로 되돌아가야 한다고 가르쳤습니다. 사도는 그 문제를 대처하기 위해서 바로 이 서신을 쓴 것입니다. 그는 지금 서신을 끝마치려 하면서 자기가 이 서신에서 말한 모든 것을 요약하고 있습니다. 또한 동시에 갈라디아 사람들과 그들을 통하여 이 서신을 받게 될 모든 사람들로 하여금 기독교 신앙의 확실한 근본 진리와 원리들을 상기하도록 하고 있습니다.

바울이 그들에게 상기시켜 주는 첫 번째 요점은 이 세상에서의 삶은 매우 심각하고 엄숙한 문제라는 것입니다. 삶을 진정으로 이해한다면, 이 세상에서의 삶은 세상이 삶에 대해 생각하도록 하는 그런 류의 것은 아니라는 말입니다. 이 세상에서의 삶은 유쾌하게 보낼 수 있는 천박하고 가벼운 것이 아닙니다. 그것은 전혀 그렇지가 않습니다. 정말 이 세상에서의 삶은 엄청나게 진지한 일입니다. 다음과 같은 이유 때문입니다. "스스로 속이지 말라 하나님은 만홀히 여김을 받지 아니하시나니 사람이 무엇으로 심든지 그대로 거두리라 자기의 육체를 위하여 심는 자는 육체로부터 썩어진 것을 거두고 성령을 위하여 심는 자는 성령으로부터 영생을 거두리라"(6:7-8).

인생은 심고 거두는 것의 문제입니다. 사람은 심은 바로 그것을 또한 거두게 될 것입니다. 이 세상에서 작용하는 도덕적 법칙이 있습니다. 우리 모두는 책임을 져야 하는 존재들입니다. 우리는 다 죽게 되어 하나님 앞에 심판을 받게 되며 몸으로 행한 행실을 그 앞에 직고(直告)할 것입니다. 우리의 영원한 운명은 우리가 이 세상의 삶에서 행한 것에 달려 있습니다. 그러므로 인생은 거대한 과제입니다. 사람이 생각할 수 있는 것 가운데 가장 심각한 것입니다. 왜냐하면 이 세상에서 얻어 영원토록 계속 가지고 있을 것이 육체를 위하여 심느냐 성령을 위하여 심느냐에 달려 있기 때문입니다.

그러므로 이 세상에서 발견해야 할 가장 중요한 일은 어떻게 하면 성령을 위하여 심느냐입니다. 어떻게 살아야만 이 세상과 오는 영원한 세계에서 기쁨과 행복과 평강의 축복을 거둘까요? 바로 그것이 문제입니다. 그러나 사도가 계속 지적해 나가고 있으며, 이 서신 전체에서 지적해 온 것처럼, 불행히도 바로 그 문제가 거짓된 교사들 때문에 뒤죽박죽 되어버렸습니다. 초대교회에 그러한 상황이 벌어졌는데 오늘날도 역시 상황은 여전합니다. 기독교회의 이름으로 서로 상충되는 주장들이 난무하고 있습니다. 그들은 자기들이 그리스도인이며 모두 기독교회에 속했다고 주장합니다. 그러나 그들은 서로 정반대가 되는 것을 말하고 있습니다. 그러므로 우리가 가장 먼저 해야 할 일은 어느 것이 진정한 메시지인지를 가려내는 일입니다. 여러분은 참된 메시지와 거짓된 메시지 사이를 어떻게 분간하십니까? 사도 바울은 다른 서신에서와 같이 이 서신에서 바로 그 문제에 대한 해답을 제시하고 있습니다. 아니 성경 전체가 그 문제의 답을 말하고 있습니다.

그러면 참 메시지는 무엇입니까? 무엇이 기독교 복음입니까? 기독교 복음은 어떠한 것입니까? 그 복음은 무엇을 선포합니까? 그 복음은 우리에게 무엇이라고 말하고 있습니까? 어떻게 해야만 사람이 하나님과 더불어 올바른 관계를 유지할 수 있습니까? 어떻게 해야만 성령을 위해서 심을 수 있습니까? 어떻게 해야만 영생을 거둘 수 있습니까? 앞으로 내게 일어날 수 있는 일을 면하게 해주고, 나로 하여금 죽음 앞에서 미소를 짓게 하며, 하나님의 심판대에 이를 때 두려워할 필요가 없다고 확신시켜 주며, 말로 할 수 없는 영광 중에 있는 영생과 영원한 복락을 보증할 것을 위하여 이 세상에서 무엇을 해야 할까요? 내가 무엇을 해야만 합니까? 어떻게 해야 그 입장에 설 수 있습니까? 여기 다행하게도 대사도가 정말 우리를 위해서 그 질문에 대한 답변을 제시합니다. 그는 그 해답을 영광스럽고 거창한 진술로 이렇게 표현합니다.

"결코 자랑할 것이 없으니." 자랑하는 일은 도저히 생각조차 할 수 없는 일이라고 말합니다. 그러면서 그는 자기가 자랑해야 할 어떤 것이 있다고 말합니다. "우리 주 예수 그리스도의 십자가 외에 결코 자랑할 것이 없으니 그리스도로 말미암아 세상이 나를 대하여 십자가에 못박히고 내가 또한 세상을 대하여 그러하니라." 이는 그가 자랑하는 것입니다. 바로 그는 그것을 설교했습니다. 저도 하나님의 은혜로 말미암아 여러분에게 바로 그것을 증거할 특권을 얻었습니다. 대답은 같습니다. 바로 이 메시지만이 오직 유일한 답변입니다.

그것은 무엇입니까? 저는 그것을 다음과 같이 살펴보려 합니다. 십자가와 그 십자가에서 죽으신 주 예수 그리스도의 죽으심을 전하는 것(설교)이 기독교 복음이며 기독교 메시지요. 핵심이요 중심입니다. 저는 여러분 모두가 찬동하리라 생각합니다. 사도가 여기서 말하고 있는 것과 자기가 자랑하는 것으로 지적하고 있는 것을 미루어 생각해 낼 수 있는 필연적인 추론은 바로 그것이라고 말입니다. 중추적인 것, 다른 모든 것보다 문제되는 것, 바울이 가리켜 지적하는 것이 우리 주 예수 그리스도의 십자가와 그 십자가 위에서의 죽으심입니다.

저는 바울이 언제나 그것을 전했음을 보여드리고 싶습니다. 또한 다른 모든 사도들이 언제나 바로 그것을 전했습니다. 만일 저와 여러분이 기독교의 메시지가 무엇인지를 알고 싶다면, 확실히 말해서 처음으로 돌아가 보아야 합니다. 기독교회가 어떻게 시작되었습니까? 그 초대교회의 메시지는 무엇이었습니까? 여기서 사도라 불리우는 사람들을 생각해 봅시다. 이들은 기독교회를 설립했던 사람들입니다. 그들은 모두 한결같이 자기들의 생각을 전하는 것이 아니라 '주 예수 그리스도께 받은 메시지를 전하노라'고 말했습니다. 그러니 우리가 기독교 메시지가 무엇인지 알고 싶으면 사도의 메시지로 돌아가 그것을 깊이 생각해 보아야 합니다. 초대교회의 메시지가 우리 주 예수 그리스도의 십자가였음을 보여 주고 싶습니다.

자, 제가 강조하고 싶은 것은 그들 사도들이 바로 그 십자가를 전했다는 것과 십자가가 사람들에게 인기가 없었음에도 불구하고 전했다는 점입니다. 십자가를 전하는 것이 결코 인기를 얻은 적은 없습니다. 그것은 오늘날도 인기가 없습니다. 인기 있던 적이 없었습니다. 십자가를 전하는 것이 유대인들에게는 거리끼는 것이었습니다. 또한 헬라인들에게는 미련한 것이었습니다. 바울은 말합니다. "무릇 육체의 모양을 내려 하는 자들이 억지로 너희로 할례받게 함은…"(갈 6:12). 그것은 "저희가 그리스도의 십자가를 인하여 핍박을 면하려 함"입니다. 그리스도의 십자가를 전하면 언제나 핍박을 받았습니다. 바울이 바로 이 갈라디아서 초두에서 십자가의 거치는 것이라고 묘사했습니다. 십자가를 전하면 그것이 언제나 사람들에게 거침이 되었습니다. 1세기에 살던 사람들은 십자가를 좋아하지 않았습니다. 유대인이나 헬라인들이나 그 누구도 좋아하지 않았습니다. 이렇듯 사람들이 십자가를 좋아하지 않고 철저하게 인기가 없었음에도 불구하고 모든 사도들이 전했던 것은 바로 그 일이었습니다. 그들은 계속해서 전했고 그들이 계속 그 일을 고수해 나갔기 때문에 급기야는 고난을 받아 순교의 죽음을 당하였습니다.

바로 그 점이 그들의 메시지의 중심과 핵심이 십자가였다는 사실을 확증해 줍니다. 십자가가 여전히 기독교 메시지의 핵심과 중심임을 우리 각자가 인식하는 것보다 더 중요한 일은 없다고 저는 생각합니다. 그 점을 강조하기 위해서 먼저 소극적인 측면에 그 문제를 놓아보겠습니다. 기독교 복음, 기독교회의 메시지는 무엇입니까? 다른 사람으로부터 오해를 살지도 모르겠지만 그것을 불사하고 저는 이렇게 말하겠습니다. 그것은 일차적으로 우리 주님의 "교훈"이 아닙니다. 제가 그렇게 말하는 것은 물론 오늘날 기독교를 그런 식으로 생각하는 사람들이 꽤 많기 때문입니다. 그들은 이렇게 말하지요. "우리가 필요로 하는 것은 예수님의 교훈이다. 그분은 모든 세대 중에서 가장 위대한 종교적 존재이셨다. 그는 모든 철학자보다 위에 계신다. 그의 가르침을 살펴보라. 산상설교나 그 밖의 다른 가르침을 유심히 바라보라. 우리는 바로 그것을 원한다. 오늘날 세상이 필요로 하는 것은 일련의 산상설교이다. 곧 예수님의 윤리적 가르침의 대목을 필요로 하는 것이다. 우리는 사람들에게 이것을 가르치고 그들이 어떻게 살아야 할지를 가르쳐야 한다." 그러나 사도 바울을 보면, 사람들에게 가장 우선적으로 필요한 것은 그것이 아닙니다. 저는 더 나아가 보렵니다. 만일 여러분이 주 예수 그리스도의 가르침만을 설교한다면 인류의 난제를 풀지 못할 뿐 아니라 어떤 의미에서는 그것을 더 악화시킬 뿐입니다. 여러분은 순전한 정죄감밖에는 불러일으키지 못할 설교를 하는 격일 것입니다. 왜냐하면 아무도 그 산상설교를 이행해 낼 수 있는 사람이 없기 때문입니다.

그러므로 사도들은 예수님의 교훈을 가르치지 않았습니다. 바울은 "산상설교 외에는 자랑할 것이 결코 없나니 예수님의 윤리적 교훈 외에는 자랑하지 않겠노라"고 말하지 않습니다. 그는 절대로 그렇게 말하고 있지 않습니다. 그리스도도 그렇게 가르치지 않으셨고 그리스도께서 남기신 본도 그것이 아닙니다. 그런데 그렇게 설교할 때가 얼마나 많습니까! 즉, "기독교의 메시지는 무엇인가? 그리스도를 본받는 것이다. 복음서를 읽고 그분이 어떻게 살았는가 보라. 바로 우리 모두는 주님께서 보여 주신 그 방식대로 살아야 한다. 그렇게 하기로 결심하자! 그리스도를 본받아 그가 산 것처럼 살기로 마음을 정하자"라는 식으로 자주 설교합니다.

저는 다시 한 번 그것이 기독교 메시지의 중심과 핵심은 아니라고 말씀드립니다. 물론 기독교 메시지는 결국 그 국면에 이르게 되기는 합니다. 그러나 그것이 우선적인 것은 아닙니다. 사도가 최초로 전하는 것은 그것이 아닙니다. 또 우리 주님께서도 그런 식으로 하신 적이 없습니다. 사도들이 전한 것은 십자가에서의 그리스도의 죽으심과 그 사건의 의미입니다. 저는 이것을 단언합니다. 물론 저는 이를 상세하게 설명드리겠습니다. 사람들은 이미 이렇게 말할 준비가 되어 있을 것이기 때문입니다. "아, 그것은 당신의 의견이지요. 당신은 다른 사람들의 의견을 공격한 거예요. 결국 당신도 모든 설교자들처럼 당신만 옳다고 하는군요." 그러나 사랑하는 친구들이여, 저는 이것이 내 자신의 "사견"(私見)이 아님을 보여 주기 원합니다. 저는 신약성경이라 불리우는 책을 통해서 제가 말한 것을 확충해 나가려 합니다. 신약성경은 사도들이 썼거나 아니면 사도적인 권위를 가진 사람들에 의해서 쓰여진 책들입니다.

여러분은 신약을 검토해 보며 무엇을 발견합니까? 십자가가 우리 주님 자신의 가르침의 중심에 위치하고 있음을 발견합니다. 그 점에 대한 매우 결정적인 실례가 있습니다. 사람들은 그것을 흔히 기억하지 못하지요. 가이사랴 빌립보 지방에서 일어난 사건입니다. 그 사건 바로 전에 있었던 일도 함께 기억합시다. 여러분은 우리 주님께서 자기 제자들에게 말씀하신 것을 기억하실 것입니다. 주님께서 "사람들이 인자를 누구라 하느냐?"고 묻자, 베드로가 선뜻 나서서 "주는 그리스도시요 살아 계신 하나님의 아들이시니이다"라고 대답합니다. 우리 주님께서는 그에게 돌아서서 말씀하시기를 "바요나 시몬아 네가 복이 있도다 이를 네게 알게 한 이는 혈육이 아니요 하늘에 계신 내 아버지시니라"고 하시고, 그런 다음 계속해서 "…너는 베드로라 내가 이 반석 위에 내 교회를 세우리니 음부의 권세가 이기지 못하리라"(마 16:13-18)고 말씀하셨습니다.

그런 다음에 어떻게 기록되어 있는지를 읽어보십시오. "이때로부터 예수 그리스도께서 자기가 예루살렘에 올라가 장로들과 대제사장들과 서기관들에게 많은 고난을 받고 죽임을 당하고 제삼일에 살아나야 할 것을 제자들에게 비로소 가르치시니 베드로가 예수를 붙들고 간하여 가로되 주여 그리 마옵소서 이 일이 결코 주에게 미치지 아니하리이다 예수께서 돌이키시며 베드로에게 이르시되 사단아 내 뒤로 물러가라 너는 나를 넘어지게 하는 자로다 네가 하나님의 일을 생각지 아니하고 도리어 사람의 일을 생각하는도다"(마 16:21-23).

베드로가 예수님은 그리스도시요 살아 계신 하나님의 아들이라는 위대한 고백을 한 후에 우리 주님께서 즉각적으로 자기가 죽으실 것을 그들에게 가르치시기 시작하셨으며, 제자들은 그것을 인정할 수 없었음을 여러분은 아실 것입니다. 베드로만 실수한 것이 아니라 그들 모두가 그랬습니다. 우리 주님께서는 베드로를 책망하시며 사실 이렇게 말씀하신 셈입니다. "너는 이해하지 못한다. 너는 내가 하나님의 아들이라는 사실 자체가 너희를 구원할 것이라고 생각하고 있다. 그렇지 않다. 너희를 구원하는 것은 내가 이제 막 하려고 하는 그 일이다."

물론 다른 진술도 있습니다. 모든 복음서에 기록된 그 위대한 진술도 있습니다. 주님께서 그 제자들에게 말씀하셨습니다. "너희는 모든 문제를 다시 생각해 보아야 한다. 나는 왕이다. 나는 나라이다. 그러나 내 나라는 사람들의 나라와 같지 않다. 이 세상에 있는 다른 나라들과 같지 않다. 이 세상에서는 큰 사람들이 낮은 사람들에게 섬김을 받는다. 그러나 나는 섬기는 자로 너희 가운데 왔다. '인자가 온 것은 섬김을 받으려 함이 아니라 도리어 섬기려 하고 자기 목숨을 많은 사람의 대속물로 주려 함이니라'(마 20:28)."

그런 다음에 최후의 만찬이 열렸습니다. 주님께서 그 만찬을 배설하셨습니다. 그는 앞으로 어떻게 하실지를 정확히 말씀하셨습니다. 그들이 거기서 먹고 있을 때 떡을 취하여 떼어 나누어 주면서 이렇게 말씀하십니다.

"이것은 너희를 위하여 주는 내 몸이라." 그와 같이 잔에 포도주를 따르며 이렇게 말씀하십니다. "이 잔은 내 피로 세우는 새 언약이니 곧 너희를 위하여 붓는 것이라"(눅 22:19-20). 이는 내 자신을 주는 것이요, 찢겨질 내 몸이요. 너희를 위해서 흘릴 내 피라고 말씀하십니다. 그렇습니다. 주님의 가르침 속에 그 십자가가 명백하고 분명하고 단순하게 들어 있습니다.

그러나 그 점을 예리하게 지적할 수 있는 또 다른 것들을 더 가지고 있습니다. 여러분은 변화산상에서 일어난 놀라운 사건을 기억하십니까? 우리 주님께서 베드로와 야고보와 요한을 데리시고 산으로 올라가셨습니다. 거기서 주님께서는 그들 앞에 변모되셨습니다. 그리고 모세와 엘리야 두 사람이 영으로 나타나 그 세 제자가 어안이 벙벙하여 바라보고 있는 동안 주님과 이야기를 나누었습니다. 그러나 무엇에 관하여 얘기하셨습니까? 모세와 엘리야와 우리 주님은 무엇을 논의하셨습니까? 우리는 어떤 사람들의 주장을 듣습니다. 그들은 예수님이 달아날 방도를 강구하며 예루살렘 성 밖으로 나갈 수 있는 길을 모색했었다는 것입니다. 그러나 모세와 엘리야는 우리 주님의 죽으심에 대하여 논의하였습니다. 율법과 선지자들의 대표격인 모세와 엘리야가 십자가에서의 주님의 죽음에 관하여 주님과 함께 논의하였던 것입니다. 십자가가 중심입니다.

그 후에 주님께서 예루살렘에서 어떤 일이 일어날 것인가를 분명히 아심에도 불구하고 예루살렘을 향하여 얼굴을 돌리시고 나아가시는 모습을 봅니다. 통계에 관심이 있다면 또 다른 주목할 만한 사실이 여기 있습니다. 복음서를 읽고 우리 주님의 죽으심에 할애된 분량을 비율로 계산해 보십시오. 간단한 기록들이긴 하지만 죽으심에 관한 사건을 위해 주어진 지면이 얼마나 많은지 보십시오. 얼마나 상세하게 그것이 묘사되었는지도 살펴보십시오. 사실 어떤 사람이 전에 지적한 대로 그 묘사는 너무나 상세하고 그림을 보는 것 같아 주님의 손과 발에 못을 박는 망치 소리까지 들을 수 있을 정도입니다.

왜 그것이 그렇게 두드러져 있습니까? 중차대하고 중추적인 문제이기 때문입니다. 이와 같이 복음서들은 십자가로 가득 차 있습니다. 사도행전에서는 무엇을 발견합니까? 그 문제를 확실하게 확인하려면 사도행전 13:14-41을 읽어보십시오. 바울은 안디옥 사람들에게 전도하면서 그들과 여러 가지 사실들을 거론해 나갔고, 특히 주님의 죽으심과 부활을 강조했습니다. 그런 다음에 자기의 메시지를 적용시켜 이 사람과 이 사건으로 말미암아 구원이 전파되고 이루어진다고 말했습니다(38절). 이것은 놀라운 일입니다. 17장으로 더 나아가 데살로니가를 방문하는 바울에 관하여 읽어보십시오. 그때 이러한 일이 있었습니다. "바울이 자기의 규례대로 저희에게로 들어가서 세 안식일에 성경을 가지고 강론하며 뜻을 풀어 그리스도가 해를 받고 죽은 자 가운데서 다시 살아야 할 것을 증명하고 이르되 내가 너희에게 전하는 이 예수가 곧 그리스도라 하니"(17:2-3). 실로 바울은 어디서나 그렇게 설교했습니다. 다른 모든 사도들도 역시 마찬가지입니다.

그런 다음에 서신들로 나아가 보십시오. 저는 성경구절들을 정당하게 인용함으로써 그것이 바로 기독교 복음의 중심 메시지임을 증거할 수 있습니다. 로마서 3장에는 인용하지 않을 수 없는 놀라운 말씀이 있습니다. "그러므로 율법의 행위로 그의 앞에 의롭다 하심을 얻을 육체가 없나니 율법으로는 죄를 깨달음이니라 이제는 율법 외에 하나님의 한 의가 나타났으니 율법과 선지자들에게 증거를 받은 것이라 곧 예수 그리스도를 믿음으로 말미암아 모든 믿는 자에게 미치는 하나님의 의니 차별이 없느니라 모든 사람이 죄를 범하였으매 하나님의 영광에 이르지 못하더니 그리스도 예수 안에 있는 구속으로 말미암아 하나님의 은혜로 값없이 의롭다 하심을 얻은 자 되었느니라 이 예수를 하나님이 그의 피로 인하여 믿음으로 말미암는 화목제물로 세우셨으니…."

피, 그리스도의 피입니다. 이것이야말로 모든 서신들의 대주제입니다. 로마서 5장에서 우리는 그것에 대하여 다시 읽습니다. "우리가 아직 연약할 때에 기약대로 그리스도께서 경건치 않은 자를 위하여 죽으셨도다 의인을 위하여 죽는 자가 쉽지 않고 선인을 위하여 용감히 죽는 자가 혹 있거니와 우리가 아직 죄인되었을 때에 그리스도께서 우리를 위하여 죽으심으로 하나님께서 우리에게 대한 자기의 사랑을 확증하셨느니라." "그러면 이제 우리가 그 피를 인하여 의롭다 하심을 얻었은즉 더욱 그로 말미암아 진노하심에서 구원을 얻을 것이니 곧 우리가 원수 되었을 때에 그 아들의 죽으심으로 말미암아 하나님으로 더불어 화목되었은즉 화목된 자로서는 더욱 그의 살으심을 인하여 구원을 얻을 것이니라." 저는 계속해서 여러분에게 성경구절들을 인용해 드릴 수 있습니다.

사도는 고린도전서 제1장에서 이렇게 말합니다. "유대인은 표적을 구하고 헬라인은 지혜를 찾으나 우리는 십자가에 못박힌 그리스도를 전하니 유대인에게는 거리끼는 것이요 이방인에게는 미련한 것이로되." 그뿐만이 아닙니다. 2장에서도 "내가 너희 중에서 예수 그리스도와 그의 십자가에 못박히신 것 외에는 아무것도 알지 아니하기로 작정하였음이라"고 말하였습니다. 그는 부단히 십자가에 대하여 전도하였고 설교하였습니다. 아직도 의심이 들거든 고린도전서 15장 초두에서 그 점을 어떻게 요약하는지 보십시오. "형제들아 내가 너희에게 전한 복음을 너희로 알게 하노니 이는 너희가 받은 것이요 또 그 가운데 선 것이라 너희가 만일 나의 전한 그 말을 굳게 지키고 헛되이 믿지 아니하였으면 이로 말미암아 구원을 얻으리라 내가 받은 것을 먼저 너희에게 전하였노니." 자, 무엇을 전했다는 말입니까? "이는 성경대로 그리스도께서 우리 죄를 위하여 죽으시고 장사지낸 바 되었다가 성경대로 사흘 만에 다시 살아나사…." 그러나 시대적인 상황에서 뿐만 아니라 중요성에 있어서도 사도 바울은 그 십자가를 가장 중요하게 전하였음을 주목하십시오. 그리스도께서 우리 죄를 위해서 어떻게 죽으셨는가 하는 것이 메시지의 중심이었습니다.

바울은 고린도후서 5장에서도 그것을 전하였습니다. 그는 이렇게 표현합니다. "이러므로 우리가 그리스도를 대신하여 사신이 되어"(20절). 다시 말하자면 내 자신의 권리로 말하는 것이 아니라는 말씀입니다. 바울은 말합니다. "나는 내 자신의 권리나 내 자신을 위하여 너희를 방문하고 있는 것이 아니다. 나는 보냄받은 사람일 뿐이다. 나는 그저 그 사신의 입장을 지킬 뿐이다. 우리가 그리스도를 대신하여 사신이 되어 하나님이 우리로 너희를 권면 하시는 것같이 그리스도를 대신하여 간구하노니 너희는 하나님과 화목하라 하나님이 죄를 알지도 못하신 자로 우리를 대신하여 죄를 삼으신 것은 우리로 하여금 저의 안에서 하나님의 의가 되게 하려 하심이니라'(5: 20-21)." 내 형제들이여, 저는 계속해서 성경을 인용하고 싶은 생각이 들지만 그만두어야겠습니다. 저는 이러한 영광스러운 성경구절들을 읽는 것이 즐겁습니다.

그러나 제가 확증하려고 애쓰고 있는 것은, 우리 주님의 십자가 죽음에 대한 전도가 기독교 복음전도의 가장 본질적이고 중심적인 메시지라는 것입니다. 그러므로 끝으로 요한계시록의 아시아 일곱 교회에 보내진 편지들을 생각해 봅시다. "이제도 계시고 전에도 계시고 장차 오실 이와 그 보좌 앞에 일곱 영과 또 충성된 증인으로 죽은 자들 가운데서 먼저 나시고 땅의 임금들의 머리가 되신 예수 그리스도로 말미암아 은혜와 평강이 너희에게 있기를 원하노라 우리를 사랑하사 그의 피로 우리 죄에서 우리를 해방하시고 그 아버지 하나님을 위하여 우리를 나라와 제사장으로 삼으신 그에게 영광과 능력이 세세토록 있기를 원하노라 아멘."

거기에도 그것이 있습니다. 신약 전체에 그 그리스도의 십자가 죽음이 나타나 있습니다. 여러분이나 다른 어느 누구든지, 아니면 어떤 성직자든지를 막론하고 일어나 그리스도의 피에 야유를 퍼부으며 십자가가 문제가 아니고, 우리가 원하는 것은 가르침이요 우리가 필요로 하는 것은 그리스도의 인격을 닮는 것이라고 말할 권한이 어디 있습니까? 신약 전체는 그리스도의 피, 갈보리 십자가 위에서의 그리스도의 죽음을 선포합니다. 그것이 기독교 복음의 중심이요 구원의 좋은 소식입니다.

　끝으로, 여러분이 더 많은 증거를 원한다면, 떡을 떼고 포도주를 드는 성찬 예식을 생각해 봅시다. 떡과 포도주, 그것들은 무엇을 상징합니까? 오직 한 가지의 대답밖에는 없습니다. "내가 너희에게 전한 것은 주께 받은 것이니 곧 주 예수께서 잡히시던 밤에 떡을 가지사…"(고전 11:23). 그 성찬예식은 하나님 아들 자신의 명령입니다. 그분은 최후의 만찬을 준비하셨습니다. 그리고 십자가에 못박혀 죽으시기 전날 밤 자기를 따르는 자들과 함께 그것을 들었습니다. 그분은 내 백성들로 하여금 항상 그렇게 하도록 하라고 말씀하셨습니다. 그들로 와서 떡을 떼고 포도주를 마시게 하라고 말씀하신 것입니다. "이것을 행하여 나를 기념하라." 우리 그리스도인들은 사도가 가르친 대로 주께서 다시 오실 때까지 주님의 죽으심을 선언하고 선포하고 전하고 공표하기 위하여 이 일을 행합니다. 우리가 일차적으로 선포하고 전하는 것은 그의 가르침이나 그의 본이 아니라 그의 죽으심입니다. 성례 가운데 하나인 그 성찬은 우리가 그 죽으심을 망각하지 않기 위하여 제정된 것입니다.

　자, 이렇게 하여 그것이 증거된 셈입니다. 그리스도의 죽으심은 제일되고 중추적인 요점입니다. 사도가 그것을 전했던 첫 번째 이유도 바로 그 점 때문입니다. 그러나 저는 두 번째 질문을 던져야겠습니다. 그가 왜 이것을 자랑합니까? 우리가 구원받는 것은 이 십자가로 말미암기 때문이라고 그는 말합니다. 바울은 그것을 이렇게 표현합니다. "그러나 내게는 우리 주 예수 그리스도의 십자가 외에 결코 자랑할 것이 없으니 그리스도로 말미암아 세상이 나를 대하여 십자가에 못박히고 내가 또한 세상을 대하여 그러하니라." "그리스도로 말미암아." 자, 이 점이 가장 놀라운 요점입니다. 바울이 십자가를 전한 까닭은 우리로 하여금 자유케 하고 구원을 가져다 주는 것이 십자가이기 때문입니다. 이 점은 절대적으로 사활을 좌우하는 요점입니다. 십자가에서의 우리 주님의 죽으심은 우연이 아니었습니다. 또한 모든 시대

가운데 가장 큰 비극도 아니었습니다. 여러분과 제가 모방해야만 하는 것도 아니었습니다. 십자가에서 우리 주님께서 죽으신 일에 대하여 그런 식으로 많이 전하고 있습니다.

여러분은 이러한 말을 매우 자주 들었을 것입니다. "오, 물론 그 십자가의 일은 하나의 우연적인 사건이었다. 그러한 일은 일어날 필요도 없었고 일어나서도 안 되었다. 저 어리석고 바보스러운 사람들, 정치적인 생각을 가지고 있던 유대인들, 질시에 찬 사람들, 저 바리새인들, 그들은 자기들보다 그리스도가 더 많은 것을 알고 있음을 눈치챌 수 있었고 자기들보다 더 잘 가르칠 수 있음을 알았다. 그들이 문제의 원인들이었다. 그 십자가의 일은 참으로 공포스러운 비극이었다. 그렇기 때문에 그 십자가의 사건이 일어난 것이다. 그것은 일어난 일 가운데 가장 부끄러운 일이다. 우리는 그 십자가에 대하여 될 수 있으면 적게 말하도록 하고 그와 그의 가르침과 본을 찬미하도록 하자."

그러나 신약성경은 그 정반대로 말하고 있습니다. 십자가, 십자가 위에서의 우리 주님의 죽으심은 후회할 만한 것이 아닙니다. 또한 교묘한 변명의 구실을 늘어놓아 설명할 것도 아닙니다. 또한 감추어 놓고 내놓지 않아야 할 그러한 것도 아닙니다. "내게는 우리 주 예수 그리스도의 십자가 외에 결코 자랑할 것이 없으니." 그 십자가를 중심에, 전면(前面)에 놓으십시오. 바울이 갈라디아서 3:1에서 이미 한 것처럼 그 십자가를 다른 무엇보다도 우선적으로 선포하십시오. 그는 어리석은 갈라디아 사람들을 보고 심히 놀란 투로 말합니다. "어리석도다 갈라디아 사람들아 예수 그리스도께서 십자가에 못박히신 것이 너희 눈앞에 밝히 보이거늘 누가 너희를 꾀더냐." "밝히 보이다"의 "보이다"라는 말의 의미는 플래카드처럼 높이 선양되어 극적인 방식으로 두드러지게 드러나 있다는 말입니다. 바울은 갈라디아 사람들 앞에 그것이야말로 자기 전도(설교)의 중심이요 핵심임을 표방합니다. 왜냐하면 바로 그것을 통해서 우리가 구원을 받기 때문입니다.

그러므로 십자가를 후회스럽게 생각하지 말고 그것을 잊으려고 하거나 이상화(理想化)시키려 하지 마십시오. 또한 십자가에 대하여 철학적으로 말하려 하지 마십시오. 또 그것을 아름답고 기이한 것으로 만들려고 하지도 마십시오. 여러분이 할 말은 "나는 그것을 사랑하노라"여야 합니다! 왜 그렇습니까? "세상이 나를 대하여 십자가에 못박히고 내가 또한 세상에 대하여 그리 한 것은" 바로 그것으로 말미암기 때문입니다. 그것은 내 구원의 방편입니다. 내가 구원받은 것은 바로 그것으로 말미암기 때문입니다. 내가 구원받은 것은 바로 그 방식 안에서입니다. 다른 말로 해서, 사도는 우리 주님께서 십자가 위에서 죽으실 때 그 십자가상에서 일어난 일이 바로 우리를 구원하는 것이기 때문에 그것을 전하노라고 말하고 있습니다. 만일 그리스도께서 십자가 위에서 죽지 아니하셨으면 아무도 구원받지 못했을 것입니다. 또한 전해야 할 복음도 없었을 것입니다. 십자가에서의 죽으심은 구원 사건입니다. 바로 그것은 우리 구원이 성취되는 행위였습니다. 그렇기 때문에 사도는 그것을 자랑합니다. 아이작 왓츠(Isaac Watts)가 "내가 '놀라운 십자가'를 곰곰이 생각할 때에"라고 말한 것도 그 때문입니다. 우리를 구원하는 것은 십자가에서의 우리 주님의 죽으심입니다. 그것이 아니고는 아무도 구원받지 못할 것입니다.

다시 이 점을 확증하기 위한 증거는 풍성합니다. 우리 주님께서 친히 부활하신 후 말씀하신 누가복음 마지막에 있는 것을 읽어보십시오. "이에 저희 마음을 열어 성경을 깨닫게 하시고 또 이르시되 이같이 그리스도가 고난을 받고 제삼일에 죽은 자 가운데서 살아날 것과 또 그의 이름으로 죄 사함을 얻게 하는 회개가 예루살렘으로부터 시작하여 모든 족속에게 전파될 것이 기록되었으니 너희는 이 모든 일의 증인이라." 우리는 이미 바울이 안디옥 사람들에게 설교하면서 그의 설교를 다음과 같이 마친 것을 알고 있습니다. "그러므로 형제들아 너희가 알 것은 이 사람을 힘입어 죄 사함을 너희에게 전하는 이것이며, 또 모세의 율법으로 너희가 의롭다 하심을 얻지 못하던 모든 일에도 이 사람을 힘입어 믿는 자마다 의롭다 하심을 얻는 이것이라"(행 13:38-39). 이것으로 말미암아 우리가 구원받습니다.

사도는 이미 갈라디아서 초두에서 이렇게 말하였습니다. "우리 하나님 아버지와 주 예수 그리스도로 좇아 은혜와 평강이 있기를 원하노라 그리스도께서 하나님 곧 우리 아버지의 뜻을 따라 이 악한 세대에서 우리를 건지시려고 우리 죄를 위하여 자기 몸을 드리셨으니"(1:3-4). 여기 갈라디아서를 끝맺으면서 바울은 역시 정확히 같은 것을 말하고 있습니다. 그는 언제나 그것을 말하여 왔습니다. 십자가가 우리를 구원하려는 것이기 때문에 사도의 설교 핵심은 십자가입니다. 십자가는 우리에게 자신을 구원하라고 말하지 않습니다. 또한 우리를 구원할 어떤 일을 하라고 말하지도 않습니다. 십자가는 구원이 이루어졌으며, 일어났으며, 구원이 그 십자가 위에서 일어났음을 말합니다. 바로 그것이 복음입니다. 우리를 구원하는 사건이 그 십자가 위에서 일어났던 것입니다. 그것은 하나의 구원 사건입니다. 그렇기 때문에 바울은 그 십자가를 자랑하며 전했던 것입니다.

그 점은 바꾸어서 다음의 원리로 나아가게 합니다. 곧 "이 십자가가 어떻게 우리를 구원하는가" 하는 원리입니다. 여러분은 바로 그것을 알고 싶으시지요? 구원을 받은 사람마다 십자가로 말미암아 구원받습니다. 구원을 받는다는 말은 죄를 용서받으며 하나님과 화해한다는 의미입니다. 여러분은 하나님의 자녀가 되고 하나님의 축복을 받기 시작합니다. 여러분은 죽음을 두려워할 필요도 없고 무덤이나 심판을 전혀 두려워할 필요도 없습니다. 죽음은 영광을 기업으로 물려받는 관문임을 알고 있습니다. 그런데 십자가가 어떻게 우리를 구원합니까? 이것이야말로 문제 중의 문제입니다. 사도는 여기서 자신의 말로 그 문제에 대한 해답을 제시합니다. "내게는 우리 주 예수 그리스도의 십자가 외에 결코 자랑할 것이 없으니."

나의 친구들이여, 십자가를 바라보십시오. 언제 그 십자가를 진실로 살펴본 적이 있습니까? 아이작 왓츠와 같이 이 놀라운 십자가를 생각한 적이 있습니까? 지금 그 십자가를 생각해 보라고 저는 여러분에게 강권하고 있습니다. 예루살렘 성 밖 갈보리라고 불리우는 작은 산 언덕 위에 세워진 세 개의 십자가를 바라보십시오. 그리고 그 중간에 있는 십자가와 거기에 달려 죽어가시는 그분을 바라보십시오. 그들은 그가 그처럼 빨리 죽은 것을 이상하게 생각했습니다. 그가 누구입니까? 그것이 첫 번째 문제입니다. 여러분이 그 십자가 위에서 죽어간 그분이 누구냐에 대하여 명확히 알지 못하면 거기서 일어난 일의 의미를 결코 이해하지 못할 것입니다. 중간의 그 십자가에 못박혀 죽으신 그분이 누구입니까? 사도는 답합니다. 그는 '우리 주 예수 그리스도'이십니다. 예수님은 분명히 한 사람이십니다. 여러분은 그를 살펴보시면 다른 두 사람들과 같이 그도 사람임을 알 수 있습니다. 아, 그렇습니다. 그러나 그분은 누구입니까? 그는 나사렛이라 불리우는 곳에서 자라난 목수입니다. 30세가 될 때까지 나사렛에서 일했습니다. 그런 다음 그는 한 전도자로서 모습을 드러냈습니다. 그는 특이한 선지자였고 백성들은 그가 이적을 행했다고 말했습니다. 아, 그는 주목할 만한 사람이며 종교적으로 뛰어난 천재입니까? 정치적 선동자인가요? 이 사람은 누구입니까? 바로 그것이 문제입니다.

대답은, 그는 '주'(主)이십니다. '주'란 하나님의 아들이란 뜻의 이름입니다. 여러분은 그분이 가이사랴 빌립보 지방에서 베드로의 말에 대꾸하신 것을 기억하실 것입니다. 베드로는 "주는 그리스도시요 살아 계신 하나님의 아들이시니이다"라고 말했습니다. 예수님께서는 "옳다 바요나 시몬아 네가 복이 있도다 이를 네게 알게 한 이는 혈육이 아니요 하늘에 계신 내 아버지시니라"고 말씀하셨습니다. 예수님은 이렇게 말씀하고 계시는 것입니다. 네가 만일 육신의 눈만으로 나를 보았다면 나에게서 사람 이외의 어떠한 것도 보지 못했을 것이다. 그러나 너는 더 많은 것을 보았다. 내가 하나님의 그리스도인 것을 알게 되었다. 그것을 네게 계시해 주신 이는 내 아버지이시다. 그것이 바로 진리입니다. 예수님은 영광의 주님이십니다. 그는 하나님의 영원한 아들입니다. 그는 복 되신 성삼위 중 제2위격이십니다. 그는 성자 하나님이십니다.

그러나 여러분은 다른 난제를 가지고 제게 나아올 것입니다. 만일 그분이 하나님의 아들이시라면 그분은 십자가 위에서 어떤 일을 하고 계셨는가? 만일 그분이 영원세계에서 시간세계로 오신 하나님의 영원한 아들이시고, 인성과 인간의 육체를 입고 오신 분이시라면, 왜 그는 죽으셨는가? 그분은 그 십자가 위에서 모든 사람들에 대하여 어떠한 일을 하고 계셨는가? 그분이 어떻게 그 십자가에 이르게 되었는가? 저는 이러한 어리석은 현대의 억측들과 고대(古代)의 추측들로 시간을 버리고 싶지는 않습니다. 그 죽음은 평화론자의 죽음이 아닙니다. 또한 자기를 주장하기에 너무 연약하였던 분의 죽음이나 오해를 받은 선한 사람의 죽음도 아닙니다. 나의 사랑하는 친구들이여, 여러분은 그에게 억지를 가하고 있으며 그를 모독하고 있습니다. 그렇게 하는 것은 그분에 대한 참으로 커다란 모독입니다.

그분은 그 십자가 위에서 무엇을 하고 계셨습니까? 이미 여러분에게 인용하여 드린 바와 같이 그분은 친히 우리에게 말씀하십니다. "인자가 온 것은 섬김을 받으려 함이 아니라 도리어 섬기려 하고 자기 목숨을 많은 사람의 대속물로 주려 함이니라"(마 20:28). 자기는 죽기 위해서 오셨다고 가르쳐 주셨습니다. 저는 여러분으로 하여금 "예루살렘을 향하여 올라가기로 굳게 결심하셨다"는 말씀의 구절을 생각나게 한 바 있습니다. 그의 제자들은 전혀 영문을 몰랐습니다. 그들은 있는 힘을 다하여 예수님을 예루살렘으로 가시지 못하도록 하였습니다. 우리는 바로 그 사실에 대한 적나라한 기록을 성경에서 대합니다. "가서 저 여우에게 이르되 오늘과 내일 내가 귀신을 쫓아내며 병을 낫게 하다가 제삼일에는 완전하여지리라 하라 그러나 오늘과 내일과 모레는 내가 갈 길을 가야 하리니 선지자가 예루살렘 밖에서는 죽는 법이 없느니라"(눅 13:32-33). 주님은 자기가 어디로 가고 있는지를 정확히 아셨습니다. 또한 어째서 이 세상에 왔는지 그 이유도 알고 계셨습니다.

원수들에게 둘러싸여 겟세마네 동산에 머물러 계셨던 바로 그 최후의 순간에 그의 제자들은 주님을 크게 염려하여 이렇게 말하였습니다. "우리가 가서 칼을 살까요? 우리는 있는 힘을 다하여 선생님을 방어해야 합니다." 그 제자 중 한 사람이 칼을 뽑아 대제사장의 종의 귀를 베어버린 것을 여러분은 기억하실 것입니다. 그러나 주님께서는 칼을 도로 칼집에 꽂으라고 말씀하십니다. 그리고 "너는 내가 내 아버지께 고하여 지금 열두 영이 더 되는 천사를 보내시게 할 수 없는 줄로 아느냐?"라고 말씀하십니다. 주님의 말씀의 의도는 이러하십니다. 너는 내가 어떠한 자이며 어떠한 일을 하고 있다고 생각하느냐? 십자가에 죽지 않고 이 세상을 빠져나가고 싶으면 아버지께 구하여 즉각 나를 위하여 열두 영의 천사들을 보내시게 할 수 있으며, 천사들에게 떠받들려 내가 있던 그 영광으로 되돌아갈 수 있음을 알지 못하느냐? 그러나 내가 그렇게 한다면 어떻게 의를 이룰 십자가일 수 있느냐? 어떻게 내 아버지께서 나더러 하라고 보내신 일을 이룰 수 있겠느냐? 아니, 주님은 자기야말로 일부러 죽기 위해서 오셨다고 말씀하십니다.

히브리서 2:9에 이 모든 사실에 대한 하나의 놀라운 진술이 있습니다. "오직 우리가 천사들보다 잠깐 동안 못하게 하심을 입은 자"—무엇을 위해서?— "곧 죽음의 고난받으심을 인하여…." 우리는 이제 그분이 "영광과 존귀로 관쓰신 것"을 봅니다. "이를 행하심은 하나님의 은혜로 말미암아 모든 사람을 위하여 죽음을 맛보려 하심이라." 나의 친구들이여, 하나님의 아들은 죽기 위해서 하늘로부터 이 땅에 오셨기 때문에 바로 그 십자가 위에서 죽으셨던 것입니다. 주님은 그 일을 위해서 오셨습니다. 죽음의 고난을 받기 위해서 천사들보다 조금 못하게 되셨던 것입니다. 죽기 위해서 인성(人性)을 취하셨습니다. 그 일은 우연이 아니었습니다. 또한 구차하게 변명을 늘어놓아야 할 일도 아닙니다. 그것은 본질적인 진수가 되는 일입니다. 그는 많은 사람들을 위한 대속물로 자기 목숨을 드리기 위해서 오셨습니다.

그러나 무엇 때문에 그분이 그렇게 하셔야만 했습니까? 성경 처음부터 끝까지 그 질문에 대한 대답이 나타나 있습니다. 바로 이 구절에 그 해답이 들어 있습니다. 저와 여러분과 모든 인류가 죄 아래 있고 거룩한 하나님의 정죄 아래 있기 때문에 그분이 오신 것입니다. 재난을 당하다가 결국은 멸망당할 이 세상에서 우리를 건지시기 위해서 이 세상에 오셨습니다. "그리스도로 말미암아 세상이 나를 대하여 십자가에 못박히고 내가 또한 세상을 대하여 그러하노라." 우리는 모두 세상에 속해 있습니다. 그가 우리를 구원하실 수 없는 한 우리는 세상에 속한 사람들로서 세상에서 태어나 세상의 운명을 짊어져야 합니다. 그렇기 때문에 그분이 오셔서 그 일을 하신 것입니다.

우리가 알다시피 바울은 로마서 3장에서 "모든 사람이 죄를 범하였다"고 말합니다. 유대인이나 이방인이나 차별이 없습니다. "모든 사람이 죄를 범하였으매 하나님의 영광에 이르지 못하더니." 선한 사람, 나쁜 사람, 도덕적인 사람, 부도덕한 사람 등에 대한 차별은 넌센스에 불과합니다. 그것이 하나님 보시기에는 아무런 의미가 없습니다. 국가적인 관점에서 볼 때 그 점이 중요함을 저도 인정합니다. 그러나 하나님이 보시기에 아무리 훌륭하게 보이는 사람이라도 그리스도인이 아니라면 가장 배역하고 극악한 죄인과 같이 정죄받아 소망이 없습니다. 전혀 차별이 없습니다. 인격적으로 훌륭해 보이는 것이 하나님 앞에서는 전혀 계산되지 않습니다. 하나님 보시기에 도덕성이란 아무것도 아닙니다. 그것은 더러운 옷과 같습니다. 그것은 정말 아무것도 아닙니다. "모든 사람이 죄를 범하였으매 하나님의 영광에 이르지 못하더니." 주님께서 오신 한 가지 이유는 바로 그것입니다.

그렇습니다. 그러나 여러분은 이렇게 말씀하시겠지요? 왜 하나님께서는 그 일을 용서하실 수 없으십니까? 왜 사랑의 하나님이 나는 슬프고 후회한다고 말하는 사람을 용서하지 아니하십니까? 물론 그 문제에 대한 해답이 성경에 나타나 있습니다. 하나님의 아들이 죽으신 것도 바로 그 때문입니다. 하나님은 우리와 달리 빛이시고 그 안에는 어두움이 조금도 없으시니다. 하나님은 의로우시고 거룩하시고 공의로우십니다. 물론 그것이 우리에게는 아무것도 아닌 것처럼 느껴집니다. 우리가 거룩에 대해서 어떻게 생각할 수 있습니까? 우리는 추하고 미련하고 비열하고 죄악된 존재들입니다. 아니 우리는 하나님의 의를 이해하지 못합니다. 그렇기 때문에 현대인은 십자가의 피를 믿지 않습니다. 그들은 의가 무엇인가를 알지 못합니다. 또한 공의나 율법이 어떠하다는 것도 모릅니다. 그는 지옥도 믿지 않습니다. 그 때문에 현대인이 사는 세상은 지옥이 되어가고 있습니다. 그러나 하나님은 의로우시며 율법을 주신 분이시며 거룩하시며 죄를 차마 보실 수 없는 정결하신 눈을 가지신 분입니다. 하나님께서는 그 죄를 보지 않은 것처럼 하실 수 없으신 분입니다. 그는 모든 것을 보십니다. 죄를 또한 심판하셔야 합니다. 거룩한 하나님이십니다. 어떻게 둘이 함께 화목할 수 있겠습니까? 이에 대한 대답은 그리스도의 십자가입니다.

어떤 분은 "그것이 어떻게 해답이 되겠느냐"고 말씀하시겠지요? 말씀드리지요. 저는 할 수 있는 한 명백하고 단순하고 간명하게 그 점을 나타내고 싶습니다. 대답은 이와 같습니다. 죄의 삯은 사망입니다. 하나님께서 친히 그렇게 선언하셨습니다. 피흘림이 없이는 죄사함이 없습니다. 여러분이 구약에 나아가 보면 거기에서 어떠한 것을 발견합니까? 예, 죄에 관한 희생제사에 대한 많은 것을 보게 될 것입니다. 사람들이 대제사장에게 염소를 맡기고, 대제사장은 그 손을 그 짐승 위에 얹습니다. 그들이 그 염소를 죽여 피를 취하여 성소로 하나님 앞에 나아갑니다. 그들이 무엇을 하고 있었습니까? 그렇게 하라고 말씀하신 분은 하나님이십니다. 그러나 어째서 그렇게 하라고 말씀하셨을까요? 죄의 삯은 사망이요, 피흘림이 없이는 죄사함이 없기 때문입니다.

상징적인 모형으로 그들이 하고 있었던 일은 바로 그 일이었습니다. 염소의 머리 위에 안수함으로써 말하자면 그들은 자기들의 죄를 그 염소에게 전가(轉嫁)시켰던 것입니다. 죄는 이제 그 염소에게로 넘어갔습니다. 그 다음에 그들이 그 염소를 죽여 그 피를 제물로 드렸습니다. 하나님께서 그들더러 그렇게 하라고 가르치셨습니다. 그들은 자기들의 죄를 짐승에게 전가하였고, 그 짐승은 죽임을 당하여 피를 바치게 됩니다. 그들이 매일 성전에서 그 일을 했습니다. 그들은 어린양, 정결하고 흠 없는 어린양을 죽여 피를 취하였습니다. 이스라엘 자손들이 애굽에서 나올 때에 그 일이 있었음을 기억하실 것입니다. 죽음이 애굽 사람들의 장자에게 임했던 그 무시무시한 밤에 그런 일이 있었습니다. 그러나 이스라엘 사람들의 장자에게는 죽음이 임하지 않았습니다. 어째서 그렇습니까? 그들은 문설주에 피를 발랐기 때문입니다. 그들은 어린양을 취하여 잡아 그 피를 문설주에 발랐습니다. 죽음이 그들을 지나쳤고 그들의 죄는 심판받지 않았으며 그들의 목숨은 구원받았습니다.

하나님의 아들 예수 그리스도가 오셨습니다. 왜 오셨습니까? 그 앞에 왔던 세례 요한은 그 질문에 대한 대답을 합니다. 세례 요한은 한 가지 설교를 가지고 계속 되풀이하였습니다. "보라 내가 그가 아니라 나는 그의 신들메 풀기도 감당치 못하겠노라 보라 저 하나님의 어린양, 세상 죄를 지고 가는 하나님의 어린양을 보라"고 외쳤습니다. 다른 모든 것들은 모형과 그림자와 상징과 표징에 불과하였습니다. 그러나 참된 하나님의 어린양이 오셨습니다. 하나님께서 친히 자기가 받으실 제물을 공급하셨습니다. 그분은 다름아닌 자기 자신의 아들이십니다. 하나님의 어린양, 갈보리의 나무 위에서 바로 그 일이 일어났습니다. 하나님께서는 저와 여러분의 죄를 취하여 그 자신의 아들의 머리 위에 두시고 그 아들을 치셨습니다. 심판하셨습니다. 그리고 끝내는 죽이셨습니다. 죄의 삯은 사망입니다.

그러니 십자가에서 일어난 일은 이러합니다. 하나님께서 친히 여러분과 저의 죄를 그 자신의 사랑하는 아들에게로 옮기셨습니다. 또한 그 아들은 우리의 죄책과 허물에 대한 형벌을 하나님께 지불하셨습니다. "하나님이 죄를 알지도 못하신 자로 우리를 대신하여 죄를 삼으신 것은 우리로 하여금 저의 안에서 하나님의 의가 되게 하려 하심이니라"(고후 5:21). "여호와께서는 우리 무리의 죄악을 그에게 담당시키셨도다"(사 53:6). 그것이 아버지께서 행하신 일이었습니다. 그러면 아들은 무엇을 하셨습니까? 그는 어린양으로서 고난을 받으셨습니다. 그는 불평을 하지 아니하시고 불만을 나타내지 아니하셨습니다. 그는 그 모든 것을 메었습니다. 그리고 그 일이 일어나도록 했습니다. 그는 일부러 자원하는 심정으로 자신을 드리셨습니다.

저는 다시 한 번 사도가 그 점을 어떻게 나타내고 있는지 상기시켜 드립니다. "그리스도께서 하나님 곧 우리 아버지의 뜻을 따라 이 악한 세대에서 우리를 건지시려고 우리 죄를 위하여 자기 몸을 드리셨으니"(갈 1:4). 그러나 더욱 놀랍게 갈라디아서 2장 마지막에 이렇게 되어 있습니다. "내가 율법으로 말미암아 율법을 향하여 죽었나니 이는 하나님을 향하여 살려 함이니라 내가 그리스도와 함께 십자가에 못박혔나니 그런즉 이제는 내가 산 것이 아니요 오직 내 안에 그리스도께서 사신 것이라 이제 내가 육체 가운데 사는 것은 나를 사랑하사 나를 위하여 자기 몸을 버리신 하나님의 아들을 믿는 믿음 안에서 사는 것이라"(19-20절). 그것이 복음입니다. "하나님이 세상을 이처럼 사랑하사 독생자를 주셨으니 이는 저를 믿는 자마다 멸망치 않고 영생을 얻게 하려 하심이라"(요 3:16). "친히 나무에 달려 그 몸으로 우리 죄를 담당하셨으니 이는 우리로 죄에 대하여 죽고 의에 대하여 살게 하려 하심이라 저가 채찍에 맞음으로 너희는 나음을 얻었나니"(벧전 2:24).

바로 그 때문에 그 일이 일어났으며 그 일의 의미는 이러합니다. 바로 그 때문에 사도는 그것을 사랑합니다. 우리를 구원하는 것은 그리스도의 십자가입니다. 그는 우리의 형벌을 담당하시고 우리의 죄책을 짊어지심으로써 우리를 구원하십니다. 하나님은 그를 치셨고 하나님의 율법이 만족함을 얻었습니다. 나는 율법으로 말미암아 율법에 대해서 죽었습니다. 율법이 이루어졌습니다. 율법이 그리스도 위에서 이루어졌기 때문에 나는 자유케 되었습니다. "그러므로 그리스도 예수 안에 있는 자들에게는 결코 정죄함이 없나니…."

"하나님이 세상을 이처럼 사랑하사…주셨으니.""나를 사랑하사 나를 위하여 자기 몸을 버리신(자기를 주신) 하나님의 아들을 믿는 믿음 안에서 사는 것이라." 이것이 십자가를 전하는 것입니다. 나를 구원하는 것은 십자가입니다. 내가 해야 할 일이 무엇입니까? 저와 여러분이 해야 할 오직 한 가지 일이 있습니다. 그것은 이 메시지를 믿는 것입니다. 나는 이 메시지를 믿는 것 외에 아무것도 할 일이 없습니다. 다른 어떤 것도 없습니다. 더 나은 삶을 살아야 한다고 말하지 마십시오. 만일 여러분이 그렇게 말한다면 진리를 알지 못한 것입니다. 더 나은 남자, 더 나은 여자가 되겠다고 말하지 마십시오. 이것 저것을 그만 중지해야겠다고 하는 말도 하지 마십시오. 여러분은 아직 그 십자가를 알지 못하고 있습니다. 여러분이 해야 할 오직 한 가지 일이 있습니다. "그러므로 형제들아 너희가 알 것은 이 사람을 힘입어 죄 사함을 너희에게 전하는 이것이며 또 모세의 율법으로 너희가 의롭다 하심을 얻지 못하던 모든 일에도 이 사람을 힘입어 믿는 자마다 의롭다 하심을 얻는 이것이라"(행 13:38-39).

> (다른 것은 말고) 믿기만 하라
> 그러면 그리스도가 네게 대하여
> 모든 것 중의 모든 것임을 알게 되리라.

형제 자매들이여, 여러분이 어떠한 사람이었던가는 문제가 되지 않습니다. 저는 사도 바울이 비시디아 안디옥 사람들에게 전한 대로 전하고 있는 것뿐입니다. 내 친구들이여, 저는 여러분들을 개인적으로는 다 알지 못합니다. 그러나 이 일은 설교자의 사역 중에서 놀라운 일입니다. 설교자는 자기 회중을 알 필요가 없습니다. 설교자가 왜 사람들의 형편을 다 알아야 합니까? 여러분 모두에게 공통되는 한 가지 가장 중요한 일만을 알고 있으면 됩니다. 그것은 여러분 각자가 다 비열한 죄인이라는 것입니다. 저는 여러분이 누구인가를 염두에 두지 않습니다. 모든 사람들이 죄를 범하였으매 하나님의 영광에 이르지 못하였기 때문입니다. 저는 여러분이 어떠한 특별한 죄를 지었는가에 대해서는 생각지 않습니다. 오늘날 그 점에 대해서 대단한 관심을 가지고 있습니다. 그러나 설교자는 그러한 일에 관심이 없습니다. 저는 여러분이 지은 죄목에 대한 목록을 갖고 싶지 않습니다. 저는 여러분이 어떠한 죄를 지었는지에 대해서는 관심이 없습니다. 여러분의 죄가 그렇게 대단한 것이 아닐 수도 있고, 비열하거나 극악하거나 무모한 것일 수도 있습니다.

그러나 하나님께 감사하게도 그런 것은 문제가 되지 않습니다. 저는 권위있게 말할 수 있습니다. 비록 여러분들이 가장 비열한 사람일지라도 이 순간까지 죄악의 시궁창에서 살아왔으며, 모든 형태의 죄를 떡 먹듯이 지어왔다 할지라도 저는 여러분들에게 말씀드립니다. 여러분이 알 것은 이 사람 예수 그리스도로 말미암아 죄 사함을 전하는 이것입니다. 그로 말미암아 여러분을 포함한 모든 믿는 사람들은 바로 이 순간에 여러분이 이제까지 행한 모든 것으로부터 철저하고 완전하게 의롭다 함을 받았습니다. 만일 여러분이 하나님의 아들이신 주 예수 그리스도를 믿고 그가 십자가에서 여러분의 죄를 위하여 죽으셨으며 여러분의 형벌을 대신 받으셨음을 믿는다면 그러하다는 말입니다. 여러분이 그것을 믿고 그 때문에 그분께 감사하며, 그와 그분이 행한 일을 전적으로 의뢰한다면 하나님의 이름으로 여러분의 모든 죄가 철저하게 도말되었다고 말씀드릴 수 있습니다.

마치 여러분은 여러분의 생애에 한 번도 죄를 범하지 않은 것처럼 말입니다. 그렇게 그의 의는 여러분에게 입혀지고 하나님께서는 자기 아들 안에서 여러분을 완전하게 보십니다. 그것이 바로 십자가의 메시지요 기독교 전도(傳道)입니다. 십자가에서 죽으심으로 말미암아 우리를 구원하신 이는 우리 주님이십니다. 다른 어떤 것도 우리를 구원할 수 없습니다. 그러나 십자가에서 죽으신 우리 주님은 자기를 믿는 자마다 모두 구원하실 수 있습니다. 여러분은 빌립보 감옥의 간수를 기억하실 것입니다. 당황한 그 간수는 자살하려 하다가 바울에게 저지당했습니다. 그 다음에 그가 사도 바울과 실라에게 와서 "선생들이여, 어떻게 해야 내가 구원을 얻으리이까?"라고 말했습니다. 그 대답은 간단했습니다. "주 예수 그리스도를 믿으라 그리하면 너와 네 집이 구원을 얻으리라." 그는 믿고 구원을 받았고, 바로 그 순간부터 그는 기뻐하기 시작했습니다(행 16:30-31).

나의 친구들이여, 사도 바울이 주 예수 그리스도의 십자가를 자랑하는 것은 바로 그 때문입니다. 그는 전세계에 두루 다니면서 전할 메시지를 가지고 있었습니다. 사람들 가운데 가장 극악하고 비열하고 가장 절망적인 자들에게나 가장 훌륭하고 선하고 자비한 모든 사람들에게 동등하게 전할 수 있는 메시지입니다. 사도 바울은 그 모든 사람들을 위하여 동일한 메시지를 가지고 있습니다. 그들 모두는 다같이 타락하였으며 죽어 있었습니다. 이 메시지를 믿는 자는 누구든지 즉각 의롭다 함을 얻었습니다. 예, 그렇습니다. 저는 사도가 비시디아 안디옥에서 한 말과 정확히 같게 말하였을 뿐입니다. 저는 여러분에게 한 가지 질문을 던지고 싶습니다. 유대인들이 회당에서 나갔을 때 이방인들은 다음 안식일에도 와서 이 말씀을 자기들에게 전해달라고 졸랐습니다. 그들은 그것에 대하여 더 많은 것을 듣기 원했습니다.

여러분도 그러합니까? 그 메시지에 대하여 더 많은 것을 듣고 싶습니까? 저는 이 위대한 주제를 가지고 더 말하려 합니다. 그리고 저는 그것으로 여러분을 시험하려 하는 것입니다. 만일 여러분이 이 진리에 대한 어렴풋한 빛을 가졌다면 더 듣기 원할 것입니다. 그러나 만일 더 듣고 싶지 않다면, 사도의 말로 저는 여러분에게 경고하지 않을 수 없습니다. "보라 멸시하는 사람들아 너희는 놀라고 망하라 내가 너희 때를 당하여 한 일을 행할 것이니 사람이 너희에게 이를지라도 도무지 믿지 못할 일이라"(행 13:41). 여분이 주 예수 그리스도의 십자가를 자랑하고 있는지 제게 말씀하십시오. 여러분은 여러분을 사랑하사 자신을 버리신 하나님의 아들을 찬미하면서 여러분의 모든 날들을 기쁘고 즐겁게 보내고 싶습니까? 우리는 우리 자신을 시험해 보아야 합니다. 모든 사람은 스스로 자문자답해 보아야 할 것입니다.

찰스 웨슬리(Charles Wesley)가 200년 전에 던진 답변을 인용함으로써 이 설교를 마치려고 합니다.

> 구주의 보혈이 내 몫이 될 수 있는가!
> 그를 괴롭힌 날 위해 그가 죽으셨다고?
> 그를 죽게 만든 날 위하여?
> 오 놀라운 사랑!
> 나의 하나님
> 주께서 어찌 나를 위하여 죽으셔야만 했나요?

2

진위(眞僞) 테스트

"그러나 내게는 우리 주 예수 그리스도의 십자가 외에 결코 자랑할 것이 없으니 그리스도로 말미암아 세상이 나를 대하여 십자가에 못박히고 내가 또한 세상을 대하여 그러하니라"(갈 6:14).

이 위대한 주제로 다시 돌아옴에 따라 사도 바울이 이 진술을 나타내는 문맥과 경로를 염두에 두는 것이 중요합니다. 본문을 읽을 때 "내게는"이라는 말에 강조점을 두어야 합니다. "그러나 내게는 우리 주 예수 그리스도의 십자가 외에는 결코 자랑할 것이 없으니." 사도는 자신과 다른 어떤 사람들 곧 바울이 떠난 후 갈라디아에 있는 여러 교회를 돌아다니며 말하며 설교했던 거짓된 유대교 선생들을 서로 대조시키고 있습니다. 그들은 구원의 길에 대하여 그 단순한 사람들의 마음속에 대단한 혼란을 일으켰던 것입니다.

사도는 그들에 대하여 "할례받은 저희라도 스스로 율법은 지키지 아니하고 너희로 할례받게 하려 하는 것은 너희의 육체로 자랑하려 함이니라"

(6:13)고 말합니다. 그들은 그것을 자랑합니다. 그러나 사도는 말합니다. 내게 있어서는 우리 주 예수 그리스도의 십자가 외에 다른 어떤 것을 자랑한다는 것은 생각조차 할 수 없다. 주 예수 그리스도의 십자가, 그것은 내가 자랑하는 오직 유일한 것이다. 물론 그 진술은 엄청난 것입니다. 우리도 그렇게 말할 수 있으려면, 사도가 말하는 것들에 대하여 무엇인가 알아야겠다는 생각이 듭니다. 더 많이 알고 싶은 소원은 우리가 갖는 관심의 진지성을 드러내는 것입니다. 바울은 편지를 마치면서 매우 조심해야 할 것을 그들에게 경계시키고 있습니다. "자기의 육체를 위하여 심는 자는 육체로부터 썩어진 것을 거두고 성령을 위하여 심는 자는 성령으로부터 영생을 거두리라"(6:8).

그와 같이 우리에게 있어서 중대한 문제는 성령을 위하여 심으려면 어떻게 해야 하는가입니다. 이 거짓된 교사들이 그러한 문제에 대하여 큰 혼란을 일으켰습니다. 아직도 그 사람들은 현대 세계의 많은 사람들에게 같은 방식의 고통을 불러일으킵니다. 제가 이 십자가의 주제에 주의를 기울이게 하는 까닭도 바로 그것입니다. 사람들은 이렇게 묻습니다. "우리는 무엇을 믿어야 하는가? 이 기독교 신앙이란 무엇인가? 우리는 서로 상승되는 진술들을 듣고 있다." 갈라디아서에서 그들이 말하고 있었던 것도 바로 그것입니다. 사도 바울은 한 가지를 말했습니다. 그러나 이 교사들은 다른 것을 말했습니다. 바울은 주 예수 그리스도와 그의 십자가에 못박히심만을 믿어야 하며, 오직 믿음으로 말미암아서만 의롭다 함을 받는다고 말했습니다.

다른 사람들은 절대 그렇지 않고 할례를 받아야 한다고 주장했습니다. 그들은 율법으로 돌아가야 한다고 말했습니다. 사람들은 바로 여기에서 혼란을 겪게 되었습니다. 제가 지적한 바와 같이 사람들은 그 점에 있어서 혼란을 겪고 있습니다. 우리가 참으로 의지해야 할 권위가 어떠한 것인가에 대하여 명백해야 합니다. 그것보다 더 필요한 것은 없습니다. 궁극적으로 두 권위밖에는 없습니다. 성경이냐 아니면 사람들이 좋아하는 다른 무엇이냐 하는 것입니다. 그 밖에 다른 대안이 없습니다. 어느 누구나 자기 의견의 기초에 이 책을 놓든지 아니면 다른 것을 놓든지 합니다. 만일 이 책에 기초하여 의견을 말하지 않는 것이라면 그것이 무엇이든지 상관하고 싶지 않습니다. 이 책을 떠나면 많은 가능성들이 존재합니다. 그러나 그것은 전혀 문제삼을 필요는 없습니다. 왜냐하면 그 모든 것들이 성경이 아닌 곳에는 한결같기 때문입니다.

바울은, 그러면 무엇이 진리냐고 말합니다. 무엇이 참된 메시지입니까? 그것은 우리 주 예수 그리스도의 십자가입니다. "예수 그리스도와 그의 십자가의 못박히심." 우리가 알다시피 십자가를 전하는 것이 기독교 입장의 핵심이요 중심입니다. 십자가에 대한 우리 주님의 가르침이 아니라 그의 죽으심이 바로 핵심이요 중심입니다. 왜 그러합니까? 바로 그 주님의 죽으심으로 말미암아 우리가 구원받기 때문입니다. 보편적으로 따지면 그러합니다. 그러나 그것은 너무나 거대한 진술이기 때문에 거기서 끝마칠 수는 없습니다. 사도는 단순히 자기는 십자가를 전하고 믿는다고만 말하지 않습니다. 그는 "우리 주 예수 그리스도의 십자가 외에는 결코 자랑할 것이 없으니"라고 말합니다. 그러니 여기에 보편적인 차원보다 더한 무엇이 있습니다.

제가 지금 여러분의 주의를 환기시켜 드리고 싶은 것이 바로 이 "더" 있는 일에 대한 것입니다. 이 자랑하다는 말은 대번에 우리 주 예수 그리스도의 십자가가 우리 각자를 시험하는 시금석이라고 말합니다. 그것은 우리의 기독교 신앙고백을 시험하는 시금석입니다. 그것은 우리가 교회의 지체가 되었는지를 시험하며, 우리의 전반적인 입장과 신앙고백을 시험합니다. 우리 주 예수 그리스도의 십자가에 대한 우리의 태도보다 우리의 이해력을 측정하는 데에 더 예리한 시금석이 없습니다. 다른 말로 해서 십자가는 즉각적이고 필연적으로 우리 모두를 판단합니다. 십자가 앞에서 중립을 취할 수 없습니다. 십자가는 언제나 인류를 양분해 왔고 지금도 그러합니다. 사도는 십자가에 대해 궁극적으로 두 입장만이 있다고 말하고 있습니다. 우리 주 예수 그리스도의 십자가는 우리에게 거치는 것이 되든지, 아니면 우리가 그 다른 어느 것보다 더 자랑하는 것이 되든지 둘 중에 하나입니다.

　나의 친애하는 친구들이여, 이보다 더 중요한 문제는 있을 수 없습니다. 이 십자가가 여러분에게 어떠한 일을 합니까? 십자가를 생각하고 대면할 때 여러분 자신은 어디에 있습니까? 둘 중 하나입니다. 십자가가 거치는 것이 되든지 아니면 자랑하는 것이 되든지, 우리는 다 우리의 입장에 대하여 명확합니까? 우리가 어디에 서 있는지를 정확히 알고 있습니까? 아마 이렇게 말하는 분도 있을 것입니다. "아 좋아요, 십자가가 내게는 거치는 것이 아닙니다. 그러나 내가 그것을 자랑하노라고 말할 수 없음을 부끄럽게 생각합니다." 좋습니다. 나의 친구들이여, 여러분은 불가능한 위치에 서 있는 것입니다. 오직 두 가지 입장, 즉 거치는 것이든지 아니면 자랑할 것이든지밖에는 없습니다. 불멸의 영혼의 가치를 생각할 때 이 문제를 시험하고 그것을 들여다보며, 사도가 여기서 우리에게 말한 것을 보도록 합시다. 또한 더 확실히 알기 위하여 이 두 입장에 대하여 사도가 그의 다른 서신들 속에서 말한 것을 알아봅시다.

　이제 다음의 이유 때문에 이것은 중요합니다. 우리가 알고 있는 바와 같이 바울의 전도(설교)는 이러합니다. 나를 구원하는 것은 십자가이다. 그로 말미암아 또는 십자가로 말미암아 세상이 나에 대하여 십자가에 못박히고 내가 또한 세상을 대하여 그러하니라. 그는 고린도 사람들에게 이렇게 말했습니다. "내가 너희 중에서 예수 그리스도와 그의 십자가에 못박히신 것 외에는 아무것도 알지 아니하기로 작정하였음이라"(고전 2:2). 사도 바울은 강의(講義)를 하지 않았습니다. 그는 언제나 설교했습니다. 기독교회의 임무는 강의하는 것이 아니라 전도(설교)하는 것입니다. 교회는 정치문제나 사회조건을 다루지 않고 전도해야 합니다. "내가 너희 중에서 예수 그리스도와 그의 십자가에 못박히신 것 외에는 아무것도 알지 아니하기로 작정하였음이라"—그는 얼마나 광대한 지식을 지니고 있었습니까! 이 재능있는 하나님의 사람의 모든 박학(博學), 그의 심오한 이해력, 그의 모든 철학과 헬라 시(詩)에 대한 지식, 그 밖에 다른 수천의 문제들에 대한 모든 지식에도 불구하고 그리스도를 위하여 미련한 자가 되기로 작정하였습니다.

그렇게 함으로써 심지어 바울은 비난받기도 했습니다. 그들은 말하기를 "그 사람 바울은 언제나 이 십자가에 대해서만 말하고 있다. 그리스도의 피에 대해서만 말한다. 그것은 너무 단순하고 너무 유치하다. 그는 자기 말을 듣는 청중들의 철학적 이해도를 전혀 생각하지 않는다" 하며 불평을 늘어놓았습니다.

사도는 그렇게 한 것이 모두 의도적으로 한 것이라고 대답합니다. "내가 너희 중에서 예수 그리스도와 그의 십자가에 못박히신 것 외에는 아무것도 알지 아니하기로 작정하였음이니라." 그는 고린도 사람들에게 이렇게 말하고 있는 것입니다. 나는 지혜에 대하여 안다. "그러나 우리가 온전한 자들 중에서 지혜를 말하노니 이는 이 세상의 지혜가 아니요 또 이 세상의 없어질 관원의 지혜도 아니요"(고전 2:6). 그것은 감추인 지혜입니다. 그것은 신비요 하나님의 지혜입니다. 사도가 그런 입장에 서게 된 데는 다음과 같은 큰 이유가 있습니다. 우리가 이 세상에서 어떤 류의 삶을 사느냐를 결정할 뿐 아니라 우리의 영원한 운명을 결정하는 것이 바로 여기에 있습니다. "성령을 위하여 심는 자는 성령으로부터 영생을 거두고." 그 일은 한순간에 종말을 맞을 수 있는 소위 원자 시대라 불리우는 이 시대에 있어서도 그 어느 것보다 참으로 무섭고 긴박한 문제입니다. 우리 앞에는 내세가 존재합니다. 옛 설교자들이 자주 지적했듯이 여러분은 어디서 그 내세를 보내렵니까? 여러분은 그것을 결정하는 것이 무엇인지 아십니까? 십자가에 대한 여러분의 반응입니다. 이것이야말로 진위를 가리는 시금석입니다. 우리 눈을 가리우고 속이는 모든 가식을 벗어버리고 우리를 적나라하게 탐사하는 것은 바로 그것입니다. 이 점은 긴박하게 하나의 결단을 요구합니다. 왜냐하면 누구나 이 두 입장 중 어느 한 입장에 있을 것이기 때문입니다. 우리의 입장은 어느 것입니까?

자, 사도가 우리 앞에 그 점을 명시하는 바대로 따라가 봅시다. 저는 몇 가지 원리의 형태로 그것을 나타내 보려 합니다. 첫 번째 원리는 이러합니다. 불신자에게는 십자가가 거치는 것입니다. 갈라디아서 5:11에서 그 말을 생각해 냈습니다. 사도는 이렇게 말합니다. "형제들아 내가 지금까지 할례를 전하면 어찌하여 지금까지 핍박을 받으리요 그리하였으면 십자가의 거치는 것이 그쳤으리니."

다른 말로 해서, 십자가의 도(道)가 자연인, 그리스도인이 아닌 사람에게는 거치는 것이라고 말하고 있습니다. 초대교회 시대에 있어서 상황이 그러하였음은 의심할 여지가 없습니다. 그 점에 대한 풍성한 증거를 우리는 갖고 있습니다. 바울은 여기서도 말하고, 고린도전서 1:23에서도 제가 알기로는 아주 완벽하게 그리스도께서 십자가에 못박히신 것을 전하는 그것이 "유대인에게는 거리끼는 것이요 이방인에게는 미련한 것이라"고 말합니다. 그들은 그것을 좋아하지 않고 원하지도 않았습니다. 십자가가 그들에게는 거리끼는 것입니다. 바울은 자기 동족들에게 핍박을 받고 학식있는 헬라 사람들에게 비웃음과 조롱을 받았습니다. 왜냐하면 십자가의 메시지를 고집하며 전했기 때문입니다.

그런데 그것이 초대교회에서도 분명하게 하나의 거리끼는 것이었습니다. 수십 세기가 흘러오는 동안 그 점은 여전하였습니다. 십자가에 대한 대논쟁과 논박이 있어왔습니다. 십자가에 대하여 언제나 문제가 야기되었습니다. 모든 세대에 걸쳐 그 십자가는 그처럼 부단하게 분기점 역할을 해왔습니다. 역시 오늘밤에도 마찬가지입니다. 오늘날 대다수의 사람들이 십자가를 거리끼는 것으로 보고 있음은 너무나 명백하고 뚜렷합니다. 기독교에서마저 십자가를 조롱하는 일이 있습니다. 그들은 그것이야말로 피의 신앙이라는 것입니다. 그러면서 자기들은 피만 언급하면 아예 질색을 합니다.

어느 토론회에서 어떤 사람들의 말을 들었던 것이 기억납니다. 그리스도인과 비그리스도인 사이에 이러한 문제들에 대하여 서로 이야기하고 있었습니다. 저는 가까운 방에서 앉아 책을 읽고 있었습니다. 그때 갑자기 그리스도인이 제게 와서 "저, 이 토론 중에 있는 우리를 도와주실 수 없을까요"라고 말했습니다. 그래서 저는 그를 따라가면서 문제가 무엇이냐고 물었습니다. 매우 유능한 전문인이었던 또 다른 비그리스도인은 "목사님도 아시다시피 논란이 있습니다마는 그러지 말아야지요"라고 말했습니다.

저는 "무슨 뜻이냐?"고 물었습니다. 그러자 그는 "예, 이 사람은 제 훌륭한 친구입니다. 물론 나는 그처럼 도덕을 믿습니다. 윤리도 믿습니다. 선한 삶을 살아가는 것도 믿습니다. 이 세상을 개선하는 것도 믿습니다. 그러나 그 사람은 피와 우뢰(雨雷)를 끌어들이고 있습니다"라고 대답했습니다.

그것이 바로 고통의 원인이었습니다. 그 사람은 그것을 "피와 우뢰"라고 불렀습니다. 사람들은 그것을 "피의 신학"이라고 부릅니다. 그들은 그것을 조롱하며 야유합니다. 그들은 구약성경을 미워하고 하나님께서 시내 산에 앉아 계시다고 하는 것을 싫어합니다. 또한 번제와 희생제사들을 다 미워합니다. 그것은 원시적인 종교에 불과하다고 주장하면서, 그것을 논의에 끌어들이지 말아야 하며, 그러한 것들에 대하여 말하지 않아야 한다고 주장합니다. 그들은 십자가를 미워합니다. 십자가는 반질거리는 사람들이나 현학적인 사람들 그리고 어설픈 지식을 가지고 있는 사람들이나 현대인들에게는 여전히 거침돌입니다.

그러나 십자가를 가장 크게 꺼리는 사람들은 표면상으로 거의 다 그것을 찬미하는 것같이 보이는 자들인 것 같습니다. 십자가는 매우 아름다운 것이라고 말하는 류의 사람들 말입니다. 그들은 십자가에 대해서 많은 것을 전합니다. 그렇지만 그들은 십자가를 아름다운 것, 아주 감동적이고 사랑스럽고 감흥을 일으켜 주는 것으로 전합니다. 그러면서도 그들이야말로 모든 사람들 가운데서 십자가에 가장 큰 반감을 느끼는 자들이라고 저는 말씀드리렵니다. 사실 그들은 십자가를 어찌나 크게 꺼리든지 십자가가 뜻하지 아니하는 것으로 십자가를 바꾸어 버려야만 했던 것입니다. 사실 십자가를 실상 그대로 알면 참으로 거치는 것임을 그들은 발견했던 것입니다. 그래서 그들은 그것을 가장 아름다운 것, 일종의 심리적인 행동 등으로 추락시킵니다. 그처럼 그들은 십자가를 감상주의적인 관점에서 보고 큰 정념을 가지고 십자가에 대해서 말합니다. 모든 사람들 가운데서 이 사람들이야말로 진정으로 십자가를 꺼리는 사람들입니다.

사실 우리는 수세기에 걸쳐 상존하여 왔던 바로 그 입장을 대면하고 있는 것입니다. 이에 대한 이유들을 시험해 보아야 합니다. 그러나 그렇게 하기 전에 먼저 이렇게 말해야겠습니다. 십자가를 바르게 가르치고 있는지 그렇지 못한지를 알아보는 시금석은, 자연인에게 십자가가 거리낌으로 들려지게 하는지 그렇지 않은지를 시험해 보는 것입니다. 만일 십자가를 전했는데 그것이 자연인에게 아무런 거리낌이 되지 못했다면 십자가를 잘못 해석하고 있는 셈입니다. 십자가가 자연인으로 하여금 얼마나 아름답고, 얼마나 놀랍고, 얼마나 비극적이며, 얼마나 수치스러운 것인가라고 말하게끔 하는 것이라면, 십자가를 진정으로 설교한 것이 아닙니다. 십자가의 도는 자연인에게는 거리끼는 것입니다. 그래서 어떤 사람이 십자가를 전한다고 할 때 그 사람이 바로 십자가를 전하는지를 시험하는 시금석입니다.

또한 그것을 회중의 차원에서 생각해 봅시다. 만일 이 십자가의 거치는 요소가 여러분에게 전혀 드러난 적이 없다든지, 또는 그 거치는 것이 전혀 느껴지지 않았다면, 그만큼 그리스도의 십자가에 관한 진리를 안 적이 없다는 뜻이라고 말씀드리겠습니다. 만일 여러분이 십자가에 대한 거부감을 전혀 느끼지 않았거나, 그것이 여러분에게 거리끼는 것임을 느끼지 못했다면 여러분은 그것을 안 적이 없음을 말씀드립니다. 그것은 자연인에게는 "언제나" 거치는 것입니다. 거기에는 어떠한 예외도 있을 수 없습니다. 그러므로 만일 여러분이 그 십자가의 거치는 것을 전혀 느끼지 못했다면 그것을 안 적이 없습니다. 왜냐하면 자연인이었던 때가 있었기 때문입니다. 이 세상에 태어날 때부터 그리스도인으로 태어나는 사람은 아무도 없습니다. 우리는 그리스도인이 되기 위해서 거듭나야 합니다. 우리가 자연인에 속해 있을 때 십자가는 거리끼는 것입니다.

그처럼 우리가 이 거치는 요소를 전혀 알지 못했다면 그것을 전혀 안 적이 없거나 아니면 십자가에 대한 오해를 하고 있었던 것입니다. 결국 이런 질문을 던지지 않을 수 없습니다. 그러면 왜 십자자가 자연인에게는 거치는 것입니까? 어떠한 국면에서 그러합니까? 1세기에 살던 사람들에게 십자가가 거리끼는 것이 되게 했던 바로 그 이유들 때문입니다. 미안한 얘기이지만 이런 문제들에 있어서는 1세기 사람과 20세기 사람 사이에 하등의 차이가 없음을 거듭 말씀드리지 않을 수 없습니다. 십자가가 그 자체로 여러분에게 거리끼는 것입니까? 어느 세기에 살던 사람이든지 간에 다른 세기에 사는 사람과 본질이 같다고 말하는 것은 십자가의 도의 일부입니다. 바로 그것이 20세기 사람들에게 가장 참을 수 없는 거리끼는 요점입니다. 왜 그런지 말씀드리지요.

가장 우선적으로 그것은 현대인의 이지(理智)에 거리끼는 것입니다. 제가 가장 먼저 이 점을 지적해야 하는 이유는 사람의 궁극적인 죄는 지성적인 교만이기 때문입니다. 십자가의 도(道)가 사람의 이지에 거리끼는 이유는, 그것이 사람이 그 전에 가지고 있었던 모든 선입견적 관념들과 상념들을 다 잘라버리기 때문입니다. 이 때문에 십자가는 유대인들에게 넘어지게 하는 거침돌이었습니다. 그들은 아마 이렇게 말했을 것입니다. "우리는 메시야를 고대하고 있다. 유대인으로서 우리가 생각하는 메시야는 큰 군사적 위용을 갖춘 분일 것이다. 그는 큰 군대를 모아 그 군대를 진두지휘하고 로마의 정복자들을 쳐부술 것이다. 메시야는 예루살렘을 이 세상에서 가장 큰 도성으로 세울 것이며, 유대인들은 가장 큰 백성들이 될 것이다. 우리는 전 세계를 지배해야 하며 전세계 위에 왕노릇해야 할 것이다." 유대인들은 그러한 것을 기대했습니다. 처음에 메시야가 오셨을 때 그들은 그의 말을 들고 그에게 매력을 느꼈습니다. 그 메시야는 이해력과 권능을 가지고 있는 것처럼 보였습니다. 그들은 그를 왕으로 세우려 했습니다. 그러나 그들은 그를 참아내지 못했습니다. 그는 예루살렘으로 올라가 왕이 되려 하지 않았습니다. 언젠가 그의 추종자들이 억지로 그를 세워 왕을 삼으려고 했습니다. 그런데 그분은 혼자 산으로 피해 가셔야만 했습니다. 그들은 모두 그분을 이러한 군사적인 차원에서 생각했던 것입니다.

그와 같이 메시야라고 스스로 주장하던 자가 약하고 무능하게 십자가에서 죽어 가는 것을 볼 때, 그들은 깊은 상처와 마음의 분함을 느꼈습니다. 그들은 이러한 것은 넌센스이며 기이한 것이라고 느꼈습니다. 구세주, 구원자가 죽다니? 그가 다른 모든 사람을 오히려 죽여야 할 자가 아닌가? 그는 권능과 능력을 소유한 큰 왕과 정복자가 되어야만 하지 않는가? 그는 그들에게 하나의 거리낌이 되었습니다. 그분은 그들이 이전에 가지고 있던 상념들과 관념들을 다 무너뜨렸습니다. 헬라인들에게도 정확히 그것이 문제였습니다. 자신들의 능력을 자랑하며 그것을 뽐내던 헬라인들도 역시 같은 느낌이 들었던 것입니다. 이 십자가는 그것을 잘라내 버립니다. 그리고 그것을 아무 짝에도 못 쓰게 만들어 버립니다. 실로 제가 보여드리려 하지만, 십자가는 그들이 생각했던 것과는 정반대의 일을 합니다. 그처럼 즉각적으로 십자가가 거치는 것이 되는 것은 우리의 모든 상념들을 끊어 내버리기 때문입니다. 우리는 종교를 포함하여 모든 일에 대하여 나름대로의 상념들을 가지고 있습니다. 사람을 그리스도인으로 만드는 것을 알고 있노라고 우리는 스스로 생각합니다. 또한 하나님께서 무엇을 기대하시는지도 알고 있다고 생각합니다. 또한 우리가 그것을 할 수 있으며, 우리 속에 그것을 가지고 있노라고 아주 확신에 차 있습니다. 만일 우리가 그것을 하려고 덤비기만 하면 그것을 해낼 수 있습니다. 그렇지 않습니까? 그런데 십자가는 바로 그러한 생각들을 도려냅니다.

어떻게 그렇게 되는지를 말씀드리겠습니다. 자연인의 이지(理智)에 십자가가 거리낌이 되는 두 번째 국면은 오늘 현대에 있어서 엄청나게 중요합니다. 옛 헬라인들에게 있어서 그랬던 것과 같습니다. 십자가는 대번에 우리가 관념들로 구원을 받는 것이 아니라고 선포합니다. 우리는 생각이나 이해로 구원받지 않습니다. 여러분은 철학을 좋아할지 몰라도 그것으로 말미암아 구원받지 않습니다. 그런데 자연인이 믿고 있는 것이 바로 그것입니다. 우리는 그러한 생각이나 철학을 통하여 구원받을 수 있다고 믿고 있습니다. 누가 우리를 구원하려 합니까? 예, 지혜로운 사람들이 그렇게 한다는 것이죠. 그들이 누구입니까? 지혜로운 사람들은 위대한 사상가들입니다. 나라가 고통과 큰 혼란에 빠져 있습니다. 어떠한 일이 행해질 수 있습니까? 그렇습니다. 우리는 최선의 사람들, 정치적이거나 철학적이거나 사회적이거나 다른 모든 영역에서 가장 훌륭한 사상가들을 원합니다. "가장 선한 사람들, 가장 위대한 사상가들이 우리를 구원할 것이다."

사람이 본능적으로 생각하는 바가 그러합니다. 그러나 사상으로 구원받을 수 없다고 말하는 것이 여기 있습니다. 선한 아이디어들로 구원받지 못합니다. 이상주의로 구원받지 못합니다. 오늘날 영국에서 그리스도의 십자가를 가장 격렬하게 반대하는 자들은 비그리스도인들인 이상주의자들입니다. 그들은 자기들의 고상한 생각과 정신을 함유하는 사상들, 행해질 필요가 있는 것들에 대한 생각들을 가지고 있음을 여러분은 아실 것입니다. 위대하고 심오한 철학자들이 또한 그러합니다. 세상은 말하기를, 이러한 사람들은 중요한 사람들이라고 합니다. 그들이 십자가를 미워하는 것은 자기들이 믿는 것을 다 무산시켜 버리기 때문입니다.

자연인의 마음에 십자가가 거리끼는 또 다른 방식이 있습니다. 사람들은 십자가에 대한 전체 개념이 부도덕하다고 아주 거침없이 말합니다. 그들에게 있어서 한 사람이 다른 사람들의 죄를 위하여 징벌받아야 된다는 개념이 부도덕한 것입니다. 전체 개념이 도저히 생각할 수조차 없는 일이라는 것이죠. 사람마다 자기 자신의 징벌을 받습니다. 절대적으로 무죄한 어떤 사람이 나서서 여러분의 죄책을 대신하여 징벌을 받는다는 것, 그 개념은 전혀 부도덕하다는 것이죠. 그들은 그 같은 일을 하시는 하나님을 믿을 수 없으며, 자기의 아들을 징벌하시고 다른 사람을 용서하기 위해서 그 아들을 죽이는 하나님을 믿을 수 없다고 합니다. 그것은 공정하지 못하다는 것이죠. 그들이 가지고 있는 정의와 도덕성의 의식과는 전혀 배치(背馳)가 된다고 주장합니다. 여러분은 그러한 일을 들어보셨습니까? 여러분은 그것을 생각해 보신 적이 있는지요. 그렇다면 십자가가 거치는 것입니다. 왜냐하면 이 교리의 진수는 대속의 원리이기 때문입니다. 이 교리는 그리스도가 "세상 죄를 지고 가는" 하나님의 어린양이라고 가르칩니다. 우리의 죄가 그에게 전가되고, 그에게 옮겨져 그 위에 놓여지고, "그가 채찍에 맞음으로 우리가 나음을 얻는다"고 가르칩니다. 또한 하나님께서 그를 때리시고 "우리의 모든 죄악을 그에게 담당시켰다"(사 53:6)라고 가르칩니다. 현대인과 본성적인 인간사상에 대해 이것은 거침돌이요, 부도덕하고 부정하고 불의한 요소입니다. 그래서 그런 사람은 십자가를 미워하고 거절합니다.

우리는 십자가가 자연인의 이지에 거침돌이 되는 방식에 관한 전체 입장을 요약할 필요가 있습니다. 자연인은 그 십자가를 이해할 수 없기 때문에 도저히 그 점을 참아낼 수 없습니다. 그것이 그에게 있어서 가장 중요한 거침돌입니다. 자연인은 자기는 모든 것을 이해할 수 있다고 믿고 있으며 그것을 원합니다. 여러분은 자연인이 좋아하는 입장이 무엇인지 알 것이라고 저는 믿습니다. 그들은 이러한 생각을 가지고 있지요. "내가 이해할 수 없는 것은 믿지 않겠다. 내가 이해하기까지는 어느 것에도 내 자신을 맡기지 않겠다." 사람은 스스로 모든 진리를 수용할 수 있는 능력을 가지고 있다고 믿습니다. 그는 모든 것을 이해할 수 있습니다. 그가 하나님을 믿지 않는 것은 그러한 존재를 이해하지 못하기 때문이라고 말합니다. 자연인은 십자가도 이해하지 못합니다. 물론 십자가를 이해할 수가 없습니다. 찰스 웨슬리는 그의 위대한 찬송시에서 그 점을 이렇게 나타냅니다. "참 놀라운 신비여, 죽을 수 없는 자가 죽다니." 십자가는 신비입니다. 대속(代贖)이 신비요, 죽지 않을 자가 죽는 신비입니다. 성경 자체가 말하듯이 그것은 하나님의 비밀입니다.

그러나 현대인은 그러한 비밀에 복종하지 않습니다. 그는 먼저 이해해야 합니다. 그러나 이해할 수 없다고 그에게 말하는 것이 여기 있습니다. 이해하는 것은 불가능합니다. 그것은 우리들의 능력 밖에 있습니다. 그것은 신적인 것이요, 이적적인 것이요, 초자연적인 것입니다. 우리는 그것을 이해할 수 없습니다. 그렇기 때문에 사람들이 그것을 미워합니다. 자연인도 그것이 존재하기 때문에 그것을 그대로 내버려둘 수는 없습니다. 또한 어느 때인가는 다루어야 할 어떤 느낌이 자기 가운데 있기 때문에 그것을 내버려둘 수는 없습니다. 그러나 그것을 이해하지 못하기 때문에 미워하고 그에게 있어서 그것이 거침돌이 됩니다. 자연인의 이지에 그것이 거침돌이라면 그의 마음에는 더욱더 큰 거리낌입니다. 십자가에 관해서 우리의 궁극적인 고통거리가 딱 한 가지 있는데, 그것은 다름아닌 우리의 교만입니다. 모든 인간의 고통들은 교만에서 파생됩니다.

왜 사람이 타락했습니까? 그 대답은 "교만"하기 때문입니다. 마귀가 하와에게 와서, "하나님이 너더러 그것을 먹지 말라 하더냐?"고 말했습니다. 물론 사단은 그걸 먹는 날에는 네가 하나님같이 될 줄 알기 때문에 그렇게 말씀하신 것이라고 주장했습니다. 그 여인은 그 암시를 좋아했습니다. 교만이 들고 일어났고 사람은 그만 마귀의 말을 들었습니다. 그는 그 마귀의 말에 찬동했습니다. 그들은 하나님처럼 되고 싶었습니다. 그들을 시험했던 마귀의 타락 원인은 무엇이었습니까? 바울은 디모데전서에서 역시 "교만"이었다고 말합니다. 그는 교만으로 자기 스스로를 뽐내다가 타락했습니다. 교만은 모든 고통의 원인이 됩니다. 세상이 바로 그 점을 이해하지 못하고 있습니다. 그것은 놀라운 일이 아닙니다. 모든 것이 우리더러 교만에 영합하며 우리를 높여 우쭐거리면서 우리 자신을 믿으라고 말하고 있습니다. 사람,

현대의 인간! 그런데 여기에 그 우상을 뭉개버리는 것이 있습니다. 교만은 언제나 고통의 원인이 되며, 그리스도의 십자가보다 자연인의 교만을 더 훼손시키는 것은 없습니다. 십자가가 어떻게 그러합니까? 무슨 일이 일어났기에 십자가가 있어야만 했습니까? 우리가 실패자들이기 때문입니다. 죄인들이요 타락한 사람들이기 때문입니다.

여러분도 알다시피, 복음서 가운데 있어서 가장 엄청난 일은 하나님의 아들이 이 세상에 왔을 때 세상이 그를 미워하였을 뿐 아니라 세상이 그를 십자가에 못박았다는 사실입니다. 그런 일에 대해서 생각해 본 일이 있습니까? 친히 말씀하신 대로 하나님의 아들이 세상을 정죄하기 위해서가 아니라 그로 말미암아 구원을 받게 하기 위해서 세상에 오셨습니다. 그는 어떠한 것을 회피하셨습니까? 그는 말씀을 들을 준비가 되어 있는 보통 사람들과 다른 이들을 가르치고 교도하는 데 시간을 보냈습니다. 병과 질병을 치료하는 데 시간을 보내시고 고통을 낫게 하시고 슬픔을 제거하여 주셨습니다. 베드로가 고넬료에게 말한 것처럼 자신의 시간을 선행을 하는 데 보냈습니다. 그런데도 그들은 그를 미워하였고 십자가에 못박았습니다. 군중들은 소리질렀습니다. "그를 십자가에 못박으라 못박으라!" 왜 그분 때문에 그들의 마음이 그처럼 격앙(激昻)되었습니까? 그가 그들에게 어떠한 일을 하셨습니까?

여러분은 고통의 원인이 무엇인지 아십니까? 그분은 자연인에게 있어서 가장 모독적인 것을 말씀하셨습니다. 가장 마음을 격케 하는 논평을 하신 것입니다. "인자가 온 것은 잃어버린 자를 찾아 구원하려 함이로다"(눅 19:10). 그들이 그것을 미워하지는 않았을 것이라고 생각하시겠지요. 그러나 그들은 그것을 미워하였습니다. 바로 그것 때문에 그분을 미워하였던 것입니다. 자기들이 구원받는 쪽에 있는 것을 반대한 것이 아니라, 자기들이 타락하여 구원이 필요하다는 의미에서 잃어버린 자들이라는 암시를 싫어했던 것입니다. 여러분도 알다시피 이 세상에서 하나님의 아들의 면전에 나가는 것 자체가 우리 각자 모든 사람들을 철저하고, 절대적으로 정죄합니다. 모든 사람이 죄를 범하여 하나님의 영광에 이르지 못하였기 때문에 그가 오셨고 특별히 십자가로 나아가야만 했습니다. 이것이 바로 거리낌의 원천입니다. 하나님의 아들은 우리에게 우리가 실패자들이며 죄인들이라고 말씀하십니다.

그러나 그런 다음 그분은 그 이상의 것을 말씀하십니다. 그렇게 해서 그 거리낌의 정도는 더욱더 증가되게 됩니다. 그분은 우리 모두가 실패자들이라고 말씀하십니다. 그는 우리 모두가 한결같이 다 실패자들이라고 말씀하십니다. 자, 그런데 우리가 다 실패자들이라는 그 말이 우리에게는 전적으로 해당되지 않는지요? 우리는 무엇이라고 말합니까? 예, 우리는 좀더 나은 분위기 속에서 이렇게 말합니다. "당신도 알다시피 내가 백퍼센트 구원받은 사람이라고 주장하지는 않소. 그러나 절망적인 술주정뱅이와는 다르단 말이요. 나는 저 타락한 여자와 같은 사람이 아니요. 이 세상에는 선과 악이 있소. 또 종교적인 사람과 비종교적인 사람들이 있습니다. 이러한 구분은 매우 중요하지요. 모든 사람들이 같은 입장에 있다고 말해서는 안 돼요. 사람이 선하든 악하든 그것이 문제가 아니라든지, 부도덕하냐 도덕적이냐 하는 것도 차이를 가져오지 않는다고 말해서는 안 됩니다. 또는 사람이 윤리적인 규범을 지키느냐 그렇지 않느냐 하는 것도 결국 궁극적인 차이를 가져오지 않는다고 말해서는 안 됩니다. 그렇게 말해서는 안 돼요." 그들은 계속해서 또 이렇게 말합니다. "당신은 모든 도덕적 원리마저 다 파괴시키고 있소. 당신은 방종과 방탕을 조장하고 있는 것이오. 그렇게 말하는 것은 거짓이요 참이 아닙니다. 선한 생활을 살려고 발버둥치고 종교적이 되려고 애를 쓰며 기도하려고 애썼던 사람도 전혀 기도하지 않은 사람과 같은 입장에 있다고 당신은 말하지요? 예배당에 전혀 나온 적도 없고 죄악만 저지르며 불의와 탐욕을 좇는 사람들과 다름없는 같은 타락한 조건에 있다고 당신은 말하지요?"

그리스도의 십자가는 바로 정확히 그것을 말합니다.

그리스도의 십자가는 차이가 없다고 말합니다. 물론 바로 그것이 유대인들을 격노케 했던 것입니다. 그러나 사도가 로마서 3장에서 바로 이 문제에 대해 쓰면서 이렇게 말합니다. "이제는 율법 외에 하나님의 한 의가 나타났으니 율법과 선지자들에게 증거를 받은 것이라 곧 예수 그리스도를 믿음으로 말미암아 모든 믿는 자에게 미치는 하나님의 의니 차별이 없느니라 모든 사람이 죄를 범하였으매 하나님의 영광에 이르지 못하더니"(3:21-23). 이것이 바로 그들을 미치게 합니다. 그들은 우리 주님을 보고 미쳐 날뛰었고 구원의 문제에 있어서 유대인이나 헬라인 사이에 실질적인 차이가 없다고 전했던 사도들에 대하여 격분해 어쩔 줄 몰랐던 것입니다. 사도들은 '너희들이 유대인이라는 것 자체가 너희 자신을 구원하지도 못하며, 너희가 할례받았다는 것이나 율법을 가지고 있다는 것 자체가 너희를 구원하는 것이 아니라'고 전했습니다. 유대인과 외인인 이방인 사이에는 전혀 차이가 없습니다. 모든 사람들이 죄를 범했습니다. 그 점에서 전혀 차별이 없습니다.

우리 시대에 사는 현대인의 프라이드에 상처를 주는 것이 바로 그것입니다. 세상은 선을 행한다고 하는 사람들로 가득 차 있습니다. 이 사람들은 일들을 바로 잡으려고 애를 씁니다. 그들은 조직을 구성하고 공회를 만들고, 또 어떤 사람들은 그것에 가입하고 저항하는 글들을 쓰기도 하고 세상을 바로잡으려고 애도 씁니다. 그러면서 그들이 미워하는 한 가지 일이 있습니다. 그것은 다름아닌 이 십자가입니다. 십자가는 그들에게 '당신들은 그런 식으로 해서 그런 문제를 처리할 수 없으며, 모든 사람들이 다 같은 입장에 있다'고 말합니다. 전혀 차이가 없고 의인이 없으되 하나도 없습니다. 아무리 애써 본다 할지라도 소용이 없다는 말을 듣는 것은 참으로 가공스러운 일입니다. 이러한 형식으로 한 번 표현해 보겠습니다. 십자가는 자연인의 교만에 거리끼는 것입니다. 왜냐하면 십자가는 우리 모두가 죄인일 뿐만 아니라 동등하게 다 같은 죄인들이라고 말하기 때문입니다. 뿐만 아니라 십자가는 우리가 모두 절망적이라고 말합니다.

우리는 아무것도 할 수 없습니다. 십자가는 우리의 모든 의가 더러운 옷과 같다고 말합니다. 우리가 가장 좋게 여기는 것은 모두 분토와 배설물이요, 전적으로 쓸모가 없습니다. 우리 자신과 우리의 능력을 믿는 우리에게 당신들은 아무것도 할 수 없다고 말하는 것이 그 십자가입니다. 우리는 철저하게 무능하며 전적으로 소망이 없다고 말합니다. 여기서 그것이 우리에게 거리낌이 되고 우리에게 상처를 주고 우리 모두의 노력을 저주해 버립니다. 생각과 마음의 거리낌이 되고 맙니다. 그것은 역시 사람의 의지에 대하여도 하나의 거침돌이 됩니다. 십자가는 사람에게 이렇게 말합니다. "너의 의지가 어떠하든지 나는 상관하지 않겠다. 네 의지가 아무리 강력하다 할지라도 난 관여하지 않겠으며, 네 결의가 어떠하다 할지라도 난 개의치 않겠다. 네 모든 의지를 다 강구(講究)해 보라. 그렇다고 해도 네 자신을 구원하지 못할 것이다."

> 내 손의 수고 암만 하여도
> 율법의 요구를 이룰 수 없고
> 내 열심 아무리 기울이고 내 눈물
> 영원히 흘려도 그것이 죄를 속할 수 없네.
> 오직 주만이 나를 구원하시네
>
> 토플레디(A. M. Toplady)

십자가는 우리를 땅바닥에 메꽂아 버립니다. 우리가 언제나 믿어왔던 모든 것을 다 무산시켜 버립니다. 또한 우리로 무능하고 절망적이고 방황하고 정죄받아 지옥갈 만한 죄인으로 내버려둡니다. 십자가는 바로 우리 각자에 대하여 그것을 말합니다. 그래서 저는 자연인에게 있어서 십자가의 거끼는 것이 바로 그것이라고 말씀드립니다. 나의 친구여, 여러분은 그것을 느낀 적이 있습니까? 어떠한 일을 강구한다 할지라도 바로잡을 수 없는 그러한 조건에 처해 있다는 말을 들을 때 그 말에 순응한 적이 있습니까? 땅바닥 먼지와 재와 흙 가운데 절망적으로 누워 끝내 소망이 없는 존재라는 소리를 들은 적이 있습니까? 또는 그러한 것을 듣고 마음의 상처를 받은 적이 있습니까? 또한 일어나서 스스로를 가누고 일어서려 한다 할지라도 다시 넘어지게 될 것이고, 끝내는 아주 엎드러져 절망에 빠져 내동댕이쳐질 것이라는 말을 듣고 마음 상한 적이 있습니까? 여러분은 그러한 것을 듣고도 마음이 상하지 않거나 그것에 대하여 미워하는 마음이 일어나지 않을 수 있었습니까?

만일 그러하다면 그 말을 제대로 들은 적이 없는 셈입니다. 무언가 당신에게 잘못이 있습니다. 현대인, 자연인은 이것을 미워합니다. 자기를 표현하고 자기를 믿으라는 현대의 이단과는 전혀 반대가 되는 것입니다. 현대의 이단은 심리적으로 자기를 세우며 자신을 신뢰하며 자기의 내적 능력을 믿으라고 부추깁니다. 현대인은 자신이야말로 성숙하여 자기의 모든 거대한 지식을 가지고 스스로 설 수 있다고 생각합니다. 그러나 그 모든 것을 무산시켜 버리는 것이 여기 있습니다. 십자가는 그러한 것이 소용없으며 전혀 쓸데없다고 말합니다. 바로 그 점이 자연인에게 있어서 십자가가 거리끼는 요소입니다.

그러나 이제 다른 측면으로 나아가 봅시다. 대조적으로 그리스도인은 우리가 앞에서 보는 바와 같이 십자가를 자랑하는 사람입니다. "그러나 내게는 우리 주 예수 그리스도의 십자가 외에 결코 자랑할 것이 없으니." 자이 점을 살펴봅시다. 이것은 우리에게 있어서 중요한 요점입니다. 그가 말하는 것을 주목하십시오. 바울은 단순히 십자가에 탄복했다고 말하지 않습니다. 또한 십자가는 단순히 아름답고 기이하다고 말하고 있지 않습니다. 그는 십자가를 바라보면서 감탄에 젖어만 있거나 단순히 그 십자가를 찬미하고 있는 것이 아닙니다. 저는 더 나아가고 싶습니다. 그는 단순히 그것을 그저 믿고만 있지 않습니다. 또한 그 십자가의 메시지를 이지적으로 받아들이고만 있지도 않습니다. 내 친구들이여, 나는 여러분을 시험하려 합니다. 그리스도인은 십자가를 믿을 뿐 아니라 그것을 자랑하는 사람입니다.

어떤 사람은 그 말이 무슨 말이냐고 하겠지요? 네 좋습니다. 다음의 찬송시의 작시자와 같은 의도로 말하고 있는 것입니다.

> 시간의 망대 위에
> 우뚝 서 있는 그리스도의 십자가
> 나는 자랑한다 모든 거룩한 층계의 빛이
> 그 십자가 주위에 어우러져 번쩍거린다.
>
> 보우링(J. Bowring)

그는 그것을 자랑합니다. 사도가 여기서 사용하는 실제적인 어휘는 매우 강한 것입니다. 그는 "결코 '자랑' 할 것이 없으니"라고 말합니다. 그것은 떠벌이고 자랑하는 것의 문제입니다. 그는 십자가를 떠벌이고 자랑합니다. 그는 이렇게 말합니다. "유대인들은 너희로 할례받게 하길 원하는 자들이다. 그렇게 해야 자기들의 말대로 개종한 자들을 자랑할 테니까 말이다. 그들은 너희 육체를 자랑하기를 원하는 자이다. 그들은 자기 자신들의 성공과 자기들의 이름을 뽐내려는 자이다. 그들은 그것을 자랑하고 자기들이 행한 것을 떠벌이는 자들이다." 사도는 계속해서 말합니다. 오, 나는 아무것도 자랑하지 않는다. 나는 그리스도의 십자가 외에 결코 자랑하지 않는다. 사도가 뜻하는 바는, 자기는 그 십자가를 감탄할 뿐만 아니라 믿을 뿐더러 그것에 의해서 감동받았다는 것입니다. 그는 그것에 사로잡혔습니다. 그는 여기서 이렇게 말합니다. "십자가 외에 결코 자랑할 것이 없으니."

다른 말로 해서 그리스도인은 십자가를 자랑할 뿐 아니라 십자가만을 자랑합니다. 그는 다른 어떤 것도 자랑하지 않습니다. 아이작 왓츠(Isaac Watts)가 말하는 바를 들어 보십시오.

> 주여, 내 하나님 그리스도의
> 십자가의 죽음 외에 결코 다른 것을
> 자랑하지 말게 하소서.

그 점에는 독점적인 요소가 있습니다. 그리스도인에게 있어서 그것은 역사상 가장 의미심장한 일이었고, 일어난 사건들 중에서 가장 중요한 사건임을 의미합니다. 또한 그리스도인에겐 그 사건에 견줄 만한 의미있는 일이 없음을 뜻합니다. 또한 그리스도인은 그 사건에 모든 것을 의뢰하며, 이것이 그에게 있어서 모든 것 됨을 뜻합니다. 그가 그 됨도 십자가 때문입니다. 그는 그것을 자랑합니다. 모든 그리스도인 신자들에게 한 가지 질문을 던지고 싶습니다. 여러분은 십자가를 자랑합니까? 아니면 '다만, 물론 나는 언제나 믿고, 믿어 왔고, 그렇게 믿도록 가르침을 받아왔어요'라고 말할 것입니까? 십자가에 대해서 여러분이 그렇게 말할 수 있습니까? 그리스도인을 가늠하는 시금석은 십자가를 자랑하고 높이고 크게 뽐내느냐 하는 데 있습니다. 십자가는 그에게 있어서 모든 것입니다. 그것 없이는 그는 아무것도 가진 것이 없다고 생각합니다. 그는 모든 것을 십자가에서 찾습니다. 이 십자가는 모든 방면에서 그의 우주의 중심입니다. 바울이 여기서 자랑한다는 말이 그러한 뜻입니다.

잠시 동안 이제 제 마지막 질문을 던져보려 합니다. 왜 그리스도인이 십자가를 자랑합니까? 그 질문에 대하여 여러 가지 답변이 있을 수 있습니다. 첫째로, 그 십자가 안에서 발견하는 것 때문에 십자가를 자랑합니다. 또는 그렇게 말해도 될지 모르지만 십자가가 그리스도인에게 보여 주는 것 때문에 십자가를 자랑합니다. 사실 전체 문제에 대한 열쇠가 여기 있다고 봅니다. 아이작 왓츠가 이 점을 분명히 한다고 생각하기 때문에 그의 시(詩)를 다시 한 번 인용하겠습니다. 그는 이렇게 말합니다. "내가 그 놀라운 십자가 '(곰곰이) 생각할 때.'" 저는 어떤 사람이든지 그 십자가를 곰곰이 생각하지 않는 한 그가 십자가를 자랑한다고 보지는 않습니다. 만일 여러분이 우연하게 그 십자가를 쳐다보면서 "나는 그것을 믿는다"고 말한다고 합시다. 그러나 나의 사랑하는 친구여, 이 사람들은 감동받았습니다! 왓츠나 찰스 웨슬리의 하는 말을 들어보십시오. 그 모든 사람들의 하는 말을 좀 들어 보십시오. 이 사람들은 정말 십자가의 의미를 안 사람들입니다. 그들은 그것을 혼자만 가지고 있을 수 없었습니다. 또한 그들이 느꼈던 것을 온전히 나타낼 수도 없었습니다. 어째서 그렇습니까? 오직 한 가지 비밀은 그들이 그것을 곰곰히 생각하고 뚫어지게 살펴보았다는 것입니다. 십자가를 응시하여 왔습니다. 이것이 매우 좋은 시금석임을 여러분은 아실 것입니다. 십자가에 대해서 생각하고 그것을 살펴보고 그것을 응시하고 모든 시각에서 그것을 곰곰이 연구하느라고 보내는 시간이 얼마나 됩니까?

> 영광의 왕이 죽으신 그 놀라운 십자가
> 내가 (곰곰이) 생각할 때
> 내가 가진 가장 큰 풍부는 아무것도 아니고
> 내 모든 교만 헛된 줄 알고 버리네.

그는 그것을 살펴봅니다. 그는 그렇게 하기를 멈추지 않습니다. 그로 하여금 십자가를 자랑하도록 만드는 것을 그는 그 십자가에서 본 것입니다.

그가 무엇을 봅니까? 얼마나 놀라운 질문입니까! 저는 여러분에게 대답의 첫 번째 부분을 말씀드리겠습니다. 그리스도인은 십자가를 자랑합니다. 왜냐하면 그는 거기서 세상이 이제까지 보아왔고, 볼 수 있는 모든 것보다 더 크고 기이한 광경을 보기 때문입니다. 우리는 구경하기를 매우 좋아하는 세대에 살고 있습니다. 어떤 주목할 만한 사건이나 일들이 일어나고 어떤 큰 쇼가 있기를 바라면서 사는 세대에 살고 있습니다. 그런데 그리스도인은 십자가를 하나의 장관(壯觀)으로 자랑합니다. 왜냐하면 십자가를 바라보면 볼수록 하나님의 영광이 거기에서 계시되는 것을 발견하기 때문입니다. 십자가는 그리스도인에게 성부 하나님, 성자 하나님, 성령 하나님, 곧 삼위 하나님의 영광을 밝혀 줍니다. 그리스도인은 십자가로부터 자기에게 쏟아부어져 비춰지는 모든 것을 봅니다.

어떤 사람은 그 말이 무슨 뜻이냐고 물으시겠지요? 좋습니다. 저는 그 말을 다음과 같이 간단히 살펴보려 합니다. 그가 십자가를 살펴봅니다. 그리고 그는 한 사람이 그 위에 달려 있는 것을 봅니다. 그는 누구입니까? 왓츠가 우리에게 암시하듯이 영광의 왕이십니다.

"영광의 왕이 달려 죽은 그 놀라운 십자가를 곰곰이 생각할 때에." 그리스도인은 그 십자가 위에서 이 특이한 여러 차원의 역설들을 발견합니다. 세상이 알았고 알 수 있는 것 가운데서 가장 기이한 역설들입니다. 이러한 역설들을 묘사하기란 거의 불가능합니다. 저는 도움을 받기 위해서 또 다른 시인을 불러야겠습니다. 그들이 그것을 보고 말했다는 것은 하나님께 감사할 일입니다.

찰스 웨슬리가 그것에 대해 무어라고 말하는지 들어보십시오. "이 모든 것이 신비다." 어째서 그렇습니까? 예, 그는 "죽지 않을 자가 죽었기" 때문이라고 말합니다. 여기 하나의 장관이 있습니다. 생명이시고 영원부터 영원까지 그 안에 생명을 가지고 계신 그 불멸의 존재가 죽다니! "태초에 말씀이 계시니라 이 말씀이 하나님과 함께 계셨으니 이 말씀은 곧 하나님이시니라"(요 1:1). 그는 죽지 않을 자입니다. 또한 영원한 분이십니다. 그러나 그 불멸의 존재가 죽다니요! 이 전 우주에서 그처럼 놀라운 광경을 어디에서 볼 수 있겠습니까?

베드로와 요한이 성전 미문에 앉아 있는 앉은뱅이를 낫게 한 다음 유대인들에게 한 설교에서 사도 베드로가 그것을 어떤 방식으로 말하고 있는지 생각해 봅시다. 그는 이렇게 말합니다. "너희는 너희가 행한 일이 무엇인지 아느냐? 너희는 생명의 주를 죽였다. 너희는 생명을 주시는 분을 죽였다. 생명의 근원이자 생명을 통제하는 이를 죽였다." 그리스도인은 바로 그것을 발견합니다. 그리스도인은 이렇게 말할 수 있습니다. "나는 거기에서 한 사람을 본다. 그러나 나는 그가 사람일 뿐 아니라 신인(神人)이시요 영원한 아들 하나님인 것을 안다. 그분은 땅에 거하기 위해서 내려오신 분이시다. 그는 모든 만물의 주시요, 만물을 지으시고 만물을 붙잡으시는 분이다. 그러나 나는 그가 죽으시는 것을 본다." 이것이 무엇인가? 오, 그것은 생명의 주를 죽이는 일입니다.

이것을 표현하는 길은 얼마나 어렵습니까! 그러나 여러분은 현대인이 여러 광경들을 보고 매우 감동된다는 것을 인정하실 것입니다. 현대인은 자기를 낮추고 겸비하게 하는 그러한 행동들을 통해서 매우 크게 감동받고 감격해 합니다. 예를 들어 텔레비전에서 드라마를 본다고 합시다. 어떤 위대한 왕이 선을 행하기 위해서 아무것도 아닌 사람으로 내려오는 그러한 모습을 드라마에서 봅니다. 그때 현대인은 그 얼마나 감동적이고 놀랍고 마음을 고양시키는 것이냐고 말합니다. 오 그건 정말 감격적인데! 그러면서 그는 자랑합니다. 그러나 생명의 주 되신 분이 죽임을 당하다니 이것을 살펴보십시오. "이 모든 것이 신비다. 죽지 않을 자가 죽다니."

그러나 이 십자가에서 다른 여러 가지 것들이 함께 만나는 것을 봅니다.

> 그의 머리와 손과 발을 보오니
> 슬픔과 사랑이 한데 어우러져 흘러내리네.

참 놀라운 일입니다. 사랑과 슬픔, 여러분은 그것을 봅니까? 그러한 사랑과 슬픔이 언제 함께 만난 적이 있습니까? 실로 그것은 하나의 도전이지 않습니까? 사람들을 감동시킬 수 있는 음악과 드라마와 예술에 능숙한 여러분이여, 여기에 당신들을 향한 십자가의 질문이 있습니다. "그러한 사랑과 슬픔이 한데 어우러져 함께 섞여 흐르는 일이 있었느냐?" 없습니다! 그런 일은 아주 독특한 경우입니다. 그것은 정말 장관 중에 장관이며, 모든 세대에서 가장 놀라운 광경입니다. 또 다른 사람의 말을 들어 보십시오

> 그 가시가 그처럼
> 풍성한 왕관이 되다니.

여러분은 왕관과 가시를 함께 섞지 않습니다. 그렇지요? 말하자면 그것들은 서로 반대가 됩니다. 왕관의 영광과 찬란함과 눈부심, 그저 태워버리기에 마땅한 가시 면류관, 그 둘은 전혀 격에 어울리지 않습니다. 그러나 여기서 그것들이 함께 어우러져 있습니다. "가시가 그처럼 풍요로운 왕관을 꾸미고 있는 것입니다."

다시 거기 십자가에서 나는 무엇을 봅니까? 죄 없으시고 죄를 지은 적이 없고 모든 범사에 자기 아버지께 완전한 순종을 드렸던 죄인을 발견합니다. 그는 결코 어떤 사람에게도 악을 행하지 않았습니다. 그는 무죄하고 순결하고 깨끗합니다. 그는 전혀 죄가 없습니다. 그러나 죄 없으신 분이 징벌을 당하는 것을 봅니다. 전적으로 완전히 무죄한 자가 악하고 무가치하고 비열한 자를 위해서 죽어가고 있습니다. 죄인들을 위해서 죽고, 배역자들을 위해서 죽고, 자기 자신들의 원수들을 위해서 죽고 있다는 말입니다. 이것보다도 더욱더 놀라운 것은, 영원부터 자기 아버지의 얼굴을 들여다 보았던 분을 거기서 본다는 말씀입니다.

"태초에 말씀이 계시니라 이 말씀이 하나님과 함께 계셨고…." 이 말씀은—말씀, 곧 성자께서—영원 전부터 하나님의 얼굴을 들여다 보고 계셨고,

여기 이 땅에서는 언제나 그는 기도했다는 의미입니다. 그는 자기 아버지께 기도했고 그 아버지의 얼굴을 들여다보셨습니다. 그분은 언제나 복되신 삼위일체 안에 계신 자기의 하늘 아버지의 얼굴을 들여다보셨습니다. 바로 그분이 고뇌에 차서 "나의 하나님 나의 하나님 어찌하여 나를 버리시나이까?"라고 울부짖었습니다. 저는 십자가에서 그것을 봅니다. 이 끝없는 역설, 전혀 모순되어 보이는 것들이 함께 어우러져 하나가 되어 광채와 영광을 발하고 있습니다.

또한 다른 것을 봅니다. "말씀" 되신 영광의 주를 봅니다. 모든 만물이 그분에 의해서 지어졌고 그분 없이는 어느 것도 된 것이 없습니다. 그러한 능력을 가지고 모든 것을 할 수 있는 그분, 히브리서 기자가 우리에게 상기시켜 주듯이 만물이 말미암고 "능력의 말씀으로 만물을 붙잡고 계시는 분", 능력으로 원자핵들을 붙잡고 계시며 항성들과 전 우주를 장악하고 계시는 분, 바로 그분이 기진하여 약해 보이는 가운데서 죽어가고 계심을 발견합니다.

여러분은 사람들이 그 얼굴에 침을 뱉으면서 "저가 남은 구원하였으되 자기는 구원할 수 없도다"(마 27:42)라고 외치던 모습을 기억하실 것입니다. 그들은 또 외쳤습니다. "네가 병든 자도 고치고 죽은 자도 일으켜 세웠으니 내려오라." 그러나 그분은 내려오지 아니하셨습니다. 능력과 무능(無能)이 동시에 함께 어우러져 있습니다. "그 안에 생명이" 있다고 묘사된 바로 그분이 죽어가고 있는 것을 읽고 있습니다. 제가 십자가를 바라볼 때 목격하는 것이 바로 그것입니다. "하나님의 본체"이신 분(빌 2:6)이 약하고 무능한 한 사람으로서 죽어가고 있습니다.

아버지의 영광만 생각한 나머지 자기의 영원한 영광을 버리고 전혀 동등될 것으로 취하지 아니하시고 눈에 보이는 형체로 자신을 낮추시며 사람의 형체와 모양을 입으신 그분을 봅니다. 그는 실로 종의 모양과 형체로 자신을 낮추시고 죽기까지 복종하셨습니다. 저는 바로 그것을 봅니다. 아버지의 영광을 위한 그의 간절한 염원을, 그의 순종이 십자가의 죽음에까지 복종케 함을 봅니다. 그는 말씀하셨습니다. "오 내 아버지시여 할 수만 있으면 이 잔을 옮기시옵소서 그러나 내 뜻대로 마옵시고 아버지의 뜻대로 하옵소서." 그는 그 잔의 마지막 한 방울까지 다 마셨습니다. 어째서 그러했습니까? 여러분과 내 죄, 여러분의 형벌과 내가 받을 형벌을 대신하여서 그렇게 하신 것입니다. 그는 그 모든 것을 스스로 담당하셨습니다. 어째서 그렇습니까? 하나님을 영화롭게 하기 위해서, 하나님께서 모든 자들에 대하여 의로우시기 위해서입니다. 그분은 자기 아버지의 존영과 영광을 위해서 완전한 순종을 드렸던 것입니다.

그러나 내가 그분을 다시 볼 때, 다른 무엇보다 더 놀라운 것은 사랑함으로 그 모든 일을 행하셨다는 점입니다. "오 기이하고 놀라운 하나님의 사랑." 그게 무슨 뜻입니까? 사도 자신이 그 질문에 대해 답합니다. 그는 이렇게 표현합니다. "우리가 아직 연약할 때에 기약대로 그리스도께서 경건치 않은 자를 위하여 죽으셨도다 의인을 위하여 죽는 자가 쉽지 않고 선인을 위하여 용감히 죽는 자가 혹 있거니와 우리가 아직 죄인 되었을 때에 그리스도께서 우리를 위하여 죽으심으로 하나님께서 우리에 대한 자기의 사랑을 확증하셨느니라 그러면 이제 우리가 그 피를 인하여 의롭다 하심을 얻었은즉 더욱 그로 말미암아 진노하심에서 구원을 얻을 것이니 곧 우리가 원수 되었을 때에 그 아들의 죽으심으로 말미암아 하나님으로 더불어 화목되었은즉 화목된 자로서는 더욱 그의 살으심을 인하여 구원을 얻을 것이니라"(롬 5:6-10).

내 사랑하는 친구들이여, 이 말씀은 다름이 아니라 사랑 때문에 십자가에서 죽으셨다는 말씀입니다. 여러분과 저를 사랑하는 그 사랑 때문에 그렇게 하신 것입니다. 죄인들을 위한 그의 사랑, 배역자들과 원수들을 위한 그의 사랑 때문입니다. 그는 자기를 미워하는 자들을 위해서 죽으셨습니다. 십자가에서 죽으실 때 다소 사람 사울은 그를 미워하였습니다. 그러나 다소 사람 사울을 위해서 그는 죽으셨습니다. 바울(사울의 후의 이름)은 그것을 후에 이렇게 표현하였습니다. "나를 사랑하사 나를 위하여 자기 몸을 버리신 하나님의 아들"(갈 2:20). 그분은 그 바울을 사랑하셨기 때문에 바울이 회심하기까지 사랑을 미루지 아니하셨습니다. 그는 있는 그대로의 바울을 사랑하셨습니다. 신성 모독자요, 핍박자요, 폭행자였을 때의 바울을 그대로 사랑하셨습니다.

다소 사람 사울이 자기의 거룩한 이름을 모독하며 주님의 주장을 비웃었을 때마저도 그를 사랑하였습니다. 사울은 예수님께서 자신이 하나님의 아들이시며 영광의 주시라고 주장하는 말을 비웃었고, 예수님이 이 땅에 오신 것은 가르치시고 우리를 위해서 죽으시고 구원하시려 함이라는 사상을 조롱했으며, 예수님을 향하여 신성모독적인 조소를 퍼부어 댔습니다. 바로 그러할 때에도 주님은 그를 사랑하셨습니다. 바울이 그렇게 하고 있을 때 바울을 위해서 그분이 죽으셨습니다. 여러분과 저를 위해서도 마찬가지입니다. 그분을 배반하고 모독하고 미워하고 십자가의 모든 도를 거리낌으로 여겼던 여러분이여, 그분이 바로 여러분을 위해서 죽으셨습니다. 이것이 바로 그의 사랑의 분량입니다.

내가 그 놀라운 십자가를 곰곰이 생각할 때에 나는 거기서 무엇을 봅니까? 바로 그것을 봅니다. 세상이 전에도 목격하지 못했고 앞으로도 목격하지 못할 광경을 봅니다. 하나님의 거룩한 아들이 내 죄의 형벌을 담당하신 것을 봅니다. 나로 생명을 얻게 하고 하나님의 아들과 자녀가 되게 하고 영원토록 영광 중에서 그와 함께 누리도록 하기 위해서 생명의 주 되신 분이 죽고 계심을 거기 십자가에서 봅니다. 이것은 시작에 불과합니다. 우리가 십자가에서 보는 것은, 저 예수 그리스도의 얼굴에 있는 신성의 영광이 우리에게 비추어 내리는 것입니다. 저는 이렇게 말씀드립니다. 여러분은 그것을 보셨습니까? 제가 말씀드리려고 하는 것에 대하여 희미한 그림자만이라도 보았다면 그것을 자랑해야 합니다. 여러분은 그것을 믿지만 말고 그리고 그것을 또한 찬미하지만 말고 이렇게 말하십시오.

> 오 기이하고 놀라운 하나님의 사랑
> 내 혼과 생명과 내 모든 것
> 다 요구하네.

전적인 충성과 복종을 요구합니다. 그가 나를 위해서 죽으셨기 때문에 나는 그를 위해서 삽니다. 다시 말해서 모라비안 형제단을 이끈 위대한 지도자 카운트 진젠돌프(Count Zinzendorf)가 표현한 대로 우리는 그 점을 나타냅니다. 그가 그의 삶의 전환점을 이룬 것은 "십자가에서 죽으시는 그리스도"(christ dying on the cross)라는 작은 명패가 붙어 있는 그리스도의 초상을 보았을 때였습니다. 그림을 보았을 때 부유하고 학식 많은 카운트는 이러한 글귀를 읽게 되었습니다. "난 널 위해 이 일을 했는데 넌 날 위해 무엇을 하려느냐?" 거기에 오직 한 가지 응답만이 있음을 알았습니다. 그로부터 그의 여생은 "나의 한 가지 소원, 곧 오직 그만이 나의 소원이다"라고 고백하는 삶이었습니다.

"내게는 우리 주 예수 그리스도의 십자가 외에 결코 자랑할 것이 없으니."
여러분은 하나님의 아들이 하늘로부터 내려와 여러분을 위해서 십자가에 죽으신 그 사실을 진실로 믿습니까? 여러분은 그것을 진실로, 정말 믿습니까? 십자가를 자랑하지 않는다면 그것을 진실로 믿는다고 말할 수 없습니다. 만일 여러분이 십자가를 진실로 믿고 그것이 의미하는 바를 안다면, 그것은 여러분에게 모든 것이 됩니다. 그것이 여러분에게 모든 것이 되든지 아니면 아무것도 아니든지 간에 둘 중에 하나일 것입니다. 나의 친구여, 당신은 십자가를 자랑하고 있습니까? 그렇다면 당신은 성령을 위하여 심어 왔고 심고 있으며, 결국 영생을 거둘 것이라는 말을 들을 만합니다.

3

하나님의 지혜

"그러나 내게는 우리 주 예수 그리스도의 십자가 외에 결코 자랑할 것이 없으니 그리스도로 말미암아 세상이 나를 대하여 십자가에 못박히고 내가 또한 세상을 대하여 그러하니라"(갈 6:14).

이 위대하고 가장 놀라운 진술에 대하여 할 말이 아직 더 많습니다. 그렇게 표현해도 좋을지 모르지만 사도는 여기서 자기 태도를 분명히 하며 자기 자신의 개인적인 입장을 크게 천명하고 있습니다. 그는 육체를 자랑하며 뽐내면서 자기 자신들과 자기의 성공과 어떻게 하면 다른 사람들을 이용할까에만 관심을 가진 어떤 거짓 교사들과 자신을 대조시키고 있습니다. 사도는 그와 같은 일에는 결코 관심을 두거나 자랑해서는 안 된다고 말합니다. 그는 주 예수 그리스도의 십자가 외에 아무것도 자랑하거나 뽐내지 않습니다.

우리는 십자가가 기독교 메시지의 핵심과 중심이요, 우리가 직면해야 하는 역사적 사건임을 알았습니다. 또한 우리의 영원한 운명은 그 십자가 위에서 죽으신 나사렛 예수의 죽으심에 대하여 취하는 관점 여하에 달려 있음도 알았습니다. 그래서 그리스도인이 왜 십자가에서 죽으신 하나님의 아들의 죽으심, 그리스도의 십자가를 가장 획기적이고 모든 사실들 중에서 가장 사활에 찬 문제라고 말하는지 그 이유를 숙고해 보았습니다. 그리스도인은 그 무엇도 십자가와 비교할 것이 없으며, 십자가야말로 우주에서 가장 의미 있는 것이라고 말합니다. 우리는 그 이유를 숙고해 왔습니다.

저는 그 요점을 의도적으로 그렇게 표현했습니다. 그리스도인은 어떤 일이 일어났느냐에 대해서 관심을 두지 않는다고 말하는 사람입니다. "무엇이 일어나든지 나는 상관없다. 그것이 어떠한 것이든지, 원자폭탄이든지, 어느 좋아하는 것이든지 간에 나는 상관하지 않는다. 내게는 나사렛 예수가 죽어 장사지낸 바 된 후 부활하여 영원한 영광으로 돌아가셨을 때, 의미상으로 십자가에서 일어났던 일에 필적할 만한 것이 아무것도 없다고 생각한다." 왜 그리스도인은 그렇게 말합니까? 왜 그리스도인은 십자가를 자랑합니까? 왜 그리스도인은 십자가를 뽐냅니까? 우리는 그 질문에 대하여 답하기 시작하였습니다. 십자가는 그 모든 놀라운 역설로 말미암아 역사 가운데서 생각하거나 상상할 수 있는 어떠한 일도 무색하게 만들어 버리는 장관입니다. 우리는 그것을 알았습니다. 그러나 이제 그 같은 것만 알고 그만둘 수 없기 때문에 더 나아가야 합니다. 이런 질문을 던져야 합니다.

그리스도께서는 왜 그런 일을 하셨는가? 당연히 그렇게 물어봐야 합니다. 왜냐하면 그것이 사실이라면 왜 그런 일이 일어났느냐라고 말할 것이기 때문입니다. 그 질문은 좋은 질문입니다. 그러나 그 질문에 답하기 위해 오직 한 가지 길밖에 없습니다. 다시 십자가를 쳐다봅시다. 그것을 다시 한 번 곰곰이 생각합시다. 사도 바울 같은 사람이 십자가를 자랑하였다면 십자가야말로 전체 우주에서 가장 크고 깊고 심오한 것임에 틀림없습니다. 십자가를 그저 힐끗 쳐다보는 것만으로는 충분하지 못합니다. 여러 세기의 성도들은 그 십자가를 곰곰이 생각해 왔고, 그것을 살펴보며 응시하며 묵상하였습니다. 십자가를 살펴보면 볼수록 그 안에서 더 많은 것을 발견하게 됩니다. 찬송가 작가들이 바로 그 일을 했습니다. 그리스도의 십자가는 영어세계에서 가장 장엄한 시 몇 편을 나오게 했습니다. 그러나 그 작시자들은 십자가를 살펴보고 곰곰이 연구한 다음, "오, 난 예수가 죽었고 그가 평화주의자요. 그래서 그가 죽었다는 걸 알았네"라고만 말하고 냉담하게 그냥 있었던 것이 아닙니다.

소위 그리스도인들이요 복음적인 사람들이라고 하는 우리 중 어느 사람 같이, "오, 난 십자가를 믿네. 그리스도께서 날 위해 죽으셨음을 믿네"라고만 말하고 그냥 둔 것이 아닙니다. 오, 사랑하는 친구여 만일 십자가가 그 정도밖에 여러분을 감동시키지 못한다면 십자가를 알지 못한 것입니다. 멈추어 서서 다른 모든 것은 옆으로 제쳐놓고 그 십자가를 뚫어져라 바라보면서 곰곰이 생각해 보아야 합니다. 이 영광스런 십자가가 함축하고 있는 이 심오한 것들-또는 토마스 칼라일(Thomas Carlisle)이 다른 것과 관련하여 "무한한 것들과 광대한 것들"이라 묘사한 것-중 얼마를 발견하기까지 십자가를 바라보며 곰곰이 생각하는 일을 중단해서는 안 됩니다.

그래서 저는, "어째서 그런 일이 일어났느냐!"라는 질문을 거듭 던집니다. 영광의 임금이신 하나님의 아들이 죽었는데 그 일이 왜 일어난 것인가? 우리는 그 해답을 살펴봅시다. 여기 성경 속에 그것이 다 들어 있습니다. 저는 제 상상이나 제 자신의 생각으로 발견한 해답을 제시하려 하지 않겠습니다. 나의 사랑하는 친구들이여, 성경을 알면 설교하기가 더 쉬워진다는 것을 여러분은 아실 것입니다. 어떤 사람들은 매주일 무얼 설교할까를 고심하면서 새로운 어떤 두드러진 일이 일어나서 유별난 설교를 할 수 있게 되었으면 좋겠다고 생각합니다. 그러나 저는 그러한 사람들을 불쌍히 여깁니다. 제가 해야 할 일은 다만 성경이 이 위대한 사건에 대하여 뭐라고 말하고 있는지 여러분에게 제시하는 것뿐입니다. 왜냐하면 이 성경에서 내가 발견한 것 외에는 어느 것도 제가 알고 있지 않기 때문입니다. 이 문제에 대하여 저도 다른 모든 사람들처럼 무지합니다. 만일 성경을 갖고 있지 않다면 저는 설교할 수 없습니다. 성경이 스스로 말하는 것만을 여러분께 제시할 뿐입니다. 성경이 뭐라고 말하고 있습니까? 하나님의 아들이 십자가에서 죽으신 것은 무엇 때문이라고 말합니까?

성경이 말한 첫 번째 요점은, 그 십자가 사건은 그저 단순한 사람들의 행사가 아니었다는 것입니다. 아마 그렇게 말하면, "십자가에 못박은 것은 사람들이 아닌가?"라고 말씀하시겠지요. 물론 그렇습니다. 그러나 그것은 아주 피상적인 관찰에 불과합니다. 사람들이 무엇 때문에 그런 일을 했겠습니까? 오늘날 세상이 겪는 모든 고통거리는 모든 것을 피상적으로만 본다는 데 있습니다. 여러분도 아실 것입니다. 어떤 행동을 보면 그것을 왕립 자문 위원회(royal commission)로 가지고 가서 살펴봅니다. 그러면 아주 피상적인 보호를 거기서 합니다. 아무런 차이도 가져오지 않습니다. 진단이 피상적이기 때문에 이면(裏面)의 깊은 것을 알지 못합니다. 여기 십자가의 경우에도 마찬가지입니다.

왜 그 십자가가 단순한 사람들의 행동만이 아니었다고 말하는지 그 이유를 아시겠습니까? 왜 그 일이 단순한 우발적 사태가 아니라고 거듭 되풀이해야 합니까? 물론 그 대답은 이러합니다. 그것은 예언된 일이기 때문입니다. 이사야 53장의 대목을 생각해 보십시오. 십자가에서 일어난 일을 정확하게 예언하고 있습니다. 시편 22편도 읽어보십시오. 십자가에서 우리 주님께서 당하실 죽음에 대한 또 다른 완벽한 예언입니다. 구약은 여러 번 십자가를 예언하였습니다. 사람들이 흔히 말하기를 참 지루하고 이해하기 힘들다고 하는 레위기나 다른 율법서들로 가보면 그것을 발견할 것입니다. 만일 그것들을 어떻게 읽어야 하는지 알기만 한다면 그 모든 것들이 십자가를 가리키고 있음을 발견할 것입니다. 출애굽기로 가서 이스라엘 자손들이 애굽의 포로에서 탈출해 나오는 이야기를 읽어보십시오. 그들은 왜 그 양, 우리가 흔히 부르는 대로 유월절 양을 밤에 잡아 그 피를 문설주에 발라야 했습니까? 그 일은 바로 이 십자가에 대한 예언입니다. 유월절의 사건 이야기에 나오는 모든 것은 다 이 사건을 가리키고 있습니다.

자 그러면 위대한 동인(動因)이 있음을 생각하고 그것을 살펴봅시다. 이사야 53장은 그것을 너무나 명백하게 나타냅니다. "마치 도수장으로 끌려가는 어린양과 털 깎는 자 앞에 잠잠한 양같이 입을 열지 아니하였도다…." 십자가의 사건이 모두 거기에 기록되어 있습니다. 주님은 그 일을 갑작스럽게 당한 것이 아닙니다. 그런 모든 일이 오래 전에 예언되었습니다. 그러나 물론 우리가 구약의 예언만을 의뢰할 수는 없습니다. 우리 주님께서 친히 십자가에 대한 매우 분명한 진술을 하셨습니다. 요한복음 3장의 기록에서 보면 저 큰 사람 니고데모와의 대화에서 십자가를 이렇게 나타내십니다. "광야에서 뱀을 든 것같이 인자도 들려야 하리니 이는 저를 믿는 자마다 영생을 얻게 하려 하심이니라." 바로 이것이 지상의 사역 중에서 십자가에서 친히 죽으실 것을 예언하신 말씀입니다.

그분은 니고데모로 하여금 이스라엘 백성들의 역사에 있는 옛 이야기를 생각하도록 하십니다. 광야에서 뱀이 백성들을 물어 그 백성들이 죽게 되었습니다. 그런데 그에 대한 처방은 이것입니다. 놋뱀을 장대 위에 높이 매달아 그 놋뱀을 쳐다보는 자마다 살게 하신 것입니다(민 21:9). 우리 주님께서는 그것이 바로 나에 대한 예언이라고 말씀하십니다. "모세가 평야에서 뱀을 든 것같이 인자도 들려야 하리니"(요 3:14). 사람들이 그를 잡아 십자가에 못박았을 때 주님께서는 깜짝 놀라지 아니하셨습니다. 자기를 따르는 자들에게 그런 일이 일어날 것이라고 이미 말씀한 바 있습니다. 그분은 거듭해서 그 일을 되풀이해서 말씀하십니다. 이 신약의 예언도 이 메시지의 사활을 좌우하는 중대한 부분입니다.

요한복음 12장에서 그리스도의 지상사역이 끝나갈 시기에 일어난 일이 기록되어 있습니다. 다시 말하자면, 그 끝이 갑자기 찾아왔으나 그는 이미 그것을 준비하고 계셨습니다. 그는 말씀하십니다. "때가 되었다." "때"(시간)는 무엇을 말합니까? 자기의 죽으실 것을 말씀하십니다. 그는 짧은 시간에 "내가 땅에서 들리면 모든 사람을 내게로 이끌겠노라 하시니"라고 말씀하십니다(요 12:32). 여러분은 그 문맥을 기억하십니까? 어떤 헬라인들이 우리 주의 제자들 중 어느 사람들에게 가까이 왔습니다. "우리는 예수를 보고 싶다. 그와 말하고 싶고 이 새 선생과 대화하고 싶다. 우리는 그에 대하여 들어왔고 그가 무엇을 말하는지 듣고 싶다." 헬라인들이 그렇게 주님을 보고 싶어한 것은 일종의 이기적인 호기심이나, 바로 얼마 전에 나타난 이 놀라운 선생에 대한 보다 더 보편적인 호기심에서였을 것입니다.

우리 주님은 그들을 만나려 하지 아니하셨습니다. 주님은 그들을 만나실 수 없다는 전갈을 보내면서 지금까지는 유대인에게만 보냄을 받았기 때문이라고 설명하십니다. "내가 땅에서 들리면…." 요한은 이 기사에서 이렇게 논평합니다. "이렇게 말씀하심은 자기가 어떠한 죽음으로 죽을 것을 보이심이러라"(33절). 주님은 이렇게 말씀하십니다. "내가 들리면 내가 모든 사람들을 내게로 이끌겠노라." 그 말은 살아 있는 모든 각 사람을 이끌겠다는 말이 아니라 유대인뿐만 아니라 헬라인 등 모든 민족들 중에서 사람들이 이끌겠다는 말입니다. "'모든 사람들', 열방에서 나오는 모든 사람들을 내게로 이끌겠노라. 내가 죽으면 그런 의미에서 나는 범세계적인 구주가 될 것이다." 주님은 그 일이 다가오고 있음을 아시고 다른 많은 경우에 그 일을 거듭 말씀하셨습니다. 예를 들어, 제자들이 어떤 특권에 대하여 주님께 물어볼 때 그 제자들을 향하여 하신 말씀을 생각해 봅시다. "나는 받을 혼례가 있으니 그 이루기까지 나의 답답함이 어떠하겠느냐"(눅 12:50). 다시 그는 자기의 죽을 것을 말씀하고 계십니다.

그 일이 우발적인 사건이거나 단순한 사람들 편에서 행한 행동에 불과하지 않음을 나타낼 증거들이 많이 있습니다. 여기에 더 많은 무엇이 있습니다. 곧, 신비로운 점이 있습니다. 그 십자가 뒤에 무엇이 있습니다. 사도 베드로는 역시 같은 말을 하고 있습니다. 오순절날 예루살렘에서 성령이 그

원시 교회에 임하신 후, 사람들이 여러 지역에서 모여와 깜짝 놀라게 되었습니다. 그것은 이 단순하고 학식이 없는 사람들이 자기들이 이해할 수 있는 언어로 말하는 것을 들었기 때문입니다. 각자마다 모두 그들이 하나님의 놀라운 역사를 자기들의 쓰는 말로 하고 있음을 들었습니다. 그들은 놀라서 "이게 웬일이냐?"고 말하면서 그들이 술에 취했다고 생각했습니다. 베드로는 여기서 일어나 설교하면서 그 의문을 풀어 주었습니다. 이것은 나사렛 예수가 자기들에게 행한 일이라고 말했습니다. 아마 이 경우는 기독교회를 등에 업고 진실로 설교한 첫 번째 경우입니다. 그러므로 여기에 대하여 충분한 설명이 필요합니다.

베드로는 그들에게 계속 말해 나갑니다. "이스라엘 사람들아 이 말을 들으라 너희도 아는 바에(주목하는 바대로) 하나님께서 나사렛 예수로 큰 권능과 기사와 표적을 너희 가운데서 베푸사 너희 앞에서 그를 증거하셨느니라 그가 하나님의 정하신 뜻과 미리 아신 대로 내어준 바 되었거늘 너희가 복 없는 자들의 손을 빌어(더 낫게 번역한다면 '악인들의 손을 빌어'라고 해야 할 것이다. 왜냐하면 유대인들은 일을 행하도록 로마인들을 사용했기 때문이다) 못박아 죽였으나…." 그러나 베드로가 뭐라고 말하는지 주목하십시오. "그 나사렛 예수, 예수 그리스도 그가 하나님의 정하신 뜻과 미리 아신 대로 내어준 바 되었거늘 너희가 복 없는 자들의 손을 빌어 못박아 죽였으나." 그렇습니다. 그 일을 행한 것은 바로 너희라고 베드로는 말합니다. 그러나 그것을 그렇게 되도록 정하신 이는 하나님이셨습니다. 하나님께서 그것을 이 시간 세계에서 정하신 것이 아니라 시간 세계 전에 정하셨습니다. 하나님의 미리 아시고 정하신 뜻에 따라 된 일입니다. 베드로는 '그 일은 너희가 너희 손으로 이 시간 세계에서 실제로 행했으나 하나님이 영원 전에 작정한 일이다' 고 말합니다.

그 일이 너무 중요한 나머지 또 다른 경우에 그것을 되풀이해서 말합니다. 사도행전 4장에는 초대교회가 놀라운 기도회로 모이는 것을 발견합니다. 그 사람들 중 베드로와 요한이 사람들에게 잡혀 문초를 받으며 이 예수의 이름으로 전하지도 말고 가르치지도 말라는 금령을 받습니다. 관원들이 말한 것은 사실 이러한 뜻입니다. 자, 지금은 너희를 놓아주지만 만일 너희가 계속해서 이 일을 행한다면 너희를 체포할 뿐 아니라 처치할 것이다. 살아나지 못할 것이라고 위협하고 있었습니다. 예수의 이름으로 전하는 일을 더 이상 해서는 안 된다고 우격다짐으로 위협했습니다. 그런데 사도들은 자기 동료들, 곧 교회로 돌아가서 기도하기 시작했습니다. 그들은 이렇게 기도했습니다. 시편 2편을 인용한 후 "과연 헤롯과 본디오 빌라도는 이방인과 이스라엘 백성과 합동하여 하나님의 기름 부으신 거룩한 종 예수를 거스려 하나님의 권능과 뜻대로 이루려고 예정하신 그것을 행하려고 이 성에 모였나이다"(행 4:27-28). 그들은 오순절 날에 베드로가 한 설교 중에 말한 것을 되풀이하고 있습니다. 두 경우 다 그리스도를 죽인 것은 육체적으로나 정신적으로 사람들의 손이었지만 그것을 정하신 것은 하나님이셨다고 말합니다.

사람들은 하나님께서 창세 전에 미리 정하셨던 것을 시간 세계 속에서 행하고 있었던 것에 불과합니다. 이 점은 여러분과 제가 언제나 생각해야 하는 문제 중에서 아주 중요한 문제입니다. 그 말이 무슨 뜻인지 여러분은 아실 것입니다. 이것이야말로 구약성경에 나타나는 번제와 모든 희생 제물에 빛을 던져줍니다. 우리가 알다시피 유월절 어린양과 모든 번제들과 희생 제물들은 하나님의 아들이 십자가에 못박혀 죽으실 날이 올 것을 예언하는 것이었습니다. 여러분은 그것들이 어떻게 해서 시행되었는지를 아십니까? 하나님께서 사람을 창조하시기 전에 이 일을 결정하였습니다. 하나님께서는 시간 세계 전에 이 방식으로 사람을 구원하셔야 함을 아셨고 정하셨습니다. 알다시피 하나님은 전지(全知)하신 뜻입니다. 하나님은 모든 것을 아십니다. 처음부터 끝까지 모두 아십니다. 그는 모르시는 것이 하나도 없습니다. 하나님께서는 사람이 타락할 것을 사람을 지으시기 전부터 아셨고, 사람이 창조되기 전에 구원의 계획을 작정하셨습니다.

　신약은 전체가 바로 이 점을 전하고 있습니다. 사도 바울은 고린도 사람들에게 보내는 편지에서 그 점을 이렇게 표현했습니다. 자기는 전도할 지혜를 가지고 있다고 말하면서, "그러나 우리가 온전한 자들 중에서 지혜를 말하노니 이는 이 세상의 지혜가 아니요 또 이 세상의 없어질 관원의 지혜도 아니요 오직 비밀한 가운데 있는 하나님의 지혜를 말하는 것이니 곧 감추었던 것인데 하나님이 우리의 영광을 위하사 만세 전에 미리 정하신 것이라"(고전 2:6-7). 제가 여러분에게 지적하고자 하는 것이 바로 그것입니다. 그것이야말로 세상 가운데서 가장 영광스러운 좋은 소식입니다. 사도 바울은 바로 그 때문에 그리스도의 십자가를 사랑합니다. 이 땅에 있는 우리는 다 비참한 죄인들입니다. 오늘날 비참한 죄인이 아닌 사람은 한 사람도 없습니다. 인류 전체가 이러한 조건에 있습니다. 아담 타락 이후에 태어난 사람은 죄 가운데 태어나며 불의 가운데 잉태됩니다. 그 때문에 인생이 비참해졌습니다. 인생은 하나의 시련이 되었습니다. 인생은 또한 절망거리입니다. 인생은 사람이 원치 아니하는 것들을 행하는 것이라고 할 수 있고 사람이 원하는 것을 하지 못하는 그런 것입니다. 인생은 하나의 투쟁입니다. 우리 각자 모두에게 있어서 인생은 하나의 도덕적 난제요, 도덕적 실패요, 도덕적 난관입니다.

　여기 이 땅에 있는 우리는 여전히 같은 조건에 있습니다. 인간은 문명을 발달시켜 일을 바르게 하려고 노력하여 왔습니다. 자기들 나름대로의 체계를 꾸미고 유토피아를 계획하고 의회에서 법률을 정하여 무엇인가를 바르게 하려고 노력했지만, 우리는 아무것도 더 나아진 것이 없습니다. 우리는 언제나 그처럼 그렇게 악합니다. 교육은 더 받았지만 더 도덕적이지는 못합니다. 우리 선조들이 알지 못하던 것을 우리는 많이 알고 있습니다. 그러나 어떻게 하면 죄를 짓지 않는지, 어떻게 하면 정결하고 건전하고 순결하고 정조 있는 삶을 살 수 있는지 그 법은 여전히 모르고 있습니다. 우리는 여전히 옛날 사람이 빠졌던 궁지에 그대로 처해 있습니다. 이 복음의 메시지를 여러분은 아십니까? 왜 바울이 그것을 그처럼 자랑하는지 아십니까? 하나님께서 이 비참하고 곤고하고 실패로 가득 찬 죄악 세상을 위하여 세우신 계획을 알게 되었기 때문입니다. 그것은 이 세상이 창조되기 전에 하나님께서 계획하신 일입니다.

오늘날 온 세상에서 그처럼 놀라운 것은 없습니다. 그렇기 때문에 나는 유별난 설교를 하지 않습니다. 저는 들을 가치가 있는 것을 가지고 있습니다! 뉴스나 정치에 관한 제 논평이 그렇게 썩 훌륭합니까? 모든 것들이 다 옛날의 비참한 방식으로 여전히 돌아가고 있습니다. 저는 여기서 오직 이 복음이 말할 수 있는 것만을 말씀드리려고 합니다. 전능하시고 영존하신 하나님께서 이 세상에 관심을 가지고 계십니다. 이 세상은 그분의 세상이요, 또 그분은 이 세상을 바르게 하려고 하고 계시며, 또한 자신의 방식으로 세상을 바르게 잡고 있습니다. 그분은 우리의 구원과 구속에 대하여 관심을 가지십니다. 하나님은 한 계획과 목적을 가지십니다. "그가 하나님의 정하신 뜻과 미리 아신 대로 내어준 바 되었거늘 너희가 법 없는 자들의 손을 빌어 못박아 죽였느니라." 이 말씀의 의미는 다음과 같은 것입니다. "그러나 너희는 너희가 무엇을 하고 있었는지 알지 못했다. 너희는 이것이 구속과 구원을 위한 하나님의 위대하고 영원한 계획과 목적인 것을 깨닫지 못했다."

여러분도 알다시피 십자가는 하나님의 계획의 중심입니다. 그것은 세상을 구원하시는 하나님 방식의 핵심입니다. 우리가 이미 알아보았듯이, 사도가 고린도전서 1장에서 그것을 다시 언급하는 것도 그 때문입니다. "우리는 십자가에 못박힌 그리스도를 전하니 유대인에게는 거리끼는 것이요 이방인에게는 미련한 것이로되 오직 부르심을 입은 자들에게는…그리스도는 하나님의 능력이요 하나님의 지혜니라." 여기에 그리스도 십자가의 진수가 나타나 있습니다. 그렇기 때문에 저는 그것을 다음과 같이 나타내고 싶습니다.

사도가 십자가를 자랑하고 모든 참된 그리스도인이 십자가를 자랑하는 것은, 영원한 하나님의 성품을 가장 크게 드러내고 밝히는 것이기 때문입니다. 십자가를 곰곰이 생각할 때 바로 그것을 보게 됩니다.

여러분은 그 영광스러운 인물만 보지 않습니다. 이 십자가에 성자만 수반된 것이 아님을 발견하게 됩니다. 성부도 거기에 관계하셨고 거기에 계셨습니다. 십자가에 계신 성부를 본 적이 있습니까? 영원하신 하나님의 영광에 속한 것을 보는 것보다 더 높고 놀라운 일이 어디 있습니까? 갈보리 언덕의 십자가 위에서, 세상이 알았던 것 중에서 가장 놀랍고 기이하게 하나님의 영광을 보게 됩니다. 우리의 모든 고통은 궁극적으로 하나님을 알지 못하는 데서 나옵니다. 오늘날 세상에서 바로 그 점이 진정한 고통거리입니다. 남자나 여자나 할 것 없이 하나님을 알지 못합니다. 자기들은 그런 일에 관심이 없다고 말하는 자들도 있습니다. 또 하나님에 대해서 자기 나름대로의 개념만을 내세우는 사람들도 있습니다. 다같이 나쁩니다. 하나님에 관하여 철학적으로 사색하는 사람들, 이들은 오늘날의 인기 있는 작가들입니다. 그들은 어떠한 권위도 가지고 있지 않습니다. 다만 자기들이 생각하는 것이 권위입니다. 그것은 하나님에 대한 순전한 무지를 드러냅니다. 하나님의 존재와 하나님의 성품 때문에 하나님께서 자신을 우리에게 내보이지 아니하시면 하나님을 알 도리가 없습니다.

그런데 우리가 무엇을 알고 있습니까? 우리 자신을 알고 있습니까? 여러분의 좋아하는 심리학이 여러분 자신의 모습을 진정으로 설명해 줍니까? 현대의 모든 지식이 여러분 자신을 알고 이웃을 알도록 진실로 도와줍니까? 진정 그것이 생(生)과 사(死)에 대한 참된 이해를 줍니까? 물론 그렇지 않습니다! 우리의 무지란 섬뜩할 정도입니다. 배우면 배울수록 우리의 무지가 더하다는 것을 알게 됩니다. 사람은 어떻게 하나님을 알 수 있습니까!

오직 지혜로우신 하나님

> 불멸의, 눈에 보이지 않는 하나님
> 그분은 가까이 할 수 없는 빛에
> 숨어 계신 분이시다.
>
> 찰머스 스미스(W. Chalmers Smith)

무한과 영원을 들여다보고 있을 때 고드렐 뱅크(Godlrell Bank)가 무슨 소용이 있습니까? 모든 수단을 동원하여 우주선을 보내 보십시오. 우리가 낼 수 있는 능력을 다 발휘하여 그 우주선으로 관찰해 보십시오. 그런다 할지라도 하나님은 눈에 보이지 않습니다. 하나님은 이런 분이십니다.

> 불멸함이여
> 눈에 보이지 않는 오직
> 지혜로우신 하나님이시요.
> 가까이 할 수 없는 빛에
> 숨어 계신 분이시니이다.
> 그는 가장 복되고 영광스러운
> 옛적부터 계신 분이시요,
> 찬란한 광채 속에 거하시며 찬양으로
> 띠를 띠고 계신 분이시니이다.

여러분은 볼 수 있다고 생각하십니까? 물론 볼 수 없습니다. 우리가 어떤 시도를 하기 전에 아예 처음부터 무능한 상태에 있습니다. 우리는 부분과 일부만을 봅니다. 창조하신 만물을 통해서 그에 대해서 뭔가를 볼 수는 있습니다. 사도가 로마서 1장에서 말했듯이 자연과 창조세계를 시험함으로써 창조주의 영원한 능력과 신성에 대하여 무언가를 볼 수 있습니다. 말하자면 그의 손가락으로 지으신 솜씨를 볼 수 있고, 제임스 짐스(Jimes Jems) 경이 말했듯이 하나님은 위대한 과학자이시요, 기하학자이시요, 지도자이심을 알 수 있습니다. 균형과 질서 속에서 그것을 보게 되고, 우주 내의 모든 모양과 완전함 속에서 그것을 보게 됩니다. 계절의 변화, 봄, 여름, 가을, 겨울이 바뀌는 속에서 하나님에 대한 무엇인가를 볼 수 있습니다. 또한 인간들에게 주신 그의 은사들 속에서, 그의 모든 자비하심과 선하심 속에서 그것을 볼 수 있습니다. 그렇습니다. 그러나 부분적으로밖에는 보지 못합니다. 하나님의 능력이나 하나님의 위대하심이나 하나님이 창조자이심밖에는 알지 못합니다.

역사를 통해서도 그분에 대하여 무언가를 좀 알 수는 있습니다. 여러 민족들의 역사를 읽어보시고, 특별히 유대인들의 역사를 읽어보십시오. 그러면 역사의 주 되신 하나님의 손을 인식할 수 있을 것입니다. 섭리 속에서 또한 그 점을 발견할 것입니다. 우리를 다루시는 섭리적인 하나님의 처사 속에서 우리는 그것을 볼 수 있습니다. 그러나 이 모든 것을 보았다 할지라도 하나님에 대해서 조금밖에 보지 못한 것입니다. 위대한 능력과 위대한 권능과 질서가 있음을 압니다. 그러나 오! 하나님을 아버지로 알지는 못하며, 그 마음이 어떤 분인지, 그 영광의 충만이 어떠한지는 알지 못합니다. 요한은 요한복음 서두에서 그 점을 완벽하게 묘사했습니다. "본래 하나님을 본 사람이 없으되 아버지 품 속에 있는 독생하신 하나님이 나타내셨느니라"(1:18). 어떤 사람도 하나님을 보지 못했습니다. 하나님을 볼 수도 없고 하나님을 보고 살 사람도 없습니다. 하나님이 가지신 존재의 속성 때문에 그것은 불가능합니다. 우리는 계시된 것 외에는 알 수 없습니다.

복음의 메시지는 바로 이러합니다. 하나님께서는 무한히 자비롭고 은혜로우사 창조를 통해서, 섭리와 역사를 통해서 자신을 계시하셨을 뿐 아니라 그보다도 그의 아들로 말미암아 자신을 계시하였다고 말하고 있습니다. 그 아들은 영원 전부터 아버지의 영원하신 품 속에 계시다가 아버지에 관하여 우리에게 가르치시고 일러주시려 오셨습니다. 그분은 십자가 위에서 그 점을 최고로 우리에게 알려주셨습니다. 십자가가 그렇게 영광스러운 것은 바로 그 때문입니다. 모든 것이 바로 이 십자가에 다 응축되어 있습니다. 여러 암시들과 실마리는 사방에 있습니다. 그러나 십자가는 영원한 영광을 모든 충만한 빛으로 눈부시게 쏟아 부어 내고 있습니다. 하나님께서는 자기의 마음을 우리에게 진실로 드러내신 것입니다. 우리 주님께서 친히 그러하다고 말씀하셨습니다. "예수께서 가라사대 내가 곧 길이요 진리요 생명이니 나로 말미암지 않고는 아버지께로 올 자가 없느니라"(요 14:6).

그렇습니다. 창조자이시요 전능하신 하나님, 역사의 조정자이신 하나님이십니다. 그러나 예수 그리스도, 특히 그의 십자가상의 죽으심이 아니고서는 하나님을 아버지로 알지 못합니다. 하나님을 알고 싶고 영원하시고 영존하신 하나님을 알기 원하면, 여기에 오직 한 길이 있습니다. 저 놀라운 십자가를 쳐다보시고 응시하시고 묵상하시고 곰곰이 생각하십시오. 그러면 거기서 하나님께 대한 무언가를 보게 될 것입니다. 우리가 거기서 보게 될 첫 번째 요점은 하나님의 은혜입니다. 은혜는 성경에서 위대한 어휘입니다. 하나님의 은혜, 그 은혜라는 말을 다음과 같은 말로 최대한으로 간단히 규정할 수 있습니다. 은혜는 전혀 총애를 받을 만한 자격이 없는 사람들에게 베풀어진 총애(호의)입니다.

복음의 메시지는 우리 중 어느 누구도 우리 자신의 손으로 구원받지 못하며, 오직 전적으로 영원한 하나님의 은혜로만 구원받으며 바로 설 수 있다고 말합니다. "너희가 그 은혜를 인하여 믿음으로 말미암아 구원을 얻었나니 이것이 너희에게서 난 것이 아니요 하나님의 선물이라"(엡 2:8). 나의 친구여, 우리 모두 그 점에 대해서 수긍해야 할 때가 아닙니까? 여러분이 하고 싶은 대로 다 해보십시오. 그러나 여러분 자신을 절대로 구원하지 못할 것입니다. 세상과 마귀로부터 자신을 구원하지 못할 것이고, 여러분 자신의 비참함으로부터 자신을 구해내지 못할 것입니다. 하나님의 율법과 심판과 지옥으로부터 자신을 구원하기는 더욱더 어려울 것입니다. 그 일을 할 수 없습니다. 한번 시험해 보십시오! 사람들은 수세기에 걸쳐서 그것을 시험해 보았습니다. 사람들은 모두가 실패를 인정했습니다.

> 내 수고 암만 하여도
> 하나님의 율법의 요구 이룰 수 없고
> 내 열심 아무리 기울이고 내 눈물
> 영원히 흘러도 그것이 죄를 속할 수 없네
> 오직 주만이 날 구원하시네.
>
> 토플레디(A. M. Toplady)

세상에서 알았던 가장 선하고 가장 정직한 영혼들은 저 인간의 길을 가장 철저하게 시험하였고 끝내는 자기들의 실패를 솔직히 인정한 사람들이었습니다. 아니, 오늘날 우리에게 있어서 소망은 오직 한 가지뿐입니다. 그것은 하나님의 은혜입니다. 그 말은 우리의 사람됨이 어떠함에도 불구하고 "하나님께서 세상을 이처럼 사랑하사 자기의 독생자를 주셨다…"는 뜻입니다. 하나님께서 우리의 됨됨이에도 불구하고 그 일을 하셨습니다. 우리는 지옥밖에는 차지할 자격이 없습니다. 만일 여러분이 하늘에 갈 만하다고 여긴다면, 여러분은 분명히 그리스도인이 아닙니다.

자, 이것이 바로 그리스도인에 대한 매우 훌륭한 정의입니다. 자기는 하늘에 갈 만한 자격이 있다고 생각하는 어떤 사람도 그리스도인이 아닙니다. 그러나 지옥밖에는 받을 자격이 없음을 아는 어떤 사람에게는 소망이 있습니다. 여러분 자신의 모든 의를 다 떼어내 버리십시오. 그것은 온전히 은혜로 말미암아 됩니다. 전적으로 하나님의 긍휼과 자비와 은혜로 말미암습니다. 우리와 세상의 됨됨이에도 불구하고 자기의 아들을 세상에 보내시고 결국 십자가에 나아가게 하신 분은 바로 하나님이십니다. 하나님이 미리 정하신 뜻과 미리 아심을 따라 그는 십자가로 나아갔습니다. 왜 그러합니까? 여기에 문제가 있습니다. 아마 이렇게 말씀하시겠지요. 좋다, 나는 이 은혜의 개념을 좋아한다. 나는 우리의 무가치함과 죄스러움에도 불구하고 하나님이 우리를 그처럼 사랑하셨다는 말듣기를 좋아한다. 그것은 놀랍다. 그러나 왜 십자가가 있어야만 했던가? 왜 사랑하시는 하나님이 그냥 우리를 용서하지 아니하시는가?

친구여, 십자가를 다시 바라보십시오. 또 다른 관찰을 생각해 봅시다. 더 깊고 심오하게 그 십자가를 다시 시험해 보십시오. 그리고 하나님의 은혜와 긍휼과 자비와 인애를 보았으면 다시 그 십자가를 바라보십시오. 그러면 여러분은 이와 같은 것을 발견할 것입니다. 곧, 하나님의 "의"입니다. 여러분은 하나님의 공의와 하나님의 거룩을 발견할 것입니다. 이러한 하나님의 속성들은 우주의 모든 곳곳마다에서 매우 뚜렷이 발견할 수 있습니다. 하나님께서는 자기의 의와 공의와 거룩에 대하여 이스라엘 사람들에게 주신 율법에서 계시하셨습니다. 십계명이 그것을 선포하여 이스라엘 사람들을 징벌하시는 하나님의 심판이 바로 그 점을 드러냅니다.

그러나 의와 공의와 절대적인 놀라운 십자가를 곰곰이 생각해야 할 것입니다. 그러면 거기서 그것을 발견할 것입니다. 왜냐하면 십자가는 하나님이 죄를 미워하심을 말하기 때문입니다. 하나님은 영원토록 죄를 반대하시는 분이십니다. 하나님께서는 그의 신적이고 완전하고 거룩한 전체를 동원하여 죄를 혐오합니다. 죄를 미워하실 뿐 아니라 그것을 용납하실 수 없습니다. 하나님은 죄와 타협할 수 없습니다. 물론 우리는 죄와 타협하기를 원합니다. 우리는 또한 하나님이 죄와 타협하시는 분이기를 바랍니다. 하나님께서 "난 네가 이러저러한 일을 행한 걸 알고 있지만, 좋다. 그냥 하늘로 오거라"고 말씀하시는 분위기를 우리는 원합니다. 그러나 하나님은 그렇게 하실 수 없습니다. 하나님은 타협하실 수 없습니다. 빛과 어두움, 선과 악이 서로 타협하지 못합니다. 그것들은 영원히 서로 대적합니다. 하나님은 하나님이시기 때문에 죄를 미워하십니다.

그러므로 하나님께서는 죄를 심판하셔야 합니다. 그것이 바로 성경이 말하는 바 하나님의 진노입니다. 하나님의 진노는 모든 죄와 불의에 대하여 나타납니다. 사도 바울은 로마서에서 "하나님의 진노가 불의로 진리를 막는 사람들의 모든 경건치 않음과 불의에 대하여 하늘로 좇아 나타나니"(1:18)라고 말합니다. 나의 친구여, 하나님은 거룩하십니다. 누가 이것을 상상이나 할 수 있겠습니까? 우리는 너무나 불완전하고 불순합니다. 우리의 마음은 너무 오염되어 있습니다. 여러분과 저는 순결과 절대 의와 절대 거룩을 생각할 수 없습니다. 그러한 일들에 대해서 말을 할 수는 있으나 상상할 수는 없습니다. 하나님은 절대 정결하시고 의로우시고 거룩하신 분입니다. 하나님은 그 모든 것 되시는 분이시기 때문에 죄와는 전혀 상종하실 수 없습니다. 하나님께서는 죄가 그렇기 때문에 죄인을 심판하실 것이라고 말씀하셨습니다. 죄는 하나님을 대적하여 배역하는 것입니다. 죄를 그저 행동의 차원에서만 생각하지 마십시오. 오늘날 우리 모두가 흔히 그런 식으로 생각하는 경향이 있습니다. 신문들은 자기들이 꾸며낸 자기 의를 가지고 어떤 행동들을 크게 선양합니다. 그러나 죄가 의미하는 것은 그것이 아닙니다. 죄는 태도의 문제입니다. 죄를 죄 되게 하는 것은 하나님께 대한 반역입니다. 하나님을 불순종하는 것이요, 하나님의 신성을 모독하는 것이요, 불의요, 하나님의 율법을 범하는 것입니다. 더 악한 것은 하나님을 미워하는 것입니다.

자연인의 생각(이지)은 해서는 안 되는 일들을 하게 만드는 그러한 것만이 아닙니다. "육신(자연인)의 생각은 하나님과 원수가 되나니 하나님의 법에 굴복치 아니할 뿐 아니라 할 수도 없음이라"(롬 8:7). 죄 가운데 있는 사람이 복음을 미련한 것으로 생각하는 것은 그 때문입니다. "육에 속한 사람은 하나님의 성령의 일을 받지 아니하나니 저에게는 미련하게 보임이요 또 깨닫지도 못하나니 이런 일은 영적으로라야 불변함이니라"(고전 2:14). 이것이 죄입니다. 이것이 사람에게 있어서 고통거리입니다. 사람이 죄에 빠지고 부패된 나머지 하나님께서 하실 수 있는 일 중에서 가장 영광스러운 일을 행하셨음에도 불구하고 육에 속한 사람은 그것을 미련한 것으로 조롱하며 비웃어 넘겨버린다는 점입니다. 하나님께서 죄를 미워하시는 것도 그 때문입니다. 죄가 하나님을 미워하기 때문에 죄입니다. 죄는 하나님을 원수로 여깁니다. "육신의 생각은 하나님과 원수가 되나니 이는 하나님의 법에 굴복치 아니할 뿐 아니라 할 수도 없음이라…."

십자가는 우리에게 그 점을 말해 줍니다. 그 때문에 십자가가 필요한 것을 여러분도 아실 것입니다. 여기에 문제가 있습니다. 어떻게 그러한 하나님께서 사람의 존재를 용서하실 수가 있습니까? 우리 모두가 다 죄를 지었는데 우리 중 어느 누군가 하늘에 들어갈 소망을 가질 수 있습니까? 바울은 에베소 사람들에게 "우리도 본질상 다른 이들과 같이 진노의 자녀들이라"고 말했습니다(엡 2:8). 우리는 본질상 다 하나님을 미워하는 자들입니다. 여러분이 그 점을 인식하지 못하면 이러한 일들을 매우 깊게 알지 못하는 것입니다. 제게 와서 '나는 언제나 하나님을 사랑합니다'라고 말하지 마십시오. 그렇지 않습니다. 여러분은 죄 가운데 태어났고 불의 가운데 잉태되었습니다. 만일 여러분이 '나는 언제나 스스로 하나님을 믿어 왔는데'라고 생각한다고 합시다. 그것은 여러분 자신이 만들어 낸 하나님을 생각한 것이지 성경의 하나님을 생각한 것은 아닙니다. 보편적인 진술입니다. 그러므로 우리는 난제에 부딪히게 됩니다. 어떻게 이 거룩하고 의로우신 하나님께서 여전히 하나님인 채로 우리들을 용서하실 수 있겠는가?

십자가에서 저는 그 난제를 해결하시는 하나님의 방식을 발견합니다. 그래서 저는 하나님의 "지혜"를 보는 것입니다. 만일 여러분이 하나님의 지혜에 대해서 무엇인가를 알고 싶으면 십자가를 보십시오. 그 십자가에는 세상을 창조하시기 전부터 아셨던 문제에 대한 하나님의 해결책이 나타나 있습니다. 사람은 죄를 지을 것이라는 사실입니다. 그런데도 하나님께서는 그를 용서하시기를 원하십니다. 어떻게 그가 그렇게 하실 수 있습니까? 하나님께서는 영원한 지혜로 그 길과 계획을 생각해 내셨습니다.

> 우리 하나님의 사랑스러운 지혜여!
> 모든 사람이 부끄럽고 죄 지을 때
> 둘째 아담이 오셔서 싸워 구출하셨네.
>
> 뉴만(J. H. Newman)

하나님의 영원한 지혜에 대해서 무언가 알고 싶으면 십자가를 바라보십시오. 바울이 십자가는 하나님의 지혜요 능력이라고 말하는 이유도 거기 있습니다. 십자가에서 영원한 난제를 해결하는 영원자의 이지가 나타나 있습니다. 하나님께서 의로우시면서 동시에 어떻게 사람을 용서하실 수 있습니까? 의와 긍휼, 거룩과 사랑이 어떻게 함께 갈 수 있습니까? 그것이 가능합니까? 그에 대한 해답이 십자가에 있습니다. 그래서 바울은 십자가를 자랑합니다. 그는 다른 곳에서는 전혀 발견하지 못한 것을 그 십자가에서 보았습니다. 그는 참 열심있는 바리새인이었고 매우 선하고 도덕적이고 종교적인 사람이었습니다. 그는 성경을 연구했고 하나님에 대한 모든 것을 안다고 스스로 생각했습니다. 그러나 여기 십자가에서 자기는 아무것도 알지 못함을 발견했습니다. 자기의 모든 지식이 자기에게 아무것도 아니라는 것을 알게 되었습니다. 하나님께서 여전히 하나님이시면서 죄인을 용서할 수 있는 길을 마련하시고, 닦으시는 하나님의 지혜를 바로 그 십자가에서 본 것입니다. 그 십자가에서 하나님의 은혜와 목적과 긍휼과 인애하심뿐 아니라 하나님의 지혜를 봅니다.

그러나 또 다른 것을 봅니다. 그것은 "하나님의 불변성"(Immutability

of God)입니다. 그 말은 하나님은 변하지도 않으시고 변할 수도 없다는 뜻입니다. 오늘 현대인들이 생각하는 하나님은 예배할 가치가 없는 신입니다. 그는 변하고 변덕을 부리며, 그 다음에 무엇을 할는지 아무도 말할 수 없는 그러한 사색에 따라 세기마다 바뀌었습니다. 그것은 하나님이 아닙니다. 성경의 선조들은 하나님이 불변하시다고 말했습니다. 그는 빠질 수 없는 분입니다. 그는 자신을 부인할 수 없습니다. 그는 언제나 당신이 자신에 대해서 말씀하신 그대로 존재하십니다. 전 우주와 전 역사에 걸쳐서 다른 어느 곳에서보다 하나님의 불변성과 항존성을 더 명백히 볼 수 있는 곳이 한 곳 있다면, 그것은 바로 십자가 위입니다. 십자가 위에서 고난받으시는 분은 하나님의 아들입니다. 그가 변하시고 자기의 길을 바꾸려 하십니까? 아닙니다. 그분은 마땅히 할 일을 아시고 그 일을 행하시는 것입니다. 하나님께서는 죄를 심판하실 것이라고 말씀하십니다. 자신의 아들마저도 죄인의 대표로 자처할 때에는 그 말씀을 이루십니다. 비록 그 아들이라 할지라도 그것을 바꾸지 아니하십니다. 하나님의 불변하심이여, 하나님의 모든 길은 전적으로 완전하시도다!

그러나 이제 나는 마지막 요점, 모든 것 중에서 가장 놀라운 요점으로 나아가야겠습니다. 그것은 하나님의 "우리를 향하신 사랑"입니다. 사도가 로마서에서 "우리가 아직 죄인 되었을 때에 그리스도께서 우리를 위하여 죽으심으로 하나님께서 우리에게 대한 자기의 사랑을 확증하셨느니라"(롬 5:8)고 말한 것은 놀라운 일이 아닙니다. 십자가에서 하나님의 사랑을 어떻게 발견합니까? 현대인은 이렇게 말할지 모릅니다. "나는 그것을 이런 식으로 발견한다. 비록 사람이 하나님의 아들을 배척하고 죽인다 할지라도 하나님은 사랑 가운데서 여전히, '좋다 나는 여전히 너희를 용서한다. 비록 너희가 내 아들에 대해 그런 일을 했더라도 나는 너희를 용서한다'고 말씀하신다는 것이지요." 그렇습니다. 그것도 대답의 일부는 되겠지요. 그러나 그것은 아주 작은 부분에 불과합니다. 그것은 사실 하나님의 진정한 사랑은 아닙니다. 하나님께서 자기 아들의 죽음을 묵묵히 구경만 하셨던 분이 아님을 이미 상기시켜 드린 바 있습니다. 현대인들은 그런 식으로 표현하려 듭니다.

하늘에서 하나님께서는 그 모든 것을 내다보시면서 사람들이 자기 아들을 죽이는 것을 보셨고, "좋다. 그래도 나는 너희를 용서하노라"고 말씀하셨다는 것입니다. 그러나 관점대로 하면 하나님은 수동적이고 타율적입니다. 사람들이 행하는 일에 체념 어리게 반응하고만 계십니다. 오, 우리는 우리 자신을 얼마나 중요하다고 생각하는지! 하나님의 아들을 십자가에 데리고 간 것은 우리가 아님을 여러분은 알 것입니다. 하나님이 하셨습니다. 하나님께서 미리 정하신 뜻과 미리 아심에 따라서 행하신 일입니다. 하나님의 사랑이 무엇을 의미하는지 진실로 알기 원한다면 바울이 로마 사람들에게 쓴 편지를 읽어보십시오. "율법이 육신으로 말미암아 연약하여 할 수 없는 그것을 하나님은 하시나니 곧 죄를 인하여 자기 아들을 죄 있는 육신의 모양으로 보내어 육신의 죄를 정하사"(롬 8:3). 하나님께서는 자기 아들의 육체 속에서 죄를 정하셨습니다. 이것이 바로 하나님의 사랑입니다.

이사야 53장을 다시 읽어보십시오. 갈보리 언덕에서 일어난 일에 대한 놀라운 예언의 말씀을 읽어보시란 말씀입니다. 여러분은 이사야가 그 예언을 어떻게 되풀이하는가를 주목하게 될 것입니다. "그는 실로 우리의 질고를 지고 우리의 슬픔을 당하였거늘 우리는 생각하기를 그는 징벌을 받아서 하나님에게 맞으며 고난을 당한다 하였노라…여호와께서 그로 상함을 받게 하시기를 원하사 질고를 당케 하셨은즉"(4:10). 이 말씀들은 계약의 조건들입니다. 이는 또한 십자가에서 일어난 일에 대한 명백하고 단순하고 정확하고 사실적인 묘사 바로 그것입니다. 바울은 그 모든 것을 이렇게 요약하고 있습니다. "하나님이 죄를 알지도 못하신 자로 우리를 대신하여 죄를 삼으셨다"(고후 5:21). 제가 말하고 있는 것을 아시겠습니까? 모든 사람들이여, 바로 이것이 세상의 골칫거리입니다. 세상은 눈멀어 있습니다. "하나님이 죄를 알지도 못하신 자로 우리를 대신하여 죄를 삼으신 것은 우리로 하여금 저희 안에서 하나님의 의가 되게 하려 하심이라."

그 말씀은 무슨 의미입니까? 저는 사도 바울의 또 다른 말을 인용하여 보려 합니다. 그는 로마서 8:32에서 왜 그처럼 십자가를 크게 자랑하는지를 묘사합니다. "자기 아들을 아끼지 아니하시고 우리 모든 사람들을 위하여 내어주셨다." 바로 이 말씀은 십자가에서 일어났던 일에 대한 놀라운 묘사입니다. 하나님께서는 우리를 향한 큰사랑을 가지고 한 번도 불순종하거나 아무에게도 해를 끼치지 않았던 사랑하는 자기의 아들 독생자를 우리를 위해서 내어주셨습니다. 그리하여 십자가에 죽게 하셨습니다. 그러나 바울이 말하는 것을 주목하십시오. "자기 아들을 아끼지 아니하시고." 이 말씀은 하나님께서 진노로 죄인들에게 복수함으로써 죄를 벌하신다는 사실을 매우 명백하게 하셨다는 의미입니다. 그는 죄를 벌하시되 사람들이 죽도록 죄를 벌하셔야 했습니다. 죄의 삯은 사망입니다. 사망은 끝없는 죽음과 멸망을 의미합니다.

로마서에서 사도 바울의 말을 들어보면 하나님께서 우리의 죄를 십자가 위에 달리신 그 자신의 아들 위에 지우시고 조금도 아끼지 아니하고 징벌하셨습니다. 하나님께서는 "이는 내 아들이니 심판을 적게 하고 내릴 심판을 조금 절감시켜야겠다"고 말씀하시지 아니하셨습니다. "내 자신의 아들에게 그러한 식으로 도저히 할 수 없다. 그를 죄인으로 취급할 수 없다. 나는 그를 칠 수 없다. 그를 때릴 수 없다"는 등의 말씀을 하지 않으셨습니다. 그는 하나님께서 하리라고 말씀하신 것은 다 하셨습니다. 어떠한 것도 빼놓은 것이 없습니다. 하나님께서는 자기의 진노를 죄에 대하여 다 부으셨고, 사랑하는 자기 아들에게 다 부으셨습니다. 아들이 고뇌에 차서 "나의 하나님 나의 하나님, 어찌하여 나를 버리셨나이까?"라고 울부짖는 소리를 듣는 것도 그 때문입니다. 그는 문자 그대로 심장이 파열되어 죽었습니다.

요한은 군인들이 창으로 그 옆구리를 찔렀을 때 "피와 물이 나오더라"

(요 19:34)고 했습니다. 십자가에는 혈청과 피가 응고되어 있었습니다. 자기에게 이처럼 하나님의 진노의 아픔과 자기 아버지의 면전에서 분리되는 일로 인하여 문자 그대로 찢어졌기 때문입니다. 그것이 바로 하나님의 사랑입니다. 나의 친구여, 그것이 바로 죄인인 여러분을 향한 하나님의 사랑입니다. 그저 체념 어리게 바라보시면서, "난 너희가 내 아들에게 이런 일을 행하지만 용서한다"는 식으로 말씀하신 것이 아닙니다. 아니, 그는 친히 아들을 때렸습니다. 여러분과 제가 도저히 할 수 없는 일을 아들에게 행하십니다. 그는 자신의 영원한 진노를 그 위에 퍼붓습니다. 그리고 그로부터 얼굴을 돌리십니다. 그 자신의 사랑하는 독생자에게 말입니다. 우리가 징벌을 당하지 않고 지옥에 가지 않고 지옥에서 비참과 불행 속에서 영원히 보내지 않도록 하기 위해서 그 일을 하신 것입니다. 그것이 바로 하나님의 사랑입니다. 그것이 바로 십자가의 놀라움과 기이함과 영광입니다. 여러분과 저를 심판하지 않으셔도 되기 위하여 자기 자신의 아들을 하나님께서 징벌하셨다는 말씀입니다. 또한 그렇게 하신 것은 십자가의 메시지가 전파되기 위함이었습니다.

그 메시지는 이러합니다. "주 예수 그리스도를 믿으라 그리하면 네가 구원을 받으리라"(행 16:31). 그분이 여러분의 죽음을 짊어지고 대신 죽으시고 여러분이 당할 형벌을 지시고 여러분 대신 고통을 받으셨음을 믿으십시오. 그가 징계를 받음으로 여러분이 평화를 얻었음을 믿으십시오. 여러분이 즉시 용서를 받으셨음을 믿으십시오. 그것이 바로 십자가의 영광입니다. 하나님의 지혜로 그 길을 계획하셨고 하나님의 사랑이 그 방식을 수행하셨습니다. 하나님 자신과 자기 아들에게 어떤 의미가 있음을 아셨음에도 불구하고 자원하여 그 일에 자신을 기꺼이 드리셨던 것입니다. 그럼으로써 여러분과 제가 용서받고 하나님의 자녀가 될 수 있게 하기 위함이었습니다. 오! 왜냐하면 그는 자기의 아버지에 의해서 죽음을 당했기 때문입니다.

> 영광의 임금 죽으신 그 놀라운
> 십자가 곰곰이 생각할 때
>
> 내가 가장 자랑하는 가장 풍부한 소유도
> 아무것도 아니요
> 내 모든 자랑 헛된 줄 알고 버리네.

내 모든 의(義)도 십자가를 생각할 때 다 헛됩니다. 내가 이러한 일을 알게 되는 것은 "저 놀라운 십자가를 곰곰이 생각할 때"입니다. 아버지의 마음의 모든 영광을 가지고 계신 영원한 하나님께서 나를 위하여 자신의 아들을 그러한 죽음에 내어주셨습니다.

그러므로 그 십자가 속에서 모든 신적 속성들의 조화를 보게 됩니다. 거룩과 사랑을 보며, "긍휼과 진리가 함께 만나며, 의와 평화가 서로 입맞추는" 것을 봅니다. 영원한 하나님의 영원한 속성들 모두를 거기서 보며, 그 모든 것들이 동시에 한꺼번에 드러나 있는 것을 봅니다. 의와 사랑과 자비와 긍휼 사이에는 전혀 모순이 없습니다. 그 모든 것들이 십자가에 있습니다. 그 모든 것들이 신성의 풍성함 속에서 거기 함께 나타나 있습니다. 그와 같은 것을 알았을 때 할 말은 오직 하나밖에 없습니다. "내게는 우리 주 예수 그리스도의 십자가 외에 결코 자랑할 것이 없느니라." 하나님을 하나님 답게, 하나님을 나의 아버지로 아는 것이 바로 그 십자가에서입니다. 하나님의 영광스러운 성품이 일점일획이라도 가감되지 아니하고 보전된 것이 바로 그곳입니다. 그러므로 말씀과 불변하시고 영존하신 하나님을 의뢰합니다.

여러분은 십자가에 대해서 그런 식으로 반응합니까? 여러분은 십자가에서 이러한 것들을 보셨습니까? 성부와 성령께서 함께 아들을 지탱하고 계심을 보셨습니까? 그는 우리를 대신하여 영원한 성령을 통해서 하나님께 자신을 드리셨습니다. 여러분이 그리스도인인지 아닌지를 판가름하는 것은 이 십자가에 대하여 어떠한 반응을 나타내느냐는 것입니다. 자기의 선한 행위에 대해서 말하지 마십시오. 저는 그런 일에 관심이 없습니다. 교회에 다닌다고도 말하지 마십시오. 저는 그것에는 조금도 흥미가 없습니다. 여러분은 십자가를 자랑하고 있습니까? 그 십자가가 여러분의 모든 것이 됩니까? 그것이 여러분에게 생명입니까? 이 영광스런 메시지를 부인하기보다는 죽는 것이 낫다고 생각하십니까?

그리스도인은 바로 이러해야 합니다. 십자가를 자랑하지 않는 한 그 십자가를 알지도 못했고 그것이 의미하는 것을 보지도 못한 것입니다. 그것을 보지 못했다면 진실로 그것을 믿지 못합니다. 만일 우리가 그것을 믿지 못한다면 우리는 여전히 죄 가운데 있습니다. 우리가 그와 같은 방식으로 죽는다면 심판대로 가서 결국 지옥으로 떨어질 것입니다. 여러분의 영원하고 영구한 운명은 바로 이 한 가지 일에 달려 있습니다. 하나님께서는 여러분이 구원받아 하나님의 자녀가 될 수 있고 영원한 영광을 기업으로 물려받을 수 있는 오직 한 가지 방식을 그 십자가에서 제공하셨음을 아시겠습니까? 하나님께서 우리들 모두에게 긍휼을 베풀어 주시기를 바랍니다. 그리고 그의 성령으로 말미암아 우리의 눈을 열으사 십자가의 영광을 보게 하시기를 원하나이다.

4

세상을 사랑하지 말라

> "그러나 내게는 우리 주 예수 그리스도의 십자가 외에 결코 자랑할 것이 없으니 그리스도로 말미암아 세상이 나를 대하여 십자가에 못박히고 내가 또한 세상을 대하여 그러하니라"(갈 6:14).

이 본문을 계속 숙고해 나감에 따라서, 그리스도의 십자가와는 전혀 다른 것을 자랑하던 때가 바울에게 있었음을 상기해야 할 것입니다. 그는 자기가 이스라엘 사람이요, 히브리인 중의 히브리인이요, 베냐민 지파에 속한 사람이요, 팔 일 만에 할례받았다는 사실을 자랑하곤 하였습니다. 또한 율법의 지식에 능한 사람이요 지극히 종교적인 사람이라는 등의 자랑을 했습니다. 그는 그러한 것들을 자랑하였고 매우 뽐냈던 사람이었습니다. 이 사도 바울은 언제나 강하고 열정적인 사람이었습니다. 그는 언제나 자신이 진실로 믿는 것이 무엇인지를 광포했고 자기가 자랑하는 것이 어떠한 것인지를 드러냈습니다. 그 전에 십자가와 다른 것을 자랑할 때도 그러했습니다. 그러나 지금 여기서 말하고 있는 것을 보면 그 모든 것은 끝장이 났습니다. "그러나 내게는 우리 주 예수 그리스도의 십자가 외에 결코 자랑할 것이 없으니." 그처럼 우리가 생각해 보아야 할 가장 합당한 질문은, 우리가 무엇을 자랑하고 있으며 어떤 것을 뽐내고 있는가? 하는 것입니다. 그것에 대한 해답은 우리 모두가 어디에 서 있는가를 정확히 알려줍니다. 우리는 이미 그리스도인의 특별한 표제가 무엇인가를 알았습니다. 그리스도인은 주 예수 그리스도의 십자가를 자기 사상의 중심에 놓고 자랑하며, 그것에 의하여 가장 깊이 감동을 받는 사람입니다. 우리가 그리스도인들이냐 아니냐는 그 차원에서 결정된다고 말할 수 있습니다.

그런데 그렇지 못한데도 자기들이 그리스도인이라고 생각하는 사람들이 많습니다. 그것은 제 사견이 아닙니다. 성경이 그것을 말합니다. 또한 수세기에 걸쳐서 그런 일이 있어 왔음을 우리는 알고 있습니다. 자기들이 어떤 특별한 나라에 태어났기 때문이라는 단순한 이유나, 아니면 그러한 류에 속한 어떠한 다른 이유들로 말미암아 자기들이 그리스도인이라고 생각하는 사람들이 있습니다. 그러나 시금석은 여기 있습니다. 당신이 뽐내는 것은 무엇인가? 만일 그리스도의 십자가보다 자기 나라를 더 자랑한다면, 그것에 대해서는 더 이상 따져볼 필요도 없이 그리스도인이 아닌 것입니다. 그 소리가 무시무시하게 들리는가요? 기독교의 가르침이 바로 그러합니다. 사도 바울은 자기가 히브리인이라는 사실을 떠벌려 자랑하던 때가 있었습니다. 그러나 그 이후에는 그렇지 않습니다. 그는 여전히 자기가 히브리인이라는 사실을 기뻐합니다. 육체적인 의미에서조차 자기가 지상에서 하나님의 자녀들의 일원이 되었다는 사실을 부끄럽게 생각하는 것은 아닙니다. 그러나 그는 그것을 자랑하지 않습니다. 그러한 일은 큰 일이 아닙니다. 그리고 우리 모두를 움직이는 큰 일이 되어서는 안 됩니다. 그것이 처음에 와서도 안 됩니다. 그것은 우리를 매우 철저하게 시험하는 시금석입니다. 그리스도인은 우리 주 예수 그리스도의 십자가를 뽐내고 자랑하는 사람입니다. 우리는 이미 이에 대한 몇 가지 이유를 생각해 보았습니다.

바울이 주 예수 그리스도의 십자가를 자랑하는 이유는 구원이 바로 그 십자가로 말미암기 때문임을 알았습니다. 우리는 여기서 "그리스도로 말미암아 세상이 나를 대하여 십자가에 못박히고"라는 말씀을 대하게 됩니다. 우리를 구원한 것은 십자가 위에서의 주님의 죽으심입니다. 우리는 그것이 무엇을 뜻하는지 생각해 보았습니다.

십자가를 단순히 하나의 구경거리인 광경으로 생각한다 할지라도 그에 비할 것이 없음을 알았습니다. 비교하는 것은 참으로 우습다는 것을 저도 압니다. 그럼에도 불구하고 그렇게 해보아야 합니다. 세상은 구경거리를 매우 좋아하고 큰 사건들을 즐거워합니다. 이 세상 각 나라의 민족 역사마다 큰 획기적인 사건들이 있었습니다. 모든 나라마다 위대한 영웅들, 굉장한 일을 한 사람들이 있습니다. 그리고 사람들은 이러한 사람들을 기억하기를 좋아하고 그들에 대해서 읽고 바라보고 생각하기를 좋아합니다. 또한 그들을 즐거워하며, 그들을 자기들의 자랑으로 삼기를 좋아합니다. 제가 말씀드리고 있는 것은 다만 주 예수 그리스도가 십자가에서 죽으실 때 일어난 일의 진정한 의미에 대해서 무언가 알게 될 때 다른 모든 것은 무색해진다는 점입니다. 십자가에서 그 무서운 방식으로 죽은 것이 하나님의 아들에게 있어서 어떠한 의미를 가지는지 진정으로 이해하기만 하면 다른 모든 것은 전혀 의미가 없어질 것입니다. 아이작 왓츠(Isaac Watts)가 상기시켜 주듯이 거기에는 오직 유일한 한 가지의 피할 수 없는 결과밖에는 나오지 않을 것입니다. "내가 가진 가장 풍요로운 소득도 아무것도 아니요 내 모든 자랑 헛된 줄 알고 버리네."

십자가가 어떻게 영원한 하나님의 성품에 대한 계시인지를 다시 한 번 알았습니다. 또한 십자가가 하나님의 속성들, 하나님의 영원한 지혜, 이 세상과 전 우주를 향한 하나님의 계획, 하나님의 공의와 의와 거룩 등을 어떻게 우리에게 드러내 주는지도 알았습니다. 그렇습니다. 정말 하나님께 감사드립니다. 그 십자가에서 그의 사랑과 자비와 긍휼과 불쌍히 여겨 주심과 오래 참으심이 나타났습니다. 그러나 그 놀라운 십자가를 곰곰이 생각하게 될 때, 그 순간 우리는 하나님의 계획의 완전성과 사람에게 구원받도록 하기 위해서 궁리하신 그 방도에 대하여 무엇인가를 알기 시작합니다. 우리가 이 모든 것을 알게 될 때 우리 앞에서 다른 어느 것도 다시 뽐내며 서 있을 수 없습니다. 그것은 전혀 불가능한 일입니다.

더 나아가 봅시다. 사도는 자기가 십자가를 자랑하는 이유는 자기에 대하여, 자기를 위하여 그 십자가가 행한 것 때문이라고 말합니다. "그러나 내게는 우리 주 예수 그리스도의 십자가 외에 결코 자랑할 것이 없으니 '그리스도로 말미암아 세상이 나를 대하여 십자가에 못박히고 내가 또한 세상을 대하여 그러하니라.'" 여기에서 그 문제의 새로운 국면을 대하게 됩니다. 십자가를 자랑하는 것은 십자가가 그에 대해서 하는 일 때문입니다. 그는 그 점을 매우 독특하게 표현하고 있습니다. 내가 이 십자가를 자랑하는 것은 내게 대하여 세상을 십자가에 못박기 때문이라고 말합니다. 십자가에 못박는다는 것은 죽이고 사형에 처하며 더 이상 작용하지 못하도록 한다는 말입니다. 그것은 우리 주님 자신을 십자가에 못박은 일이나 똑같습니다. 그는 십자가에서 숨을 거두셨고 영혼이 떠났습니다. 그는 죽으셨고 그의 시신은 내리워져 무덤에 장사지낸 바 되었습니다. 바울은 자기에 관한 한 그 십자가가 세상을 못박아 죽였다고 말합니다. 그 십자가가 세상을 제거시켰습니다.

그러나 왜 이 특별한 사실을 바울은 자랑합니까? 이 점이야말로 우리에게 있어서 사활을 좌우하는 매우 중차대한 문제입니다. 세상과 세상을 대표하는 모든 것이야말로 세상의 인간 역사 속에서 일어났던 비극들의 주요 원인입니다. 제1, 2차 세계대전을 일어나게 한 것도 세상과 세상이 대표하는 모든 것이었습니다. 우리의 모든 고통과 시련과 환난을 산출하는 것도 세상입니다. 그것이 바로 처음부터 끝까지의 성경적 가르침의 진수입니다. 세상이 처한 조건에 대해서의 책임은 세상 자체가 져야 합니다. 기독교 전도는 우리 고통의 원인이 무엇인가를 보여 주어야 합니다. 왜냐하면 원인에 대해서 명백하지 않는 한 치료하지 못할 것이기 때문입니다. 우리가 해야 하는 최초의 일은 진단하는 일입니다. 좌담을 하고 글을 쓰고 하는 모든 것이 다 아무 소용도 없게 되는 이유는 사람들이 왜 세상 형편이 이러한지를 진실로 이해하지 못하기 때문입니다.

사도가 여기 이 위대한 진술에서 밝힌 그에 대한 해답은 십자가가 자기를 세상으로부터 건져냈다는 것입니다. 그는 그것을 하나님께 감사합니다. 왜냐하면 세상이 본질상 우리의 모든 고통의 원인이기 때문입니다. 바로 그 이유 때문에 어느 사람이라도 자기를 세상에서 건져주는 일이 있으면 그것을 자랑해야 합니다. 세상에서 건져 주는 오직 유일한 것은 우리 주 예수 그리스도의 십자가입니다. 성경의 가르침에 따르면 이 세상에는 두 종류의 사람이 있습니다. 십자가를 자랑하는 사람들과 그렇지 못한 사람들입니다. 그러나 저는 그 점을 다른 방식으로 표현해 보겠습니다. 그들 중 한 타입은 세상에 속해 있으며 세상의 사람이라는 그 사실을 자랑합니다. 또 다른 한 타입의 사람들은 더 이상 자기가 세상에 속해 있지 않다는 사실을 자랑합니다. 비록 그들이 여전히 세상에 속해 있지만 자기들이 외인이요, 나그네요, 여행자요, 순례자들로 이 시간세계를 지나고 있다는 사실을 자랑합니다.

그것이야말로 성경 전체가 취하는 근본적인 구분입니다. 인류는 바로 이 구분으로 크게 양분됩니다. 그 밖의 다른 차원에서 구분하는 것은 전혀 쓸모가 없습니다. 피부색깔이 어떤가, 고국이 어딘가, 어느 민족에 속했는가 등은 문제가 되지 않습니다. 부한가 가난한가, 배웠는가 무식한가 하는 것들은 문제가 되지 않습니다. 오직 한 가지 문제가 되는 것은 사람이 세상에 속해 있는가 아니면 하나님께 속해 있는가 하는 것입니다. 이것인가, 저것인가, 그 둘 중 하나일 것입니다. 이런 방법으로 전체 인류를 나누는 것은 근본적으로 인류 역사 초기부터 시작되었습니다. 창세기 4장에서 그것을 발견할 수 있습니다. 여러분은 아벨을 좋아하든지 가인을 좋아하든지 간에 둘 중 하나일 것입니다. 가인은 세상에 속한 사람입니다. 아벨은 하나님의 사람입니다. 그 이후 그 큰 구분선이 존재해 왔습니다. 성경은 더 나아가서 우리 각자는 본질상 이 세상에 나올 때는 세상에 속한 사람, 세상 사람으로 나온다고 말합니다. 우리 중 어떤 사람도 그리스도인으로 태어나지 않습니다. 죄 없이 태어나는 사람은 없습니다. 우리는 모두 죄 가운데 태어났습니다. 우리는 모두 불의 가운데 "잉태"되었습니다. 우리는 모두 타락한 사람인 아담의 자손들로 태어났습니다. 그러므로 우리는 모두 세상의 자녀들로 태어난 것입니다.

시편 17:14에 이 점에 대한 두드러진 진술이 발견됩니다. 제가 위에서 말한 그 용어가 사실상 그대로 사용된 셈입니다. "여호와여 금생에서 저희 분깃을 받은 세상 사람에게서(세상에 속한 사람에게서) 나를 주의 손으로 구하소서 그는 주의 재물로 배를 채우심을 입고 자녀로 만족하고 그 남은 산업을 그 어린아이들에게 유전하는 자니이다"(괄호 속에 들어 있는 것은 필자 자신의 번역이다). 시편 기자는 그러한 사람들, 이 세상에서 자기들의 분깃을 가진 세상에 속한 사람들로부터 건짐 받기를 원합니다. 우리는 본질상 모두 그 타입의 사람들이요 그 범주에 속해 있습니다. 인류 전체는 아담 안에서 타락했습니다. 그래서 우리는 다같이 하나님을 거역하고 세상을 향하는 이상향을 가지고 태어납니다. 사도가 이 점에서 말하고 있는 것은, 자기가 처해 있는 그 세상에서 건져내어 전적으로 새로운 주위에 서게 하는 것이 이 십자가이기 때문에 그 십자가를 자랑하고 그로 인하여 하나님께 감사한다는 것입니다. 그 십자가가 우리에 대하여 세상을 십자가에 못박았고, 바꾸어서 그는 세상에 대해서 십자가에 못박힌 바 되었습니다.

그러면 세상이란 말은 무슨 뜻입니까? 사람이 세상의 사람이요, 하나님에게 속한 사람이 아니라고 말할 때 그 의미는 무엇입니까? 사람들이 뽐내며 하는 말을 여러분은 들었을 텐데, 바로 그것이 아닙니까? 제가 기억하는 대로 하면 지금은 사람들이 수년 전처럼 그렇게는 하지는 않습니다. 수년 전에는 사람들이 예배당에 가는 것이 더 인기 있었고 더 습관적이었습니다. 그런데 그때 아주 닳아빠져 세련되었다고 하는 사람들은 "난 절대로 예배당 같은 데는 가지 않는다. 나는 세상에 속한 사람이다"라고 말하는 사람이었습니다. 그들은 그것을 자랑했습니다. 오늘날도 그런 사람들이 많습니다. 물론 그들은 자랑할 만한 것이 하나도 없습니다. 지금에 와서는 세상에 속하지 않은 사람이 되는 것이 더 예외적인 상황이 되었습니다.

그러나 이 문맥에서 "세상"의 의미는 무엇입니까? 요한일서 2:15의 말씀을 생각해 봅시다. "이 세상이나 세상에 있는 것들을 사랑치 말라 누구든지 세상을 사랑하면 아버지의 사랑이 그 속에 있지 아니하니." 이 말씀을 설명하기 위해서 세상이라는 말을 이런 방식으로 지적해 보겠습니다. 물론 세상이란 물질적인 우주를 의미하지 않고 사고방식이나 관점을 의미합니다. 성경에서 "세상"은 주로 그것을 의미합니다. 때로 그 말이 우리 주위에 있는 실제적 물리적 우주를 가리키는 때도 있습니다. 그런 경우에는 문맥으로 결정해야 합니다. 그러나 여기서는 그렇지 않습니다. 여기서 세상은 하나님 아버지를 떠나서 생각하고 보고 영위되는 삶을 의미합니다. "누구든지 세상을 사랑하면 아버지의 사랑이 그 속에 있지 아니하니." 그 말이 "세상"이라는 말을 정의해 줍니다. 세상은 삶과 죽음과 인간과 시간과 다른 모든 것을 하나님과 성경에서 주어진 하나님의 계시를 전혀 고려하지 않고 보는 관점입니다. 그것이 바로 세상입니다.

세상은 전적으로 하나님을 떠나서, 하나님 없이 이런 모든 것들에 대해서 생각하는 사람들의 생각을 집합하여 놓은 것입니다. 사도는 이 정의에서 인간적 사상, 소위 철학을 내포시키고 있음을 발견합니다. 그것이 어떤 형태를 띠는가는 문제가 되지 않습니다. 그것이 추상적이든 과학적이든 간에 아무런 차이가 없습니다. 그것은 인간과 인간의 문제들에 대한 모든 사고와, 세상과 궁극적인 문제와, 인생과 죽음과 이 모든 것들에 대한 모든 생각을 다 함축합니다. 다시 말하자면 하나님을 내포하지 않고 하나님의 계시에 통제를 받지 않는 모든 생각을 의미합니다. 그것이 바로 세상입니다. 사도는 "자기 지혜로 하나님을 알지 못하였다"(고전 1:21)라고 말합니다. 그 말은 사람의 탐구를 통해서는 하나님을 발견할 수 없음을 의미합니다. 사람은 하나님을 발견하려고 노력했지만 발견할 수 없었습니다. 그 일은 불가능합니다. 바울은 "선비가 어디 있느뇨 이 세대에 변사가 어디 있느뇨 하나님께서 이 세상의 지혜를 미련케 하신 것이 아니뇨"라고 말합니다.

바울의 말을 좀더 들어봅시다. 바울은 여기서 두 사상을 비교하고 있습니다. 곧 하나님과 그 계시를 배제시킨 사상과, 전적으로 하나님의 계시에만 의존하여 주 예수 그리스도를 최상으로 여기는 사상을 대조시키고 있습니다. 세상이란 말이 바로 그러한 의미입니다. 사고방식과 사상을 바꾸어 말하면 행실을 의미합니다. 그것은 전적으로 인간적이고 세상적이고 전적으로 이 시간 세계에 속합니다. 사도 바울은 에베소서 2장에서 그것을 아주 놀랍게 묘사합니다. "너희의 허물과 죄로 죽었던 너희를 살리셨도다 그때에 너희가 그 가운데서 행하여 이 세상 풍속을 좇고 공중의 권세 잡은 자를 따랐으니 곧 지금 불순종의 아들들 가운데서 역사하는 영이라"(1-2절). 바울은 세상이란 이 세상의 풍속을 따라서 영위되는 삶이라고 말합니다. 그것은 모든 만물에 대한 사고방식인데, 그 사고방식은 인간적 생각과 능력에만 의존하여 있습니다. 그것이 매우 광범한 영역을 차지하고 있음을 여러분은 알 수 있을 것입니다. 학식이 있으면서도 신앙이 전혀 없는 불신앙적인 철학자들이 있습니다. 그렇습니다. 그들은 세상의 사람들이요, 세상에 속하여 있는 사람들입니다.

그 다음 여러분은 다음 극단에 도달하게 됩니다. 텔레비전과 라디오와 영화로 결정된 사고방식이 있습니다. 참, 그것은 이상한 일이 아닙니다. 그것은 역시 같은 범주에 속해 있습니다. 그것이 바로 인생철학입니다. 그들은 이 마술적인 과학적 용어를 사용하지 않습니다. 그들은 절대자에 관해서나 그와 같은 것들에 대해서 말하지 않습니다. 그러나 그것은 인생철학입니다. 그 나름의 교훈과 관점을 가지고 있습니다. 그것은 이렇게 삶을 영위하라고 말합니다. 그것이야말로 다른 것과 똑같은 철학입니다. 그것은 동등하게 지상에 속해 있습니다. 그 속에는 하나님에 대한 생각이 전혀 들어 있지 않습니다. 그렇습니다. 그것이 바로 세상에 대한 우리의 정의입니다. 저는 그것을 이와 같은 방식으로 나타냄으로써 요약할 수 있습니다. 그것은 사람을 중심에 놓는 사고방식이요, 사람을 궁극적인 권위로 만드는 사고방식입니다.

그것은 이 세상밖에 아무것도 없다고 말하는 관점입니다. 지금 우리가 가진 것 외에는 다른 것이 없을 것입니다. 그것이 바로 세상적인 사고방식이요 세상의 생각입니다. 그것이 바로 사람들 대다수를 통제하고 있는 생각이요, 그리스도인이 아닌 모든 사람들을 조정하고 있습니다. 그 입장은 능력과 이해를 가진 사람이 중심에 있고 모든 다른 것은 그 주위에 둘러 있습니다. 초자연적인 것을 전혀 배제시킵니다. 그들은 그것을 믿지 않습니다. 초자연적인 것이나 기적적인 것이나 영적인 것이 아무것도 없습니다. 우리 인간들이 알고 있는 것 외에는 어느 것도 없습니다. 인간들이 이해할 수 있고 포착할 수 있는 것, 인간들이 행하고 결정하고 작정할 수 있는 것 외에는 아무것도 없습니다. 세상이라는 말이 바로 그러한 것을 의미합니다. 그 세상은 사람을 우주의 중심에 놓습니다. 만물에 있어서 사람이 처음과 마지막입니다. 사람은 자기 자신을 권위로 삼습니다. 사람 위에 사람보다 초월하는 어떤 것도 존재하지 않습니다. 사람의 생명은 전적으로 이 시간 세계에만 국한되어 있다고 주장합니다. 사람이 죽으면 그것은 끝장이요, 그 이상 아무것도 없다는 식입니다.

그러나 "내게는 우리 주 예수 그리스도의 십자가 외에 결코 자랑할 것이 없으니 그리스도로 말미암아 세상이 나를 대하여 십자가에 못박히고"라고 말할 때에, 바울은 자기가 그러한 사고방식에서 건짐 받은 사실을 자랑합니다. 우리도 세상의 특징들을 두 번째로 생각하게 될 때 바울이 그렇게 하는 이유를 알게 될 것입니다. 그 특징들을 정의하는 것은 전혀 어렵지 않습니다. 요한일서 2:16에 그 정의가 나타나 있습니다. "이는 세상에 있는 모든 것이 육신의 정욕과 안목의 정욕과 이생의 자랑이니 다 아버지께로 좇아온 것이 아니요 세상으로 좇아온 것이라."

우리는 이 점을 살펴보아야 합니다. 사람들은 흔히 생각하기를, 자기들을 제1, 2차 세계대전과 무서운 생명의 손실과 모든 피와 탐욕과 학살과 공포와 비참과 불행 등에 대해서 아무런 책임이 없다고 생각합니다. 그러나 그것의 원인은 무엇입니까? 성경의 대답은 히틀러나 스탈린 같은 어떠한 개인적인 흉악자에게 그 원인을 두지 않습니다. 그 어느 누구에서도 찾지 않고 세상 자체에서 찾습니다. 그러한 비참의 원인은 이러한 사고방식이요, 모든 것을 비기독교적 관점으로 보는 데 있습니다. 그렇기 때문에 이 점은 그처럼 엄청나게 중요합니다. 그 세상적 사고방식의 특징은 무엇입니까? 탐욕입니다.

탐욕이 무엇입니까? 탐욕은 강한 욕심입니다. 성경 어느 곳을 보아도 이 생에 대해서 성경은 욕심의 조정을 받는 삶이라고 말하고 있습니다. 영리한 사람들은 그렇지 않다고 주장한 것을 저는 압니다. 그들은 자기들이 지성에 의해서만 통제를 받는다고 말합니다. 그러나 실제를 보며 정직해지고 솔직해지도록 합시다. 비그리스도인은 말하길, "말은 잘하지. 그러나 당신은 무엇하고 있는가"라고 합니다. 좋습니다. 우리는 그 말을 그들 자신에게도 적용해 봅시다. 자기들은 순전히 지성으로 삶을 영위하고 있다고 주장합니다. 그렇습니까? 좋습니다. 저는 그 대답이 신문에서 발견된다고 생각합니다. 그들의 두뇌가 아무리 뛰어나다 할지라도 그것은 문제가 되지 않습니다. 그들은 다른 모든 사람들과 같이 욕심과 탐욕에 사로잡혀 있습니다.

그러나 이것은 무엇을 의미합니까? 심리학자들에 의해 충동이나 강한 자극이라고 불리우는 것을 뜻합니다. 인간은 그 속에 엄청난 충동을 가진 존재입니다. 그는 그렇게 지음을 받았습니다. 그는 내면에 이러한 원초적인 본능들을 가지고 있습니다. 그 본능들은 어찌나 강력하던지 사람이 세상에 속해 있을 때 이지보다 더 강한 힘을 발휘합니다. 온전한 정신의 사람이 일부러 술에 취한다는 것을 저는 믿지 않습니다. 오히려 사람들이 술에 취하고 싶어서 취하는 것입니다. 진정으로 두뇌의 통제를 받는 사람이 의도적으로 결혼을 파괴하고 죄 없는 어린아이들에게 비참을 심화시킨다는 것을 믿을 수 없습니다.

그러나 사람들, 심지어 매우 영리한 사람들도 그러한 어리석은 짓을 자행합니다. 그것이 바로 탐욕입니다. 그들로 하여금 그 일을 하게 하는 것이 탐욕이요, 우리의 이성보다 더 강력한 것이 정욕과 욕심과 이 엄청난 충동입니다. 우리는 그것이 나쁘다는 것을 알면서도 행합니다. 그것은 탐욕과 불순한 정욕 같은 것들을 좋아하기 때문입니다. 요한은 그것을 "육신의 정욕"이라는 말로 특징지어 말했습니다. 그 말은 하나님의 생명, 아버지의 생명과 그처럼 대적해 있는 세상의 삶은 주로 몸을 위해서 영위되는 삶이란 뜻입니다. 우리는 이 점에 너무 머무를 필요가 없습니다. 우리는 모두 그것을 잘 알고 있습니다. 개인적인 체험으로 그것을 경험하지 못했다고 말한다 할지라도 도시의 거리를 지나며 매점들을 살펴보십시오. 그리고 사람들이 살아가는 방식과 대화하는 소리를 들어보십시오. 그러면 몰랐다고 핑계될 수 없을 것입니다.

사람들이 무엇을 위해서 살고 있습니까? 먹기 위해서, 마시기 위해서 살고 있습니다. 그들은 "당신이 마시지 않는다면 사람이 아니야"라고 말합니다. 텔레비전은 그 점을 반복해서 말하고 있습니다. 그러나 마시는 것이 사람으로 사람 되게 합니까? 그들에게 있어서 이것이 인생입니다. 마시고 취하고 자극을 받고 육신의 탐욕을 채우고 몸을 위하고 먹고 마시는 것, 이것이 그들의 인생입니다. 이 모든 것에 대하여 관심을 두며 떠들고 야단법석입니다. 물론 그 다음에는 섹스(sex)입니다. 이 세대는 섹스 광란의 시대입니다. 섹스로 어쩔 줄 모르는 세상, 여러분은 그러한 모습을 피해 달아날 수 없습니다. 어느 곳에서나 볼 수 있습니다. 그것이 사람들에게 강박관념을 주고 지배하고 있습니다. 그것이 모든 것입니다. 그것이 큰 관심입니다. 사람들의 개인적인 삶에 대하여 말하는 책이나 신문에서 참으로 끔찍한 보도들이 나옵니다. 거기에 덧붙여 사람들의 상상하는 모든 것이 묘사됩니다. 누구나 그러한 것들을 팔고 삽니다. 그것이 바로 탐욕입니다. 세상의 정욕입니다. 이것이 세상의 삶의 방식입니다.

요한이 이 편지를 쓴 것은 1900여 년 전입니다. 그러나 어제 그가 편지를 썼다 해도 그렇게 썼을 것입니다. 그 말씀은 오늘날 계속되는 세상에 대한 정말 완벽한 묘사입니다. 세상은 하나님을 떠난 삶입니다. 물론 우리는 20세기 사람들이고 매우 영리하고, 1세기에 살던 사람들과 비교해서 상당한 진보를 한 것만은 사실입니다. 그러나 우리가 그들과 똑같은 류의 삶을 살고 있고 같은 생각을 하고 있다면 무슨 차이가 있겠습니까? 하나도 없습니다. 사람은 여전히 언제나 그 모습입니다

그러나 요한은 안목의 정욕도 말합니다. 그러면 그것이 무엇입니까? 우리는 여기서 매우 정교한 분석을 대하게 됩니다. 매우 심오한 심리학입니다. 육체의 정욕과 안목의 정욕 이것이 무엇입니까? 이것은 외모와 겉치레와 화려함을 숭배하는 것입니다. 그것은 마음과는 전혀 다른 외적인 모든 것입니다. 우리 주님은 어느 날 오후에 바리새인들에게 돌아와서, "너희는 사람 앞에서 스스로 옳다 하는 자이나 너희 마음을 하나님께서 아시나니 사람 중에 높임을 받는 그것은 하나님 앞에 미움을 받는 것이니라"(눅 16:15) 고 말씀하셨습니다. 안목, 그것은 눈에 띌 수 있는 외적인 것입니다. 물론 세상은 오늘날도 바로 이 노선을 따라 살아가고 있습니다. 그 안목이라는 말이 뜻하는 것은 체면과 부정직함과 위선입니다. 오늘날 바로 그것이 삶 전체를 특징짓는 큰 조목들 가운데 하나가 아닙니까? "보기에 좋다"는 말에 뭔가 의미가 있었던 시대가 있었습니다.

그러나 더 이상 그렇지 않습니다. 여러분이 보는 것은 페인트와 회칠과

화장입니다. 그것이 바로 안목의 정욕입니다. 그것은 진실되지 못하고 정직하지 못합니다. 여러분은 자연 그대로의 머리 색깔을 볼 수 없습니다. 무언가 다른 색깔로 되어 있기 때문입니다. 그 안목의 정욕이란 외모입니다. 시시하게 들리지요? 그러나 그것은 매우 심오한 통찰입니다. 왜냐하면 이것이 바로 인생관이기 때문입니다. 모든 것이 외양을 위해서 드려집니다. 사실과 실체는 드러나지 않습니다. 그것은 위장과 회칠이요, 그 뒤에는 상한 심령이 없습니다. 여러분의 실체를 숨긴 외모입니다. 그것은 부정직입니다. 아예 법제화된 거짓말입니다.

다시 주님께서는 바리새인의 차원에서 그 점을 이렇게 표현하며 말씀하십니다. "너희는 잔과 대접의 겉은 깨끗이 하고 청결히 하나 안은 그렇지 않다—그 안에서 너희는 무엇을 발견하는가? 거기서 너희는 어리석은 것만 발견할 것이다. 외모는 굉장히 놀랍게 보이지만 안은 그렇지 않다. 그 안에는 더러운 것들과 쓰레기가 있을 것이다. 안은 깨끗하지가 않다. 그저 겉보기만 놀라우면 그 모든 것이 다 끝나는 식으로 생각한다." 바로 이것이 육신의 정욕과 안목의 정욕입니다. 그런 다음 모든 것을 덮어 가리고 삶의 긍지를 느낍니다. 그 모든 것이 함께 갑니다. 세상에서 웅장한 모양을 내는 것, 그것이 바로 사람들에게 문제가 됩니다. 야심과 교만(헛된 긍지), 정욕이 삶의 긍지를 형성합니다. 사람들이 바로 그런 것을 자랑합니다. 또한 그러한 것들을 위해서 살고 그 속에서 영광을 취합니다. 갈채를 받고 싶은 소원, 출세하고 싶은 욕망, 신문에 자기들의 이름이 나기를 바라는 소원, 또는 어떤 건물 밖 포스터에 자기 이름이 걸리기를 바라는 욕망, 이것이 바로 정욕입니다. 이것이 바로 이생의 자랑입니다. 위대하고 중요해지기를 원하는 것, 그것이 바로 이생의 자랑입니다. 세상은 모두 그것을 추구해 나가고 있습니다.

바로 이것이 세상에 속한 사람의 삶에 대한 성경의 분석입니다. 하나님을 따라 영위되는 삶, 오늘날 사람들이 그처럼 영리하게 생각하는 류의 삶을 성경은 그렇게 분석하고 있습니다. 바로 이것이야말로 그들이 기독교에게 떠넘긴 문제입니다—육체의 정욕, 안목의 정욕, 이생의 자랑, 제가 이 분석을 계속 추적해 나가고 있는 것은 여러분을 이 요점으로 인도하기 위해서입니다. 세상을 그처럼 무섭게 만드는 것이 바로 그것입니다. 그것은 그 자체로 무가치할 뿐 아니라 그러한 결과를 가져옵니다. 그것은 그 자체로 얼마나 악한지 모릅니다. 그러나 그것은 질서와 훈육의 결핍을 가져옵니다. 또한 불법과 방종을 가져옵니다. 인류 역사 초기에 가인의 죄는 바로 그것이었습니다. 그는 율법을 자기 마음대로 하였습니다. 그는 하나님으로 인해 괴로웠습니다. 하나님께 제사드릴 때 피있는 희생 제물로 드려야 된다는 하나님의 법을 그 동생은 지켰습니다. 그러나 가인은 그렇게 하지 않았습니다. 그래서 하나님께서 그 잘못을 그에게 지적해 주었습니다. 만일 가인이 속죄제를 드릴 수만 있다면 용서받을 수도 있었고 회복될 수도 있었습니다. 그러나 그는 그렇게 하지 않고 괴로워했습니다. 그는 반역했습니다. 그는 율법을 자기 마음대로 하여 자기 동생을 죽였습니다.

세상적인 사고방식은 언제나 그러한 결과를 가져옵니다. 모든 사람은 자기 자신의 권위를 가지고, '왜 내가 그렇게 하지 않아야 되는가? 오늘날 우리 나라의 큰 문제는 바로 그 점이 아닌가? 도덕은 왜 우리 수준에 맞게 낮추어 있지 않은가? 왜 나는 그렇게 해서는 안 되는가? 나는 그러한 사소한 문제를 신경쓸 수 없다. 성경이 말하는 것이 무엇이 문제인가? 중세의 빅토리아 시대에 말하는 것이 무엇이 문제인가? 철학자들이 말하는 것이 무엇이 문제인가? 어느 누가 어떻게 말하든 그게 무슨 문제인가? 나는 하고 싶다. 왜 내가 하지 말아야 하겠는가?' 라고 합니다. 그러나 이처럼 율법을 자기 마음대로 생각하는 것, 그것이 정욕입니다. 그것이 바로 문제의 탐욕입니다. 바로 그것이 전적인 불법과 무절제입니다.

물론 우리 자신을 높이려는 그러한 소원을 계속 진행해 나가면 질투와 같은 추한 것들을 가져옵니다. 이생의 자랑이 우리의 것보다 조금 나은 사람을 보면 질투심이 생깁니다. 또는 우리보다 더 사람들로부터 칭찬을 받는 사람들이 있으면 그 사람들을 향하여 투기심을 가집니다. 우리의 직업이나 어떠한 사업에서 우리보다 더 낫게 진보한 사람을 보면 역시 같은 느낌을 가집니다. 더 좋은 자동차를 가진 사람을 보아도 그렇습니다. 이것이 바로 이생의 자랑입니다. 질투와 시기심 때문에 사람들은 잠을 이룰 수 없습니다. 이것이 바로 이생입니다. 이것이 바로 세상입니다. 어느 누가 기독교와 그 설교는 작은 분량의 부드러운 내용에 지나지 않으며 약간 유쾌한 이야기들을 말해 주는 것이어야 하며, 그리스도인은 멋있는 찬송을 부르고 인생을 정면으로 직면해 보지 않았다고 생각하던가요?

저는 지금 이 순간에 세상의 다른 어느 것도 요구하지 않는 방식으로 인생을 직면해 볼 것을 촉구하고 있습니다. 질투와 시기와 악의와 중상과 혐오, 거기에서만 끝나지 않습니다. 도적질과 강도, 이 육체의 정욕, 다른 사람의 아내를 갖고 싶어하는 소원, 그것이 바로 강도 짓입니다. 재산을 훔치는 사람들이 있으면 벌하지만 다른 사람의 아내를 도적질하는 사람은 벌하지 않습니다. 또는 다른 사람의 남편을 훔치는 아내도 벌하지 않습니다. 그것이 바로 우리의 법적 체계가 가진 미치광이의 요소입니다. 물론 1938년 오스트리아가 히틀러의 침공으로 독일에 합병되었을 때 공포의 손을 서로 잡았습니다. 우리는 그것을 오스트리아의 강탈이라고 칭합니다. 독일군이 그 나라로 행군해 들어갔고 히틀러는 그 나라를 차지했습니다. 사람이 사적으로 그러한 일을 할 때 우리는 아무 말도 하지 않습니다. 아마 우리는 심지어 그러한 사람을 부럽게 생각하기조차 합니다. 세상은 분명히 그러한 사람에게 찬사를 보내는 것 같습니다. 그리고 그것을 하나의 오락거리로 여깁니다. 술취한 사람을 묘사하는 것이 일종의 유흥거리로 보이며, 음란한 사람을 묘사하고, 다른 사람의 아내를 도적질하여 간통하는 사람을 들먹이는 것을 재미거리로 여깁니다. 또 해서는 안 될 일을 행한 그런 사람을 그런 각도에서 봅니다. 하나님께서 우리에게 긍휼을 베푸시기를 원하나이다!

그러나 여러분도 알다시피 그러한 일은 결국 쟁탈을 불러오고 전쟁을 일으키며 국가들이 이러한 일을 행할 때 전쟁은 일어나고 맙니다. 전쟁은 궁극적으로 가진 자와 아무것도 가지지 않은 자 사이의 투쟁입니다. 어떤 크고 힘이 센 못된 나라가 작은 다른 나라를 취하고 싶어합니다. 그러면 그 나라 사람들은, '이것은 우리 것이다. 우리는 네게 그것을 내줄 수 없다'라고 말합니다. 그런 다음에 전쟁이 일어납니다. 그러한 일은 반복됩니다. 어떤 힘센 자가 자기가 원하는 것을 가집니다. 그러나 또 다른 힘센 고약한 자가 나도 그걸 조금 원한다고 말합니다. 그러면 그 두 힘센 자들 사이에 싸움이 벌어집니다. 인간 역사 전체는 그러하였습니다. 강한 자가 약자를 대하여 억누르고, 강한 자가 강한 자를 대적하여 싸우는 그러한 일의 연속이었습니다. 그것은 다름아닌 탐욕입니다. 이 정욕과 무율법과 과격함과 욕심입니다. 이것이 바로 육신의 정욕과 안목의 정욕과 이생의 자랑으로 특징지어지는 세상적 삶의 사고방식입니다. 야고보 사도는 그의 서신에서 우리가 잘 숙고해야 할 질문을 던지고 있습니다. "너희 중에 싸움이 어디로, 다툼이 어디로 좇아 나느뇨 너희 지체 중에서 싸우는 정욕으로 좇아난 것이 아니냐"(약 4:1). 바로 이것이 전체 인류 역사에 대한 성경의 평가입니다. 그렇기 때문에 세상은 바로 이 모양 이 꼴입니다.

자, 그것이 세상입니다. 그것이 바로 세상의 참모습이며, 세상이 빠지게 되는 국면이며, 자신을 드러내는 방식입니다. 그러나 바울은 "그러나 내게는 우리 주 예수 그리스도의 십자가 외에는 결코 자랑할 것이 없으니 그리스도로 말미암아 세상이 나를 대하여 십자가에 못박히고 내가 또한 세상을 대하여 그러하니라"고 말합니다. 저는 더 이상 세상과 상관할 것을 가지고 있지 않습니다. 십자가가 어떻게 우리에 대하여 세상을 십자가에 못박습니까? 그 질문에 대하여 몇 가지 해답을 드리려 합니다. 무엇보다 가장 먼저 세상이 진실로 어떠한가를 보여드림으로써 대답에 임하고자 합니다. 제가 여러분에게 강해하고 있는 이 책(성경) 외에는 세상의 진정한 본질과 성격을 보여 주는 것이 없습니다. 그리고 여러분은 주 예수 그리스도 안에서 바로 그것을 최상으로 발견합니다. 주 예수 그리스도는 하나님의 영원한 아들입니다. 그러나 그가 세상에 오셨습니다. 왜 그가 세상에 오셔야만 했습니까? 여러분은 그러한 질문을 생각해 본 적이 있습니까? 오직 한 가지 대답뿐입니다. 세상은 제가 여러분에게 묘사해 드린 대로입니다. 그것이 오직 유일한 대답입니다. 세상은 너무나 포악하고 썩어서 하나님의 아들이 오지 않고는 그 어느 것도 세상을 구원할 수 없습니다. 그래서 주님이 오셨고, 바로 그 주님이 오심으로써 우리의 눈이 열려 세상의 상태를 보게 된 것입니다. 그리스도를 떠나 있는 사람들은 "오, 아닙니다! 이보시오 그것은 너무 검은 그림이요, 당신은 염세주의자가 아닙니까?"라고 말합니다. 더 나아가서 "그렇게 세상 형편이 나쁜 것은 아니요. 아니, 이러한 일들은 바로잡아질 수 있소."

저는 "어떻게 바로잡을 수 있습니까?"라고 묻겠습니다.

그들은 이렇게 대답하겠지요. "그렇지요, 진정한 고통은 사람들이 충분한 교육을 받지 못한 데 있소."

그래서 사람들은 어떻게 하면 교육이 개선될까를 논의하고 토론하였습니다. 그러나 사람들이 아무리 교육을 잘 받는다 할지라도 그 난제는 여전히 존재할 것입니다. 수세기에 걸쳐 사람들은 이를 위해 노력해 왔습니다. 그런데 그것이 조금도 상태를 다르게 하지 못했습니다. 아니, 하나님의 아들이 세상에 오셨다는 바로 그 사실은 세상이 절망적이라는 것을 선언합니다. 만일 어느 다른 것이 이 세상을 구원할 수 있었다면, 하나님께서 모세를 통해 이스라엘 사람들에게 주신 율법이 그 일을 해냈을 것입니다. 그러나 그 율법이 구원하지 못했습니다. 율법은 철저하게 실패했습니다. 그렇기 때문에 하나님의 아들이 와야만 했습니다. 율법은 그리스도께 우리를 인도하는 몽학선생입니다. 율법은 구원하기 위해서 주어진 것이 아닙니다. 율법은 구원할 만큼 큰 것이 아닙니다. "율법이 육신으로 말미암아 연약하여 할 수 없는 그것을 하나님은 하시나니 곧 죄를 인하여 자기 아들을 죄 있는 육신의 모양으로 보내어 육신에 죄를 정하사"(롬 8:3). 오직 이 방식뿐입니다.

그러나 그가 이 세상에 오셨을 때 하신 그분의 말씀을 청종하시고 그분을 살펴보십시오. 또한 그분이 얼마나 달랐는가를 보십시오. 이사야 53장에 그분에 대한 묘사가 나타나 있습니다. "고운 모양도 없고 풍채도 없은즉 우리의 보기에 흠모할 만한 아름다운 것이 없도다." 그의 얼굴은 상해 있었습니다. 그의 외모에는 이생에서 자랑할 만한 것이 하나도 없었습니다. 또한 안목의 정욕을 불러일으킬 만한 것도 없었습니다. 그는 온유하였고 겸손하였습니다. 그는 순수하였고 정결하였고 거룩하였습니다. 그는 자신을 거룩하게 성별시키셨습니다. 그는 자신을 드리고 섬겼습니다. 비록 그가 영광의 주님이기는 하지만 사람들의 발을 씻기셨습니다. 하나님의 거룩한 율법에 철저하고 완전하게 복종했습니다. 바로 여기서는 그러한 그를 쳐다보라고 말합니다. 여러분은 세상이 어떠하다는 것을 압니다. 세상에는 소위 우리가 다 자랑하고 뽐내는 위대한 사람들이 있습니다. 그분 옆에 그들을 세워놓아 보십시오. 그러면 아무것도 없습니다. 그는 모든 자들을 정죄합니다. 그들이 그 주님 옆에 서 있으면 얼마나 하잘 것 없는 존재들입니까!

그러나 이 점을 더 살펴봅시다. 만일 세상이 어떠하다는 것을 알고 싶으면 세상이 그분에 대해서 행한 일을 살펴보십시오. 하나님의 아들이 하늘 보좌를 떠나 자신을 낮추시고 이 세상에 내려와 사람들을 치료하셨고 그들을 교훈하셨습니다. 그것을 위해서 자신을 드렸습니다. 그는 어떤 사람에게도 해를 끼치지 않았습니다. 그는 돌아다니면서 선을 행했습니다. 그런데 세상의 반응은 어떠하였습니까? 세상이 그를 미워하였고 핍박하였고 배척하였습니다. 그는 그분보다 살인자를 더 원했습니다. 세상은 그를 십자가에 못박아 죽였습니다. 그 십자가에서 그는 세상이 진정 어떠한 본질을 가지고 있는지 폭로하셨습니다. 오늘날 세상의 영리한 사람들은 십자가를 비웃고 있습니다. 또한 조롱하며 농담을 걸고 있으며, 그리스도의 피를 우스갯소리로 삼고 있습니다. 또한 그것을 비웃으려고 노력합니다. 그들은 그들의 조상이 1세기에 행했던 바로 그 일을 하고 있는 것입니다. 세상이 언제나 그리스도에 대하여 행한 일이 그러합니다. 그러나 또 다른 국면이 있습니다. 그리스도가 강조점을 두는 것은 세상이 강조하는 것과는 정반대입니다. 우리가 알았듯이 세상은 육체의 정욕과 안목의 정욕과 이생의 자랑을 강조합니다. 그런데 그분은 무엇을 강조하셨습니까? 세상이 전혀 말하지 아니하는 것을 강조하셨습니다. 그는 영혼을 강조하셨습니다.

그는 말씀하셨습니다. "사람이 만일 온 천하를 얻고도 제목숨을 잃으면 무엇이 유익하리요?" 세상에서 가장 미남인 남자나 가장 아름다운 여자라 할지라도, 그리고 언제나 가장 세련된 방식으로 옷을 입고 다니며, 가장 좋은 궁정에서 살고 있으며, 가장 훌륭한 자동차와 그 외 모든 것을 가지고 있다고 한들 그것이 무슨 소용이 있습니까? 온 세상을 다 얻고도 목숨을 잃으면 무엇이 유익하겠습니까? 그가 세상에 대하여 말하는 것이 바로 그것입니다. 그분은 십자가 위에서 그 점을 최상으로 말씀하십니다. "사람이…무엇을 주고 제 목숨을 바꾸겠느냐?"(막 8:36-37) 세상의 물질적인 복이나 세상을 개선하기 위해서 죽으신 것이 아니라 오직 사람들의 영혼을 위해서 죽으셨습니다. 우리 영혼을 구원하기 위함입니다. "인자의 온 것은 잃어버린 자를 찾아 구원하려 함이니라"(눅 19:10). 잃어버린 것은 영혼입니다. 세상은 그 점에 대해서 아무것도 알지 못하지만, 그러나 여러분 속에 영혼이 있습니다. 여러분 모두는 각자 속에 영혼이 있습니다. 우리 속에 있는 이 멸할 수 없는 것이 죽음과 종말이 옴에도 불구하고 계속 존재합니다. 아니, 그는 이 세상이 어떠한 거짓말을 하고 있는지를 폭로하셨습니다.

그는 부자와 나사로 비유를 말씀하셨습니다. 부자가 자기의 호화로운 집에서 호화로운 옷을 입고 아름다운 두루마기를 걸치며 만족하면서 자기 친구들과 더불어 음식을 마음껏 먹습니다. 그러나 불쌍한 거지는 문 앞에 앉아 개들이 그 상처를 핥는 아픔을 겪습니다. 주께서 결국 이렇게 말씀하신 셈입니다. "피상적으로 판단하지 말라. 그것은 이야기의 끝이 아니다." 주님은 아브라함의 품에 있는 나사로와 지옥의 고통을 당하는 부자를 그려 줍니다. 여러분은 세상의 생각과 사고방식, 아버지와 하나님의 아들의 생각과 사고방식 사이에 존재하는 차이를 알 수 있습니다. 그는 이 세상이 진정 어떠한가를 밝혀주십니다. 여러분이 그리스도를 만나는 순간, 곧바로 세상을 여러분의 원수요 무가치한 것으로 여기게 됩니다. 그 속에 죽음의 원리를 가지고 있음을 알게 될 것입니다. 그러므로 여러분은 더 이상 세상을 위해서 살거나 그것을 뽐내지 않을 것입니다.

> 으리으리함 뽐내고 권세를 자랑하지만,
> 그 모든 아름다움, 그 모든 풍부
> 다 같이 피할 수 없는 시간이 오면,
> 그 자랑의 길은 결국 무덤에야 이르게 되네.
>
> 토마스 그레이(Thomas Gray)

그러나 잠시만 기다리십시오. 그것이 끝이 아닙니다. 세상 사람은 그것이 끝이라고 생각합니다. 그러나 그렇지 않습니다. 우리 주님이 십자가에서 세상의 운명을 보여 주셨기 때문입니다. 주님은 세상의 성격뿐 아니라 그 세상이 맞을 운명을 보여 주십니다. 그래서 사도는 십자가를 자랑하는 것입니다. 요한은 "이 세상이나 세상에 있는 것들을 사랑치 말라…이는 세상에 있는 모든 것이 육신의 정욕과 안목의 정욕과 이생의 자랑이니 다 아버지께로 좇아 온 것이 아니요 세상으로 좇아 온 것이라 이 세상도 그 정욕도 지나가되…"(요일 2:15-17)라고 말합니다. 그것은 지나갑니다. 여러분과 제가 속해 있는 이 세대 가운데 있는 많은 것들이 지나가고 있습니다. 50세(로이드 존스 목사님이 이 설교를 할 때의 나이가 64세였음―역자주)를 지나는 동안 얼마나 많이 변했습니까! 세상과 그 영광도 우리가 보는 대로 죽어가고 있습니다. "내 주위에 있는 모든 것 속에서 변화와 부패가 나타납니다." 그러나 그것은 이 세상의 마지막에 일어날 것과 비교하면 아무것도 아닙니다. 왜냐하면 마지막으로 세상은 심판받을 것이기 때문입니다. "…온 세상은 악한 자 안에 처한 것이며"(요일 5:19). 십자가를 지시기 바로 직전에 우리 주님께서는 "이제 이 세상의 심판이 이르렀으니 이 세상 임금이 쫓겨나리라"(요 12:31), 즉 '이는 세상의 심판이다, 나는 죽어가고 있다, 세상을 심판하기 위해서 나는 죽는 것이다' 라고 말씀하십니다.

하나님의 계시인 성경의 메시지는 처음부터 끝까지 세상이 끝이 있으며 끝은 심판이라는 것입니다. 하나님의 그리스도는 다시 세상에 오실 것이고 세상을 심판하실 것입니다. 우리가 듣기로 거의 모든 사람들이 애송한다는 구절의 말씀을 들어보십시오. "하나님이 세상을 이처럼 사랑하사 독생자를 주셨으니 이는 저를 믿는 자마다 멸망치 않고 영생을 얻게 하려 하심이라." 그를 믿으면 멸망치 않을 것이고, 그를 믿지 않으면 멸망할 것입니다. 그것이 요한복음 3:16의 진술입니다. 세상은 심판 아래 있습니다. 세상은 멸망당할 것입니다. 하나님과 대적하는 모든 것은 심판받을 것이며 멸망하고야 말 것입니다. 이 온 우주가 하나님의 아들의 다시 오심으로 말미암아 심판받을 날이 임박하였습니다. 그에게 속하지 않고 세상에 속해 있는 모든 것은 영원히 멸망할 것입니다. 당혹한 인간들이 "…바벨론이여 무너졌도다 무너졌도다"(계 14:8)라고 울부짖게 될 날이 오고 있습니다.

바벨론은 무엇입니까? 그리스도 없는 세상입니다. 그리스도 없는 런던이요, 그리스도 없는 뉴욕입니다. 그리스도 없는 현대는 지옥 같은 곳입니다. 저 큰 바벨론이 무너졌고 무너졌습니다. 그처럼 위대하고 놀랍고 여러 궁정들과 큰 일을 벌이던 바벨론, 모든 왕과 임금들이 왕래하던 그 바벨론, 땅의 귀인들이 자기들의 팔 것을 가지고 왔던 바벨론, 사람들은 그 바벨론을 자랑했습니다. 그들은 말하기를, 바벨론은 얼마나 위대한가라고 하였습니다. 그것이 그리스도 없는 세상입니다. 그러나 그리스도께서 세상을 심판하시고 바벨론이 무너질 날이 이르고 있습니다. 그날이 되면 그 모든 것은 지푸라기처럼 파쇄되고 아무것도 아니게 될 것입니다. 십자가 위에서 그리스도는 "지금은 이 세상이 심판받을 때라"고 말씀하십니다. 그는 일어날 일을 예언하십니다. 그는 심판장이 되실 것입니다. 사도 바울은 아덴 사람들에게 "이는 정하신 사람으로 하여금 천하를 공의로 심판할 날을 작정하시고 이에 저를 죽은 자 가운데서 다시 살리신 것으로 모든 사람에게 믿을 만한 증거를 주셨다"고 말하였습니다.

요한계시록 20:12-13은 책이 펼쳐지고 그 앞에 모든 각 사람이 서게 될 것이라고 말합니다. 바다에서 죽은 자들, 땅에서 죽을 자들, 공중에서 사라진 자들, 그 모든 자들이 마지막 심판 날에 그 앞에 돌아와 서게 될 것입니다. 성경 전체의 단순한 메시지는 사람과 그 능력을 믿고 하나님을 반대하는 세상은 결국 심판을 받아 영원한 비참과 멸망에 처하게 될 것이라고 말하고 있습니다. 바울이 십자가를 자랑하는 이유를 이제 여러분은 아셨습니다. 우리 중 어느 누구든지 세상에 임할 그 멸망에서 건져내는 것은 십자가뿐입니다. 온 세상은 하나님 앞에서 죄책을 지니고 있습니다. "하나님의 진노가 불의로 진리를 막는 사람들의 모든 경건치 않음과 불의에 대하여 하늘로 좇아 나타나나니"(롬 1:18). 온 세상은 심판을 받아 멸망하게 되어 있습니다. 우리는 이 세상에 태어날 때 다 세상에 속하여 태어났습니다. 그 세상에서 구별되지 않는 한 그 운명을 함께 당할 것입니다. 저는 주 예수 그리스도의 십자가 외에는 결코 자랑할 수 없습니다. 그로 말미암아 세상이 저를 대하여 십자가에 못박히고 저는 세상에서 건진 바 되었습니다. 어떻게? 저는 이 점을 명백히 해야겠습니다. 그 십자가 위에서 주 예수 그리스도는 세상에 속한 모든 사람들에게 임할 심판을 스스로 담당하셨습니다. 그렇기 때문에 그가 죽으셨고, 그가 사람들의 죄의 형벌을 받고 계셨습니다.

그러니 그를 믿고 그 모든 것을 알았다고 합시다. 그리고 그 세상의 심판에서 면할 길이 오직 한 길밖에 없음을 깨닫고, 나아가 그리스도께서 여러분을 위해서 형벌을 담당하셨음을 알았고, 그가 나무에 걸려 자신의 몸으로 여러분의 죄를 담당하셨으며 여러분의 형벌을 받으셨다고 깨달았다면, 다시 말하자면 이 모든 것을 알았다면 여러분은 세상에서 구별되어 나온 자들입니다. 그래서 세상이 멸망하게 될 때 여러분은 구원받고 멸망에 사로잡혀 들어가지 않을 것입니다. 그리스도의 십자가는 우리 모두를 악한 세상이 기다리고 있는 운명으로부터 건져냅니다. 그 십자가만이 그렇게 할 수 있습니다. 우리가 알았듯이 심판은 반드시 있어야 합니다. 그 심판이 그분 위에 내려졌고 만일 내가 그를 믿는다면 그 심판이 내게 임하지 않을 것입니다. 나는 더 이상 세상에 속해 있지 않습니다. 나는 그리스도에게 속해 있습니다. 왜냐하면 그가 우리를 세상에서 구별시켰을 뿐 아니라 자기와 자기 나라를 위하여 우리를 구별하셨기 때문입니다.

그리스도인은 어떠한 사람입니까? 바울은 골로새 사람들에게 그리스도인은 흑암의 나라에서 하나님의 사랑하는 아들의 나라로 옮긴 자라고 말합니다. 나는 더 이상 세상에 속해 있지 않습니다. 그리스도의 나라, 빛의 나라, 영광의 나라, 하나님의 나라에 속해 있습니다. 나는 그 나라에 있고 세상은 나와 상관이 없습니다. 나는 세상에 속해 있지 않습니다. 나는 다른 나라에 속해 있습니다. 오, 나는 이 세상 안에 여전히 존재하기는 하지만 나는 더 이상 그 세상에 속해 있지 않습니다. 나는 옮기워졌습니다. 내 시민권은 하늘에 있습니다. 우리는 거기로부터 구주를 기다립니다. 또한 우리가 영원히 그 주와 함께 거하게 될 것을 압니다. 주님께서 십자가에 죽으심으로 인해서 나를 세상에서 구별시켜 그의 나라로 옮기시고, 나를 하나님께 소개시키셨으며, 하나님의 자녀 되게 하셨습니다. 그리고 영원한 복락을 이어받는 자가 되게 하셨습니다.

그래서 나를 현혹시키고 황홀케 하고 참 놀랍고 그 영광이 대단히 눈부시다고 생각하게끔 하는 세상을 다시 살펴보아야겠습니다. 그런 것들 때문에 나는 다른 사람들과 다투기를 잘합니다. 그것들을 원하고 이것 저것이 되는 것이 얼마나 놀라운가라고 생각합니다. 그러나 이제 그를 알고 그가 이룩한 진리를 알게 되었으니 다시 그것들을 살펴보면서 이렇게 말합니다.

> 내 모든 가장 풍성한 것 아무것도 아니고
> 내 모든 교만 헛된 줄 알고 버리네.
>
> 아이작 왓츠(I. Watts)

그는 나를 세상에서 건지셨습니다. "누구든지 그를 믿는 자마다 멸망치 않고 영생을 얻게 하려고" 죽으셨습니다. 더 나아가서 세상보다 더 큰 힘을 나에게 주셨습니다. 요한 사도의 말을 들어보십시오. "너희는 하나님께 속하였고 또 저희를 이겼나니 이는 너희 안에 계신 이가 세상에 있는 이보다 크심이라", "대저 하나님께로서 난 자마다 세상을 이기느니라 세상을 이긴 이김은 이것이니"(요일 4:4; 5:4). 그가 또한 다른 것을 행하신 것에 감사합니다. 하나님께서는 저 진정하고 정결하고 거룩한 세계, 앞으로 다가올 그 다른 세계에 대해서 얼핏 모습을 보여 주시기도 합니다. 이 옛 세상은 절대로 고쳐지거나 개혁될 수 없습니다. 역사 전체가 그 점을 증거합니다.

그러나 그리스도께서 자기 원수들을 심판하시고 멸하려고 다시 오실 때—세상에 속해 있고 저희 안에 아버지의 사랑을 전혀 갖지 아니한 모든 사람들을 아울러 심판하러 오실 때—그는 새 세계를 건설하실 것입니다. "우리는 그의 약속대로 의에 거하는 바 새 하늘과 새 땅을 바라보도다"(벧후 3:13). 새로워진 우주, 완전한 우주가 어느 곳에서나 영광으로 찬란할 것입니다. 주님의 영광이 물이 바다를 덮음과 같이 만물을 덮을 것입니다. 만일 여러분이 그와 그 메시지를 믿는다거나 갈보리 언덕 십자가 위에서 죽으신 바로 그분이 영광의 주라는 사실을 믿고, 여러분을 구원하고 세상에서 여러분을 구별시키며 오는 그 영광을 위하여 여러분을 준비시키기 위해서 죽으셨음을 믿는다면, 여러분은 그 안에 있을 것이고 그 안에서 영화롭게 될 것입니다. 그리고 그 영광 속에서 그분과 함께 영원히 거하게 될 것입니다.

사도 바울이 이 사실을 알게 되고 나마저 하나님의 은혜로 그것을 알게 되었을 때와 같이 사람이 이것을 알게 될 때 이렇게 말하지 않을 수 없습니다.

주여
은혜로 말미암아
시온성의 백성이 되었다면
세상이 헛된 일을 꿈꾸고 소란할지라도
주의 이름으로 자랑하리이다
세상의 즐거움은 사라져 가고
그 모든 겉치레와 사랑도 모두 사라져 가네
견고한 기쁨과 영속적인 보배를 아는 이는
시온 백성들밖에 없네.

존 뉴톤(J. Newton)

여러분은 무엇을 자랑하고 있습니까? 여전히 세상을 자랑하고 있습니까? 두 가능성만이 있습니다. 어떤 모양으로나 형체든지 세상을 자랑하든지, 아니면 주 예수 그리스도의 십자가를 자랑하든지 둘 중에 하나입니다. 그리스도 예수로 말미암아 십자가가 여러분을 대하여 못박히고 그리스도의 십자가로 말미암아 그리스도와 함께 영원한 영광을 나누기 위하여 이 시간, 이 세상에 있을 때 세상에서 건짐을 받으셔야 합니다.

5

십자가의 승리

"그러나 내게는 우리 주 예수 그리스도의 십자가 외에 결코 자랑할 것이 없으니 그리스도로 말미암아 세상이 나를 대하여 십자가에 못박히고 내가 또한 세상을 대하여 그러하니라"(갈 6:14).

이 위대한 구절을 연구해 감에 따라서 그리스도인에게는 십자가가 이제까지 있었던 일 가운데 가장 놀라운 일임을 알았습니다. 이 점에 대하여 분명해야 하는 것은 매우 중요합니다. 저는 그것을 이렇게 표현해 보겠습니다. 기독교회는 언제나 우리 주님의 죽으심을 높여 "좋은 금요일"(Good-Friday)이라고 불리는 날을 가리켜 왔습니다. 그것은 매우 옳습니다. 어떤 사람이 제게 와서 이런 말을 한 것이 기억납니다. "아시다시피 목사님이 이날을 왜 좋은 금요일로 부르시는지 그 이유를 잘 모르겠습니다." 그러면 우리가 그것을 무어라고 부르면 되겠느냐고 물었을 때 그 사람은, "오히려 나쁜 금요일이라고 불러야지요. 그날에 매우 끔찍한 일이 일어났지 않습니까? 왜 그날을 좋은 금요일이라고 부릅니까?" 물론 그렇게 말함으로써 그 가련한 사람은 자기가 진정으로 십자가의 의미를 이해한 적이 없음을 드러낸 셈입니다. 그는 결코 십자가에서 일어난 일을 이해한 적이 없습니다. 그날을 "좋은 금요일"이라고 부르기를 반대하는 사람은 자기가 십자가를 결코 자랑한 적이 없음을 인정하는 사람입니다. 그날은 십자가에서 일어난 놀라운 일 때문에 좋은 금요일입니다. 또한 하나님의 아들이 우리 각자가 구원받을 수 있는 오직 유일한 행사를 그 금요일에 이루셨기 때문에 좋은 금요일입니다. 그 일이 아니고서는 우리 중 어느 누구도 하나님을 아는 지식에 이를 수 없었습니다.

자, 바로 그것은 십자가를 자랑한다고 말하는 또 다른 방식입니다. 인류 역사 가운데서 가장 훌륭한 날인 그 좋은 금요일을 자랑하는 것이 바로 그 십자가를 자랑하는 또 다른 방식이란 말입니다. 내가 그렇게 말하는 이 순간에 주 예수 그리스도에 관한 이 말씀을 숙고하고 있는 모든 각 사람의 관점을 시험하고 있다는 것을 압니다. 만일 그 십자가가 좋고 영광스럽고 놀랍고 있었던 일 가운데서 가장 좋음을 아는 것으로만 끝나면 여러분은 잘못을 범하고 있으며 그 십자가를 잘못 해석하고 있는 것입니다. 사도는 그것을 자랑합니다. 사도가 왜 그렇게 하는지 그 이유에 대해서 우리는 알았습니다.

우리는 계속해서 사도가 그렇게 십자가를 자랑하는 이유에 대해서 생각해 나가고 있습니다. 사도는 십자가가 우리의 대원수인 세상으로부터 우리를 건져내고 구원하는 방편이라고 말하고 있습니다. 사람이 주 예수 그리스도의 인격과 영광을 진실로 충분히 아는 것도 그 안에서입니다. 또한 하나님 아버지의 영광―하나님 아버지에 대한 진리를 아는 장소와 활동도 됩니다. 우리 모두에게 있어서 고통거리는 십자가의 위대함과 장엄함과 그 넓이를 전혀 알지 못했다는 점임을 저는 확신합니다.

그러나 우리는 계속해서 이 십자가를 깊이 연구해야 합니다. 그것은 우리가 다루어 왔던 모든 것들을 완성지어 줍니다. 그러나 지금은 또 다른 국면에 주의를 기울이고 싶습니다. 마귀의 권세에서 우리를 건지는 방식을 그 십자가 안에서 발견하기 위하여 그 십자가를 살펴보고 싶습니다. 저는 여러분이 얼마나 자주 십자가를 그와 같이 생각하는가에 대해서 의문을 가집니다. 십자가는 위대한 승리입니다. 말하자면 지상의 큰 전투와 큰 갈등과 큰 전쟁의 마지막 결판입니다. 그러므로 승리자로서, 정복자로서의 예수 그리스도를 보여 주는 방면에서 그 십자가를 주목해 보려 합니다. 우리는 때로 "평화의 임금, 가장 놀랍고 기운찬 승리자…"라는 찬송을 부릅니다. 여러분은 그러한 국면에서 십자가를 얼마나 자주 생각하는지? 십자가를 생각할 때 그 십자가에서 본능적으로 보는 것이 무엇입니까? 여러분은 무엇을 발견합니까? 거기서 이 모든 것들을 다 봅니까?

그래서 저는 문제의 이 국면을 살펴보고 싶습니다. 그와 관련하여 골로새서 2:15의 말씀이 있습니다. 바울은 거기서 그 문제를 매우 분명히 지적하고 있습니다. "정사와 권세를 벗어버려 밝히 드러내시고 십자가로 승리하셨느니라." 바울은 바로 그 일이 십자가에서 일어났다고 말합니다. 거기서 일어나는 일은 주님께서 "우리를 거스리고 우리를 대적하는 의문에 쓴 증서를 도말하시고 제하여 버리사 십자가에 못박으신"(골 2:14) 일이라고 말하고 있습니다. "정사와 권세를 벗어버려 밝히 드러내시고 십자가로 승리하셨느니라"(밝히 드러내셨다는 것은 그것들〈정사와 권세〉을 우습게 만드셨다는 말임). 십자가는 하나님의 아들이 마귀와 그의 세력과 권세들을 이긴 것을 놀랍게 드러내고 있습니다.

우리는 이제 십자가를 다음과 같이 살펴봅시다. 이 주제는 성경을 믿는 자들에겐 우리가 앞에서 생각한 문제로부터 매우 논리적이고 필연적으로 따라 나오는 것입니다. 사도가 십자가를 자랑하는 것은 십자가를 통해서 세상이 자기에 대하여 십자가에 못박히고, 또한 자기가 세상에 대하여 십자가에 못박힌 때문이라고 말하고 있습니다. 우리는 그 말이 무엇을 의미하는가를 알았습니다. 또한 우리의 개인적인 삶이나 오늘날 세계 전체의 삶이 안고 있는 모든 고통거리는 세상이 이러한 모양을 취하고 있다는 사실에 기인함을 알았습니다. 사람으로 하여금 하나님을 떠나게 하고 전쟁의 원인이 되게 하는 바로 이 사고방식이 모든 고통의 원인입니다. 저는 이미 그 점을 증거했다고 생각합니다. 그렇습니다. 그러나 우리는 그것만으로는 만족할 수 없습니다. 우리는 또 다른 질문을 던져야 합니다. 왜 세상이 이 모양인가? 어째서 세상이 그와 같아야 하는가?

자, 이제 여러분에게 제안하는 바는 우리가 던졌던 가장 심오한 질문들 가운데 하나에 속합니다. 그 문제는 성경이 언제나 던지는 문제입니다. 왜냐하면 성경은 오늘날 이 세상에서 가장 심오한 책이기 때문입니다. 예배당에 가지 않는 영리한 사람들이 있습니다. 오늘날 영국의 90%의 사람들이 이에 해당됩니다. 그러면 그들은 주일을 어디서 보냅니까? 예, 그들은 일요 신문을 읽고 있습니다. 제가 뜻하는 것은 반드시 법정이나 경찰 당국에서 발표한 기사를 뜻하는 것은 아닙니다. 논문들—위대한 사상가들에 의해서 쓰여진 논문들—과 철학, 역사, 여러 다른 문제들에 대해서 쓰여진 학식 있는 책들의 서평을 읽고 있는 현학적이고 영리한 사람들을 두고 하는 말입니다. 이 사람들은 학식과 지식 때문에 오래 전에 기독교를 염두에 두기를 포기한 사람들입니다. 이 사람들은 이 세상에 대해서 무엇을 할까, 어떻게 하면 세상을 바르게 할까에 대하여 진정한 관심을 가진 사람들입니다.

그런데 그들 모든 사람들에게 있어서 큰 고통거리는 너무나도 말할 수 없이 피상적이라는 데 있습니다. 저는 그들에 대해서 그렇게밖에는 말할 수 없습니다. 그래서 세상은 결코 달라지지 않습니다. 그렇기 때문에 모든 문명이 영향을 받지 않습니다. 수세기에 걸친 그 모든 노력에도 불구하고, 오늘날과 같이 세계가 이 무서운 곤경에 처해 있는 것도 바로 그 때문입니다. 고통은 전적으로 인간들의 조건과 세상의 조건이 안고 있는 난제를 심오한 방식으로 대면해 본 적이 없다는 사실에 기인합니다. 모두 다 얼마나 피상적인지 모릅니다. 정말 깜짝 놀랄 일입니다. 그런데도 그런 일이 계속됩니다. 한 주간도 못 되어서 새로운 위원회가 형성되어 어떠한 새로운 조사단이 구성되는 것을 봅니다. 그들은 여러 난제들과 비행 소년들과 그 밖의 모든 다른 일들을 해결하려 합니다. 그러나 그런 일은 전에도 다 해본 일입니다. 새로운 것은 하나도 없습니다. 그것은 그들이 근본적인 문제를 전혀 제기하지 않았기 때문입니다.

근본적인 문제는 왜 상황이 이러한가? 세상이 어째서 이 모양인가? 이 세상적인 사고방식이 어떻게 해서 존재하게 되었는가? 바로 그것이 문제입니다. 그것은 심오한 질문입니다. 성경만이 제기하고 그 해답을 줄 수 있는 질문이라고 저는 강하게 주장합니다. 저는 여러분 앞에서 해답을 제시하려 합니다. 그 해답은 마귀와 그의 세력과 그의 권세들에 대한 이 위대한 성경 가르침을 내용으로 하고 있습니다. 저는 이 시점에서 모든 증거들을 여러분에게 다 수렴시킬 수는 없습니다. 그러나 누가복음 11:14에 나오는 우리 주님 자신의 가르침 속에 나타나는 가장 중요한 몇 개의 증거들을 지적해야겠습니다. "예수께서 한 벙어리 귀신을 쫓아내시니 귀신이 나가매 벙어리가 말하는지라 무리들이 기이히 여겼으나 그 중에 더러는 말하기를 저가 귀신의 왕 바알세불을 힘입어 귀신을 쫓아낸다 하고 또 더러는 예수를 시험하여 하늘로서 오는 표적을 구하니."

자, 이것이 우리 주님의 가르침입니다. 주님께서는 "그러나 내가 만일 하나님의 손을 힘입어 귀신을 쫓아내는 것이면 하나님의 나라가 이미 너희에게 임하였느니라"(20절)고 말씀하십니다. 그런 다음에 "강한 자가 무장을 하고 자기 집을 지킬 때에는 그 소유가 안전하되 더 강한 자가 와서 저를 이길 때에는 저의 믿던 무장을 빼앗고 저의 재물을 나누느니라"고 덧붙여 말씀하십니다. 우리 주님께서 이 세상에 하고 계셨던 일에 대한 우리 주님 자신의 진술입니다. 주님은 강한 사람이 무장을 하고 자기의 처소를 지킬 때는 그 소유가 안전하다고 말씀하십니다. 바로 그것이 이 세상과 이 세상에 있는 인생에 대한 우리 주님의 묘사방법입니다. 이 세상에서의 삶은 마치 어떤 무장한 강한 자가 죄인을 지배하는 큰 궁정과 같습니다. 그리고 그의 소유가 안전합니다. 이 말은 그가 그 소유를 지배하고 있으며, 통치하고 있으며, 조정하고 있다는 뜻입니다. 그것들은 그에 대해서 아무것도 할 수 없습니다. 도망칠 수도 없습니다.

그런데 주님께서는 말씀하십니다. "더 강한 자가 와서 저를 이길 때에는." 이는 주님 자신에 대한 묘사입니다. "저의 믿던 무장을 빼앗고 저의 재물을 나누느니라." 그는 꼼짝 못하고 묶여 있던 이 소유들을 풀어내어 자유케 하실 것입니다. 바로 그것이 우리 주님께서 이 세상에서 하신 일에 대한 주님 자신의 묘사입니다. 주님은 자신의 포악한 권세로 사람들을 꼼짝 못하게 지키고 있는 "강하게 무장한" 마귀를 대적하러 오셨습니다. 사도행전의 가르침을 통해서 발견되는 것이지만, 이 가르침에 대한 한두 개의 예화를 더 들겠습니다. 제가 여러분에게 이 증거를 드리는 것은 오직 한 가지 이유 때문입니다.

오늘 세상에 살고 있는 보통 사람들은 대부분 마귀와 그의 권세를 믿지 않을 뿐 아니라 굉장한 우스갯소리 정도로 생각하고 있습니다. 저는 그 점을 압니다. 교회에 나오는 사람들 가운데서도 마귀를 더 이상 믿지 않는 자들이 참으로 많습니다. 우리는 모두 너무나 영리해졌습니다. 그렇기 때문에 세상은 갈수록 더욱더 악해지는 것입니다. 온 세상을 진실로 고통케 한 자의 존재를 믿지 않습니다. 그러므로 고린도후서 4:3-4를 읽어보십시오. "만일 우리 복음이 가리웠으면 망하는 자들에게 가리운 것이라 그 중에 이 세상 신이 믿지 아니하는 자들의 마음을 혼미케 하여 그리스도의 영광의 복음의 광채가 비취지 못하게 함이니 그리스도는 하나님의 형상이니라." 이 세상의 신이 사람들을 어두움에 묶어 두고 있습니다.

에베소서 2:1 이하에 있는 또 다른 구절을 생각해 보십시오. "너희의 허물과 죄로 죽었던 너희를 살리셨도다 그때에 너희가 그 가운데서 행하여 이 세상 풍속을 좇고 공중의 권세 잡은 자를 따랐으니 곧 지금 불순종의 아들들 가운데서 역사하는 영이라." 에베소서 6:12에 있는 바울의 말을 청종하십시오. "우리의 씨름은 혈과 육에 대한 것이 아니요 정사와 권세와 이 어두움의 세상 주관자들과 하늘에 있는 악의 영들에게 대함이라."

사도 바울만이 그렇게 가르치는 것은 아닙니다. 모든 사도들이 자기들의 복되신 구주 예수님으로부터 배운 그 가르침을 되풀이해서 말하고 있습니다. 그래서 사도 요한은 요한일서 5:18-19에서 그 점을 이렇게 나타냅니다. "하나님께로서 난 자마다 범죄치 아니하는 줄을 우리가 아노라 하나님께로서 나신 자가 저를 지키시매 악한 자가 저를 만나지도 못하느니라 또 아는 것은 우리는 하나님께 속하고 온 세상은 악한 자 안에 처한 것이며." 이 말씀은 온 세상이 악한 자의 품에 들어 있다는 뜻입니다. 그 악한 자는 사람들을 자기 팔로 어거하고 있습니다. 그들을 꼭 붙잡고 다른 데로 빠져 나가지 못하도록 붙잡고 있습니다. 온 세상을 말입니다.

이상 우리가 생각한 요점들은 성경 교훈의 실례들에 불과합니다. 제가 여러분에게 지적하고 싶은 것은, 이것이야말로 세상이 왜 이러한가를 설명하고 있다는 점입니다. 지금은 이 문제를 대면해야 될 때가 아닙니까? 왜 상황이 이렇게 되어 있습니까? 왜 우리는 제1, 2차 세계대전을 겪어야 했습니까? 어떤 사람은 카이제르나 무솔리니나 히틀러 때문이라고 말합니다. 여러분은 그 말을 믿습니까? 무엇이 그들로 하여금 그렇게 만들었습니까? 그들에게 거기에 대한 주요한 책임이 있다 할지라도 그들로 하여금 그들 되게 한 것은 무엇입니까? 단순히 사람이 그렇게 했습니까? 우리는 단순히 혈육에 대해서 싸우고 있습니까? 오늘의 사람들에게 있어서 문제는 무엇입니까? 우리가 누리고 있는 모든 이점과 모든 교육 등에 비추어 볼 때 왜 이 도덕적인 시궁창에 빠져 있는 것입니까? 그뿐 아니라 정말 믿어지지 아니할 정도의 어리석음이 왜 날마다 우리 앞에 빼놓지 않고 전개되고 있습니까? 왜 사람들은 그처럼 광적이고 무지한 방식을 믿습니까? 왜 사람들은 오늘날 세상이 이러한 모양인데 그 세상의 상황들을 보고 즐거워할 수 있습니까? 어떻게 그것을 설명해야겠습니까?

성경만이 제시하는 해답은, 그것은 단순히 인간 본성에 기인하는 것만은 아니라는 것입니다. 사람은 어리석습니다. 우리 모두는 미련합니다. 그러나 그것만으로는 현재 상태를 충분히 설명하지 못합니다. 인간 개개인의 존재 상태가 그것만으로는 다 설명되지 않는다는 말입니다. 우리는 모두 무언가 잘못되어 있다는 것을 알고 그것을 개선하려고 무던히 애를 씁니다. 그러나 언제나 실패합니다. 세상을 개선하려는 모든 인간의 노력을 무산시키고 모든 인간의 애씀을 망쳐 버리는 그것은 무엇입니까? 더욱더 문명화시키려는 모든 노력에도 불구하고 세상이 오늘날과 같은 상황에 빠진 것은 무엇 때문입니까? 인간의 운명을 망쳐 놓고 인간을 언제나 잡아 끌어내리는 이것이 도대체 무엇입니까? 그것이 문제입니다.

성경은 그 질문에 대한 해답을 가지고 있습니다. 오직 한 가지 해답만이 있습니다. 인간 본성만이 거기에 해당되는 것은 아닙니다. 우리는 혈과 육에 대해서 싸우지 않습니다. 진화론적인 낙후성으로 호통당하고 있는 것이 아닙니다. 그 낙후성이 끝나려면 더 기다려야 할까요? 절대로 그렇지 않습니다. 상향(上向) 운동의 증거는 전혀 없습니다. 세상은 오늘날과 같은 이 무섭고 처참한 상황에 언제나 처하여 있었습니다. 문제의 원인은 사람이 아닙니다. 사람 뒤에 더 깊은 무엇이 있습니다. 성경적인 대답은 그것이 마귀라고 말합니다. "우리의 씨름은 혈과 육에 대한 것이 아니요 정사와 권세와 이 어두움의 세상 주관자들과 하늘에 있는 악의 영들에게 대함이라"(엡 6:12).

저는 할 수 있는 한 요약하여 이 점을 말씀드리겠습니다. 성경에 의하면, 세상이 가진 전체 고통은 마귀라 불리우는 이 놈에 의해서 시작된 것입니다. 여러분도 알다시피 눈에 보이지 않는 영적인 세계가 있습니다. 그렇기 때문에 세상이 잘못되어 가는 것입니다. 여기서 정치가들이나 철학자들이나 다른 어느 누구를 비평하려는 것이 제 의도는 아닙니다. 다만 그들의 모든 노력이 쓸모 없고 아무것도 아니게 된다는 것은 너무나 자명한 이치입니다. 왜냐하면 그들은 눈에 보이지 않는 영적인 세계를 알지 못하기 때문입니다. 그들은 언제나 눈에 보이는 영역에서 활동합니다. 그들은 인간 본성에 대하여 생각하고 그들을 조사하고 인간 본성을 이해하려 합니다. 성경에 따르면 우리에게 부단히 영향을 미치는, 눈에 보이지 않는 영적인 세계가 있습니다.

그 세계는 주로 두 부류로 나뉩니다. 성부, 성자, 성령 하나님이 계십니다. 그리고 또 다른 편에는 마귀와 그 세력들과 권세들이 있습니다. 그리고 마귀가 다스리고 조종하는 정사들과 권세들이 있습니다. 이 가르침에 따르면 이러한 모든 권세들은 이 세상과 인간의 생각에 영향을 끼치고 있습니다. 개별적으로나 전체적으로나 이 순간에 사람들이 처하여 있는 곤경을 온전히 설명하는 것은 이러합니다. 그 곤경은 마귀와 그 권세들의 역사와 활동과 노력의 결과입니다. 그런데 이 점에 대해서 상세한 것을 가지고 있는 것은 아닙니다. 우리가 말씀을 통해서 듣는 바는, 마귀가 존재하며 사람이 창조되는 순간에 그 능력을 나타내었다는 점입니다. 실로 사람보다 먼저 그 마귀가 존재했습니다. 그는 천사적인 존재입니다. 천사라는 존재들도 모두 다 하나님께 창조받았습니다.

하나님께서는 모든 것을 완전하게 만드셨습니다. 그러나 그처럼 큰 권능을 부여받은 나머지, 자기의 교만과 무례함으로 하나님을 대적하여 배역한 이 자에 대한 것을 성경에서 듣습니다. 그는 하나님께 복종하고 하나님의 종이 되는 것에 만족하지 못했습니다. 그는 하나님과 동등되기를 원했습니다. 그래서 하나님을 향하여 모반하였고 여러 다른 천사들을 설득하여 자기와 같은 보조를 취하게 했습니다. 그래서 마귀와 타락한 천사들이 생긴 것입니다. 그들은 어떻게 하면 하나님을 넘어뜨릴까 하는 생각으로 사로잡혀 있는 자들입니다. 마귀는 하나님을 미워합니다. 그래서 그가 타락한 것입니다. 그러나 그가 타락한 이래 그는 하나님을 훨씬 더 미워했습니다. 마귀에게는 오직 한 가지 야망만이 있습니다. 그것은 하나님의 세계를 무너뜨리는 것입니다. 하나님께서 세상을 창조하셨고 완전하게 만드셨습니다. 그리고 사람을 하나님의 형상대로 만드셨습니다. 그래서 사람이 완전하게 만들어졌습니다. 마귀는 하나님을 미워하고 그 이름과 그 영광을 손상시키는 가장 좋은 방법은 하나님의 창조 질서를 파괴시키는 것임을 알았고, 그래서 사람에게 다가와 시험했습니다. 사람은 어리석게도 그 말을 들었고 그도 타락했습니다. 사람은 죄의 상태로 빠지게 되고 온 우주를 끌고 죄 가운데로 들어간 것입니다. 그것이 바로 고통에 대한 성경의 설명입니다. 여러분도 알다시피 그것은 오래 전에 시작되었습니다.

그래서 성경은 에덴 동산에서 그 역사를 시작합니다. 성경은 최초의 인간과 그 인간의 창조와 조건에 관심을 가집니다. 성경은 말합니다. 세상에 있는 모든 고통거리는 사람의 최초의 실수와 오류로부터 결과했다고 말입니다. 그는 마귀의 말을 듣고 마귀가 자기보다 먼저 한 것처럼 자신을 오만하게 세우고 온 창조 세계를 자기와 함께 끌어내렸습니다. 그렇듯이 성경에 따라서 그 결과는 바로 그렇게 된 것입니다. 저는 이러한 여러 가지 인용구들 가운데서 그 점을 여러분에게 지적해 드렸습니다. 마귀의 시험과 유혹에 청종한 인간은 마귀의 노예가 되었습니다. 그는 마귀의 손아귀에 잡힌 절대적인 노예가 되었습니다. 그로부터 그의 삶은 마귀에 의해서 지배를 당하였습니다. 바로 그 때문에 마귀를 "공중 권세 받은 자", "지금 불순종의 아들들 가운데서 역사하는 영"이라고 부릅니다. 그리고 "혼미케 하는 이 세상 신"이라고도 말합니다. 인류 전체는 마귀의 노예가 되었습니다. 그는 "강하게 무장하여 자기 집을 지키며 자기 소유를 안전케" 하는 자입니다.

우리는 이 점에 대해서 명백해야 합니다. 성경은 마귀의 권능이 엄청나다고 말합니다. 바로 그것이 세상을 비극적으로 만드는 것입니다. 세상은 마귀의 존재를 믿지 않습니다. 그러므로 자기의 모든 고통거리가 이 무서운 힘을 가진 엄청난 폭군 때문임을 인식하지 못하는 것입니다. 하나님의 아들의 말씀을 들으십시오. "강한 자가 무장하여 자기의 집을 지키고 자기의 소유를 안전케 한다." 또한 사도 바울이 에베소서 6:12에서 한 말을 다시 한 번 생각하십시오. 그는 말합니다. "삶의 문제가 혈육의 문제라고 생각지 말라. 너희는 단순히 너희나 다른 사람들의 연약을 향해 싸우는 것이 아니다. 그 모든 것 뒤에는 정사와 권세들과 이 세상의 어두움을 주관하는 자들과 하늘에 있는 악한 영들이 있어 이 무서운 힘을 전 인류에 발휘하고 있음을 알라." 이것이 바로 세상 상태에 대한 설명입니다. 그러므로 우리는 그 점을 하나하나 차분하게 다루어 봅시다. 저는 그것이 엄청난 힘이라고 말하고 그것을 다음과 같이 증거합니다.

마귀의 능력, 악의 세력은 너무나 커서 이 세상에 태어나는 모든 사람마다 그 힘에 지고 맙니다. 구약성경을 읽어보십시오. 거기에는 매우 위대한 사람들이 나옵니다. 아브라함과 족장들, 선지자들과 경건한 사람들이 나옵니다. 그러나 그들 각자는 다 범죄했습니다. 모든 사람들이 다 마귀 앞에 거꾸러졌습니다. 성경은 그 점을 이처럼 강하게 나타냅니다. 사람이 완전했을 때조차 ― 아담 그는 하나님의 형상대로 지음받은 완전한 사람이었음 ― 마귀에게 졌습니다. 마귀는 너무나 강하고 교활합니다. 그의 간교함은 어느 사람도 대항할 수 없을 정도입니다. 완전한 사람마저도 그를 이길 수 없습니다. 사도 바울은 그 모든 것을 "의인은 없나니 하나도 없다…모든 사람이 죄를 범하였으매 하나님의 영광에 이르지 못하였다"라는 말씀 속에서 요약합니다(롬 3:10, 23). 이 세상에서 전적으로 의로운 삶을 살아 하나님을 만족하게 해드린 사람은 전혀 없었습니다. 하나도 없었습니다. 그러므로 온 세상은 하나님 앞에 다 죄인입니다.

왜 그렇습니까? 지배하고 조종하고 주인 노릇하는 이 마귀의 무서운 힘 때문입니다. 마귀는 우선적으로 "이지"(理智)를 통해 그 일을 합니다. 그는 하나님을 미워하고 인류로 하여금 역시 하나님을 미워하도록 설득합니다. 저는 이미 고린도후서 4:3을 인용한 바 있습니다. "만일 우리 복음이 가리웠으면 망하는 자들에게 가리운 것이라." 마귀는 그 어느 사람도 하나님과 하나님의 아들을 믿는 것을 원치 않습니다. 마귀는 사람들의 마음을 혼미케 합니다. 불신앙이라 해서 손해될 것 하나도 없습니다. 그리스도인이 아니라고 해서 현대적이거나 특별히 영리한 그런 존재가 못되는 것도 아닙니다. 복음은 언제나 그렇게 반대를 받아왔습니다. 성경은 그러한 실례들로 가득차 있습니다. 성경은 그 점을 숨기지 않습니다. 아니, 이 세상 사람들 대다수가 복음을 믿은 적은 한 번도 없습니다.

우리 주님께서는 이렇게 말씀하십니다. "좁은 문으로 들어가라 멸망으로 인도하는 길은 크고 그 길이 넓어 그리로 들어가는 자가 많고 생명으로 인도하는 문은 좁고 길이 협착하여 찾는 이가 적음이니라"(마 7:13-14). 마귀는 대부분의 인류의 삶을 지배합니다. 그는 언제나 그런 일을 해왔습니다. 이 복음과 이 설교와 성경의 가르침을 배척함으로써 어떤 새롭고 다른 존재가 되는 것은 아닙니다. 인류는 언제나 그래왔습니다. 마귀는 주도권을 쥐고 이지를 지배해 왔습니다.

사도는 고린도전서 2:14의 저 위대한 대목을 통해서 그 점을 다시 이렇게 표현합니다. "육에 속한 사람은 하나님의 성령의 일을 받지 아니하나니 저에게는 미련하게 보임이요 또 깨닫지도 못하나니 이런 일은 영적으로라야 분변함이니라." 1세기의 더 영리한 사람들은 20세기 오늘날의 영리한 사람들과 똑같이 십자가를 비웃었습니다. 그들은 하나님의 아들도 믿지 않았고 하나님의 아들의 속죄의 죽음도 믿지 않았습니다. 아니 그들은 그것을 조롱했고 미련한 것이라고 말했습니다. 그것이 헬라인에게는 미련한 것이었습니다. 여전히 그러한 류의 사람들에게 십자가는 미련한 것입니다. 새로운 것이 하나도 없습니다. 그것은 사람의 생각을 지배하는 마귀의 나타남에 불과합니다. 그는 사람이 자유롭게 생각하도록 내버려두지 않습니다. 그런 사람의 눈에 가리개를 하고 마귀가 원하는 것만 보도록 합니다. 사람에게 있어서 가장 어려운 일은 진리를 보는 것입니다. 여러분이 잘 주목해 보면 마귀의 세력에 대해서 무엇인가를 발견하고 금방 느끼게 될 것입니다.

그러나 마귀는 사람의 생각을 통제할 뿐 아니라 소원도 통제합니다. 도적질을 하는 것이나 금단(禁斷)의 열매를 따먹는 일에 즐거움을 느끼는 것은 어찌 된 일입니까? 어째서 모든 아이마다 부모들이 하지 말라는 것은 하고 싶어합니까? 어째서 죄가 그처럼 즐겁고 그처럼 유쾌합니까? 이 질문에 대해 답해 보십시오. 어디서 이러한 소원이 나옵니까? 모든 것이 다 마귀로부터 나온다고 대답해야 합니다. 그는 우리의 "활동"과 우리의 "의지"를 정확히 같은 방식으로 지배합니다. 그는 하나님을 모반하였습니다. 또한 다른 모든 자가 하나님을 향하여 모반하기를 원합니다. 그렇기 때문에 다른 모든 자로 하여금 하나님을 향하여 모반하도록 설득합니다. 그는 우리로 하여금 하나님을 미워하게 하고 하나님의 율법을 미워하게 만듭니다. "육신의 생각은 하나님과 원수가 되나니 이는 하나님의 법에 굴복치 아니할 뿐 아니라 할 수도 없음이라"(롬 8:7).

사람은 본질상 하나님을 미워합니다. 가끔 지적한 바와 마찬가지로 자기는 하나님을 믿지 않는다고 말하는 사람만 보면 신문에서 그것을 기사화시켜서 상세하게 보도할 채비가 되어 있는 것도 그 때문입니다. 속이 들여다보입니다. 주일학교 교사가 도덕적으로 타락한 것을 보면 신문들은 "전 주일학교 교사, 이러저러한 일을 행하다"라고 반드시 말하게 됩니다. 그들은 하나님을 미워합니다. 그들은 하나님과 하나님의 모든 법을 배역합니다. 그 신문들을 통해서 자신을 구하는 하나님을 미워하는 자는 마귀에 의해서 지배를 당하고 있기 때문에 그런 일이 있는 것입니다. 또한 마귀는 이지뿐만 아니라 소원, 그리고 의지까지 지배합니다. 그는 "삶 전체"를 지배합니다. 그리고 두려움을 조성합니다.

히브리서 기자가 히브리서 2장에서 이 점에 대해서 중요한 진술을 하고 있습니다. 그는 그것을 이렇게 표현합니다. "자녀들은 혈육에 함께 속하였으매 그도 또한 한 모양으로 혈육에 함께 속하심은 사망으로 말미암아 사망의 세력을 잡은 자 곧 마귀를 없이 하시며 또 죽기를 무서워하므로 일생에 매여 종노릇하는 모든 자들을 놓아주려 하심이니"(14-15절). 인류의 긴 역사는 죽음에 대한 이 두려움을 보여 줍니다. 헬라 신화에서나 고대의 모든 문학에서 죽음에 대한 두려움을 발견합니다. 죽음을 언제나 낫을 가지고 덤비는 것으로 묘사하고 있습니다. 왜 인류는 죽음을 두려워합니까? 이에 대한 예언은 무엇입니까? 예, 여기에 대답이 있습니다. 그것은 마귀에 의해서 역사되는 능력입니다. 그는 하나님의 율법 때문에 이 능력을 행사할 수 있습니다. 사람들은 하나님을 믿지 아니하고 하나님의 율법을 믿지 않습니다. 그러나 여전히 믿음을 가진 남은 자들이 있습니다. 그들은 죽은 다음에는 심판이 있고 율법이 우리 모두를 저주한다는 것을 알기 때문에 죽음을 두려워합니다. 죽음은 갈수록 더 가까이 다가오는 정말 무서운 요정입니다.

사람은 할 수만 있으면 죽음을 피하고 싶어합니다. 그러나 그럴 수는 없습니다. 그래서 그는 매여 종노릇합니다. 죽으면 끝입니다. 그는 최선을 다해서 그 죽음을 지연시키려 합니다. 어둠 속에서 휘파람을 붑니다. 자기들은 이 모든 것들을 믿지 않는 것처럼 점잖을 빼지만 그렇지 않습니다. 두려움이 여전히 남아 있습니다. 저는 이 모든 요점을 하나의 간단한 그림 속에서 보여 줄 수 있습니다. 이교도 세계를 보십시오. 과거 여러 세기 동안 그 이교도 세계가 어떠한가를 살펴보십시오. 그리고 우리 시대의 이교도에 대해서 살펴보십시오. 그것은 두려움의 삶을 그려주는 그림입니다. 태양과 달과 별들을 무서워하고 자기 자신들이 만든 신상을 두려워합니다. 또한 이교도의 삶은 두려움과 악과 죄의 삶입니다. 마귀가 그러한 삶을 산출해 내고 있습니다. 하나님께서는 완전과 낙원을 산출하십니다. 마귀는 혼란을 산출합니다. 마귀는 하나님의 질서를 혼돈으로 바꿉니다. 오늘날 세상이 이러한 것은 바로 그 때문입니다. 하나님께서 만든 것을 마귀는 둘러 엎습니다. 인간의 생각과 인간의 마음과 의지를 장악하여 우리가 친숙해 있는 혼돈으로 끌고 갑니다.

그러나 "내게는 우리 주 예수 그리스도의 십자가 외에 결코 자랑할 것이 없느니라"고 하셨습니다. 왜 그렇습니까? 십자가 위에 달리신 오직 그분만이 나를 그 속박과 그 폭군과 사단의 지배와 죄의 지배로부터 건져내셨기 때문입니다. 이제 하나님의 아들이 이 세상에 오셔서 바로 그 일을 행하셨습니다. 저는 요한의 말을 통해서 그 점을 여러분에게 말씀드리려고 합니다. 제가 이렇게 말한 것은 제 자신의 이론이 아니라 성경을 강해하고 있는 것에 불과하다는 사실을 여러분이 알기를 원합니다. "죄를 짓는 자는 마귀에게 속하나니 마귀는 처음부터 범죄함이니라 하나님의 아들이 나타나신 것은 마귀의 일을 멸하려 하심이니라." "마귀의 일을 멸하기 위해서." 하나님의 아들이 이 세상에 오신 것도 바로 그 때문입니다. 주님께서 친히 '강하게 무장한 자'와 그보다 더 강한 자가 올 때에 대해서 말씀하신 것도 바로 그 뜻입니다. 모든 인간성은 마귀와 싸우기엔 너무 약합니다. 마귀는 우리 모두를 다 때려 눕힙니다. 마귀는 우리의 머리를 쳐서 꼼짝 못하게 만들었습니다. 우리 중 어느 누구도 그 성(城), 그가 지키는 궁성에서 빠져 나갈 수 없습니다. 그러기 위해서는 더 강한 자가 필요했습니다. 그런데 그분이 오셨습니다. 하나님의 아들이 마귀를 멸하기 위해서 오셨습니다. 하나님의 아들이 나타나신 것은 바로 그 때문입니다.

저는 여러분이 그 점을 온전히 파악하고 사복음서에 묘사된 대로 이해했는지 의아스럽습니다. 여러분은 복음서를 읽을 때 우리 주님께서 인간들과만 싸우는 것을 보셨습니까? 좋습니다. 그러나 그것만 보았다면 성경은 매우 피상적으로 읽은 셈입니다. 사람들 뒤에 있는 이 권세와 싸우는 것을 보시지 못했습니까? 마귀와 사력을 다해서 싸우시는 주님을 못 보십니까? 그것은 얼마나 놀라운 서사시이며 얼마나 훌륭한 싸움이며 얼마나 대단한 용전입니까! 하나님의 아들이 오셨습니다—무엇을 위해서? 마귀와 싸우기 위해서 오셨습니다. 왜냐하면 마귀가 사람을 장악하는 상전이기 때문입니다. 예수께서 태어나는 순간 마귀는 그를 없애 버리려고 노력하지 않았습니까? 여러분은 헤롯이라 불리우는 왕이 두 살 아래의 사내아이는 다 죽이라는 칙령을 내린 일을 기억하지 않습니까? 어째서 그러한 칙령을 내렸습니까? 그는 베들레헴에서 아들로 태어나신 하나님의 아들을 죽이려고 했던 것입니다. 그 싸움은 우리 주님께서 태어나기 전부터 시작되었습니다. 그리고 그 싸움은 계속되었습니다.

사십 주, 사십 야를 계속 시험받으시는 주님을 보십시오. 어떻게 된 일입니까? 그를 넘어뜨리려고 마귀가 노력한 것입니다. "가로되 만일 내게 엎드려 경배하면 이 모든 것을 네게 주리라"(마 4:9). 그는 주님을 넘어뜨리고 자기에게 무릎을 꿇게 하려고 하였습니다. 아담을 넘어뜨린 것처럼 주님을 넘어뜨리려고 노력하고 있습니다. 다시 우리 주님께서 귀신들려 고생하며 병들어 있는 사람들과 모든 죄와 악의 파괴에 대해서 어떠한 싸움을 싸우셨는지 살펴보십시오. 거기서 그는 싸움을 싸우며 죄의 어리석은 속박에서 사람들을 건져내시려 하셨습니다.

그런 다음에 우리 주님께서 겟세마네 동산에 계시던 모습을 살펴보십시오. 땀이 핏방울처럼 땅에 떨어지던 그 모습을 말입니다. 어떻게 된 일입니까? 그는 고뇌에 차 있었고 투쟁을 하고 계셨습니다. 그것은 무엇을 의미합니까? 주님은 이 원수를 진정으로 싸워 이길 수 있으려면 먼저 더 이상 하나님의 얼굴을 보지 못하는 무서운 순간을 겪어야 한다는 것을 아셨습니다. 그래서 그 생각 때문에 그는 땀을 피처럼 흘렸던 것입니다. 그 투쟁은 십자가에서 종결된 마귀를 대항한 투쟁이었습니다. 끝까지 저항하고 덤벼드는 마귀를 대항한 싸움이었습니다.

우리 주님께서 이 세상에 오신 것은 마귀의 포악과 권능에서 우리를 건지기 위함입니다. 그러나 그것을 가장 완벽하고 궁극적으로 해내신 것은 십자가 위에서였습니다. 저는 그 점을 여러분 앞에 보여드리려 합니다. 여러분은 요한복음 12:31-33의 말씀을 주목한 적이 있습니까? "이제 이 세상의 심판이 이르렀으니 이 세상 임금이 쫓겨나리라 내가 땅에서 들리면 모든 사람을 내게로 이끌겠노라 하시니 이렇게 말씀하심은 자기가 어떠한 죽음으로 죽을 것을 보이심이러라." 그의 죽으심을 통해서 일어난 일은 이 세상이 심판을 받는 것이었습니다. 우리는 이미 그 점을 알았습니다. 또한 그의 죽으심으로 말미암아 이 세상의 임금을 쳐부수려 하십니다. "이 세상 임금이 쫓겨나리라."

이는 위대하고 놀라운 이야기입니다. 여러분은 십자가의 드라마를 보고 경이감과 놀라움으로 가득 찬 적이 있습니까? 그처럼 십자가를 바라본 적이 있습니까? 우리는 십자가를 곰곰이 생각해 오고 있습니다. 우리는 여러 다른 국민들이 그 십자가에서 드러남을 알았습니다. 여러분은 이러한 차원들에서 십자가를 보았습니까? 드라마와 갈등과 싸움의 차원에서 말입니다. 어떻게 우리 주님께서는 그 장소로 가셨습니까? 무엇이 그로 하여금 그리로 끌고 갔습니까? 그를 이해하지 못하는 사람들이라고 말할 것입니다. 그것이 충분하고 합당한 대답일까요?

내 사랑하는 친구들이여, 여러분은 사람들 뒤에 마귀가 있다는 것을 보지 못하십니까? 나사렛 예수의 범죄가 무엇이었습니까? 그가 어느 누구에게 해를 끼쳤습니까? 그의 가르침에 무슨 잘못이 있었습니까? 그의 이적에 무엇이 잘못되어 있었습니까? 그의 자비하심의 행동 속에 어떤 문제점이 있었습니까? 그는 선을 행하러 오셨고 가르치셨고 인간을 구원하려 오셨습니다. 그가 어떠한 대접을 받으셨습니까?

바리새인들과 서기관들의 혐오를 통해서 그 점을 살펴보십시오. 그들의 조롱과 기만과 모독적인 행동을 살펴보십시오. 또한 거기에서 뿐 아니라 로마 총독이던 빌라도를 통하여 그것을 찾아보십시오. 유대 왕인 헤롯 왕 안에서 그것을 살펴보십시오. 또 보통 사람들 속에서 그 점을 발견해 보십시오. 이 무서운 신성모독과 조롱을 보실 수 없습니까? 왜 이러한 느낌과 이러한 혐오감과 역설이 나오게 되었습니까? 오직 한 가지 설명밖에 없습니다. 그것은 싸우는 마귀입니다. 사람들 속에서 역사하는 마귀입니다. 그러나 이제 최근으로 곧바로 달려와 봅시다. 왜 여러분은 그리스도인이 되는 것이 영리하지 못하다고 생각하십니까? 기독교의 무엇이 잘못되어 있습니까? 이 복된 주님께 무엇이 잘못되어 있습니까? 그의 가르침의 어디가 잘못 됐습니까? 여러분은 무엇 때문에 반대합니까? 그 그리스도를 거절하는 것이 영리하다고 생각하는 것은 무엇 때문입니까? 왜 그것을 비웃고 조롱하고 미워합니까? 오직 대답은 하나뿐입니다. 여러분은 알지도 못하는 사이에 마귀의 희생물들입니다. 여러분 속에서 나오는 마귀의 혐오감으로 말미암아 그렇게 되는 것입니다.

여러분은 자기의 혐오에 대한 이유를 생각해 낼 수 없습니다. 이는 이러한 문제에 있어서 매우 특이한 요점입니다. 여러분은 그것이 사복음서 전체를 통해서 줄곧 강조된다는 것을 보게 될 것입니다. 주님께 일어난 일에 대한 기사를 읽어보십시오. "가시 면류관을 엮어 그 머리에 씌우고 갈대를 그 오른손에 들리고 그 앞에서 무릎을 꿇고 희롱하여 가로되 유대인의 왕이여 평안할지어다 하며 그에게 침뱉고 갈대를 빼앗아 그의 머리를 치더라 희롱을 다한 후 홍포를 벗기고 도로 그의 옷을 입혀 십자가에 못박으려고 끌고 나가니라"(마 27:29-31). 다시 "지나가는 자들은 자기 머리를 흔들며 예수를 모욕하여"-바로 그때 사실상 십자가에 못박혀 있었다.

"가로되 성전을 헐고 사흘에 짓는 자여 네가 만일 하나님의 아들이어든 자기를 구원하고 십자가에서 내려오라 하며 그와 같이 대제사장들도 서기관들과 장로들과 함께 희롱하여 가로되 저가 남은 구원하였으되 자기는 구원할 수 없도다 저가 이스라엘의 왕이로다 지금 십자가에서 내려올지어다 그러면 우리가 믿겠노라 저가 하나님을 신뢰하니 하나님이 저를 기뻐하시면 이제 구원하실지라 제 말이 나는 하나님의 아들이라 하였도다 하며 함께 십자가에 못박힌 강도들도 이와 같이 욕하더라"(39-44절).

능숙한 심리학자들이여, 당신들은 어디에 있습니까? 어떻게 여러분은 그것을 설명하시겠습니까? 여기에 한 무죄한 사람이 있습니다. 아무도 그를 쳐서 증거할 수 없습니다. 그는 조금도 악행을 행하지 않으셨습니다. 실로 그는 이 세상에서 선(善)밖에는 행하지 않으셨습니다. 그는 오셔서 사람들을 가르치시고 도우셨습니다. 그러나 사람들이 그에게 퍼부은 모독과 조롱과 야유와 희롱을 보십시오. 그들에게 있어서 무엇이 문제입니까? 오직 한 가지 대답만이 있을 뿐입니다. 제멋대로 하도록 내버려두신 것입니다. 주님은 말씀하십니다. "그러나 이제는 너희 때요 어두움의 권세로다 하시더라"(눅 22:53). 이 사람들이 자기들의 하는 일을 알지 못했습니다. 그래서 십자가에서 "…아버지여 저희를 사하여 주옵소서 자기의 하는 것을 알지 못함이니이다…"(23:53)라고 기도하셨던 것입니다. 진실로 그들은 자기들이 하는 일을 알지 못했습니다.

여러분도 아무런 해도 끼치지 않고 아무에게도 악을 행하지 않고 언제나 선을 행하며 다니던 이러한 사람을 미워하겠습니까? 아니면 이와 같은 분을 대접하시겠습니까? 여러분은 아무런 저항도 하지 않으시겠습니까? 아니면 함께 조롱하며 야유하며 그를 향하여 침뱉겠습니까? 저는 그것이 부자연스럽다고 말씀드립니다. 물론 그렇습니다! 그것은 지옥적입니다. 마귀적이요 악의 화신입니다.

그들은 자기들이 하는 일을 알지 못했습니다. "이제는 너희 때요 어두움의 권세로다." 이것이야말로 참 기이한 일입니다. 세상은 십자가에서 죽어가시는 분을 바라보면서 매우 즐거워하지 않았습니까? 그렇기 때문에 그들은 비웃었습니다. 그렇기 때문에 그들은 조롱했습니다. 여러분은 그 점을 알 수 없고 그들의 얼굴을 볼 수 없습니까? 여러분은 충분히 그 점을 상상할 수 있습니까? 그들은 말했습니다. "내려오라 하나님의 아들이라고 말하는 자여 네가 남을 구원한다고 하는 자여 내려와 너 자신을 구원하라 저가 남을 구원하였으되 자기는 구원할 수 없도다 기이하도다! 그를 제거하기를 참 잘했다."

물론 대제사장들과 서기관들은 함께 모의하면서 "이 사람이 많은 표적을 행하니 우리가 어떻게 하겠느냐 만일 저를 이대로 두면 모든 사람이 저를 믿을 것이요, 그리고 로마인들이 와서 우리 땅과 민족을 빼앗아가리라"고 말했습니다.

그러나 그들 가운데 매우 현명한 정치가가 있었습니다. 가야바라 불리우는 사람이었습니다. 그는 이렇게 하면 정말 놀랍겠다고 생각했습니다. "한 사람이 백성을 위하여 죽어서 온 민족이 망하지 않게 되는 것이 너희에게 유익한 줄을 생각지 아니하는도다"(요 11:47-50). 사람들로 그를 죽이게 하면 우리가 다 유익할 것이라고 말했습니다. "우리가 다 그를 희생 양으로 삼자. 우리는 그 뒤에서 숨어 있을 것이다. 일단 백성들이 그를 제거하면 우리는 다 잘될 것이다." 모든 사람이 기뻐하였고 온 세상이 즐거워하였습니다. 결국 그들은 주님을 붙잡아 십자가에 못박아 죽였습니다. 주님은 이렇게 해서 끝이 났습니다.

주님은 어떠한 일을 하셨습니까? "정사와 권세를 벗어버려 밝히 드러내시고 십자가로 승리하셨느니라." 그런데도 그들은 자기들이 승리의 시간을 맞았다고 생각하였고 자기들이 미워하는 이 사람을 잡았다고 생각하였습니다. 그리고 마귀는 기뻐하였습니다. 만일 마귀가 그를 죽일 수만 있다면, 그것은 끝장일 것이라고 생각했습니다. 그것이야말로 마귀의 무서운 오산이었습니다. 그는 하나님의 아들을 십자가에 못박음으로써 스스로 파멸시키고 그 자신의 궁극적인 운명을 가져온 사실을 깨닫지 못했습니다. 바로 그것이 마귀의 큰 실책이었습니다. 어떻게 그렇습니까? 예, 사도는 우리 주님께서 십자가에서 참으로 약해 보였지만 마귀와 그 권세를 없이 하시고 부끄럽게 하셨으며 그것들을 이기셨다고 말합니다.

주님은 그것을 이렇게 행하셨습니다. 결국 마귀의 세력은 늑탈당한 힘에 지나지 않게 되었습니다. 그는 스스로 아무 힘도 가지고 있지 않습니다. 마귀는 이 세상의 신이요 공중 권세 잡은 자입니다. 그 이유는 오직 한 가지입니다. 죄 안에 있는 사람이 하나님 나라 밖에 있으므로 마귀의 나라 안에 있다는 것입니다. 마귀는 하나님으로부터 떨어져 나와 하나님의 능력과 더 이상 접촉하지 아니하는 사람 외에는 어떠한 권세도 부릴 수가 없습니다. 마귀를 제어할 수 있는 분은 오직 하나님 한 분이십니다. 하나님과의 접촉에서 벗어나는 순간 마귀에게 사로잡히게 되며, 우리는 마귀의 무능한 도구가 되며, 그의 집에 있는 소유물처럼 그의 나라 안에서 희생물이 됩니다. 그것이 전체 인류의 입장입니다. 전 인류는 아담 안에서 범죄하였고, 제가 여러분에게 보여드린 바와 같이 마귀의 노예가 되었습니다. 본질상 우리는 계속해서 마귀의 노예들입니다. 우리는 하나님으로부터 떠나 하나님의 진노 아래 있습니다. 우리는 하나님의 나라 밖에 있습니다. 그래서 우리는 마귀의 손아귀 안에 절대적으로 무능한 존재들입니다.

"강한 자가 무장하여…그 소유를 안전케 하나니." 그가 그 궁정을 다스릴 때 그 소유는 안전합니다. 사람을 지옥과 마귀의 손아귀에서 건져낼 수 있는 오직 유일한 능력은 하나님의 능력뿐입니다. 그러나 어떻게 내가 그 능력을 가질 수 있습니까? 나는 하나님께 범죄했고 하나님을 향하여 모반했습니다. 하나님의 진노가 내 위에 있습니다. 내가 하나님의 능력을 알기 전에 먼저 하나님과 화해해야 합니다.

바로 갈보리 언덕 십자가에서 일어났던 일이 바로 그 일이었습니다. 하나님의 율법을 어김으로써 우리 각자와 하나님 사이가 벌어졌습니다. 우리는 하나님의 율법을 어겼고 하나님을 모독하였고 하나님께 침뱉았습니다. 그래서 그의 정죄가 우리 위에 머물러 있습니다. 우리가 우리를 자유케 하는 능력을 알기 전에 먼저 그것으로부터 구원받고 하나님과 화해해야 합니다. 십자가에서 바로 그 일이 일어났습니다.

골로새서의 그 두 구절이 그래서 함께 병행합니다. "우리를 거스리고 우리를 대적하는 의문의 쓴 증서를 도말하시고 제하여 버리사 십자가에 못박으시고." 그런 다음에 그는 "정사와 권세를 벗어버려 밝히 드러내시고 십자가로 승리하셨느니라." 그 두 가지 일이 함께 합니다. 우리 주님은 바로 그 십자가 위에서 우리를 하나님께 화해시키고 계셨습니다. "이는 하나님께서 그리스도 안에 계시사 세상을 자기와 화목하게 하시며 저희의 죄를 저희에게 돌리지 아니하시고 화목하게 하는 말씀을 우리에게 부탁하셨느니라"(고후 5:19). 그리스도께서 이 벌책을 지불하셔야 했습니다. 율법은 그런 방식을 거쳐야 합니다. 그는 그 형벌을 담당하셨습니다. 그 때문에 우리가 그를 믿으면 우리는 형벌로부터 벗어나고 정죄에서 자유로워집니다. 우리는 하나님께 화해하게 되고, 하나님의 능력이 마귀와 그의 군대로부터 우리를 건져내고 하나님의 아들의 나라로 옮깁니다. 그렇기 때문에 사도는 골로새서 1:13에서 그 점을 이렇게 표현합니다. "그가 우리를 흑암의 권세에서 건져내사 그의 사랑의 아들의 나라로 옮기셨으니." 그 일이 그렇게 일어났습니다. 십자가에서 일어났던 일이 바로 그 일입니다. 마귀는 자기가 그리스도를 멸하고 있었다고 생각했습니다.

그러나 그리스도는 우리를 하나님께 화해시키고 계셨습니다. 그리고 마귀를 멸하고 그 마귀의 손아귀에서 우리를 건져내시고 계셨습니다. 죄에 대한 벌책을 지불하시고 우리로 하나님과 더불어 정상적인 관계를 맺게 하셨습니다. 하나님의 능력이 우리 속에 들어오고 우리는 거듭나서 새 본성을 받고 새 사람들이 되었습니다. 성령께서 우리 안에 들어와 계시고, 그리스도의 임재가 우리를 돕기 위해 항상 우리 앞에 가까이 있습니다. 요한이 "온 세상이 악한 자 안에 처하였도다 그러나 악한 자가 저를 만지지도 못하느니라"고 말할 수 있었던 것도 바로 그 때문입니다. "악한 자가 저를 만지지도 못하느니라." 그는 세상을 건드릴 뿐 아니라 그 세상을 꽉잡고 있습니다. 세상은 그의 손아귀를 벗어날 수 없습니다.

그러나 그리스도께서 우리를 그의 손아귀에서 빼내사 자기의 나라로 옮기셨습니다. 아마도 마귀가 우리를 두렵게 만들 수는 있을 것입니다. 또 우리를 향하여 고함을 칠 수도 있을 것입니다. 그러나 마귀는 우리를 건드릴 수 없습니다. 그래서 사도 바울이 로마서 6:14에서 이렇게 말한 것입니다. "죄가 너희를 주관치 못하리니 이는 너희가 법 아래 있지 아니하고 은혜 아래 있음이니라." 강한 자보다 더 강한 자가 왔습니다. 그리고 그 강한 자가 믿고 있던 무장을 빼앗고 탈취 문을 나누었습니다. 오, 마귀는 얼마나 어리석었던가! 오, 얼마나 무지하고 눈멀었던가! 자기의 속임수와 교만에 스스로 얼마나 허망하게 뽐내었던가요. 그는 자기가 그리스도를 완전히 없애버리고 있었다고 생각했습니다. 그는 실로 그 자신의 파멸을 가져오고 있었던 것입니다. 그리스도께서 그를 이기셨습니다. "이제 이 세상 임금이 쫓겨나리라." 그 마귀는 그렇게 되었습니다.

이 점을 좀더 설명하겠습니다. 우리 주님께서는 십자가에서 죽으시기 전에 이스라엘 자녀들인 유대인들을 제외하고 온 세상이 마귀의 권세 아래 있었습니다. 어느 날 어떤 헬라 사람들이 와서 "예수를 보고자 한다"고 말했습니다. 주님은 그들의 청에 응하지 않으셨습니다. 내가 너희 이방인들을 데리고 올 수 있기 전에 먼저 "들려져야" 한다고 말씀하십니다. 십자가가 있기까지는 하나님의 백성들을 제외하고 온 세상 나라를 마귀가 통제했습니다.

십자가 후에 우리 주님께서 이렇게 말씀하셨습니다. "내가 들리면 모든 사람을 내게로 이끌겠노라." 이 말씀은 "모든" 나라들 중에 있는 사람들을 의미합니다. 주님은 그렇게 하셨습니다. 십자가의 순간부터 이방인들이 믿기 시작하였고 하나님의 나라를 부르기 시작했습니다. 전에 그들은 밖에 있었습니다. 이교도와 이방의 흑암에 처해 있었습니다. 그리스도께서 죽으시고 세상의 구주가 되셨습니다. 그는 모든 사람들, 모든 나라와 혈연과 모든 지역의 사람들을 자기에게로 끌어오십니다.

그러므로 여러분도 알다시피, 주님께서 친히 하신 말씀이 문자 그대로 사실임이 증명되었습니다. 그가 십자가에서 죽으시고 하늘로 올라가셔서 성령을 내려보내신 순간 복음은 모든 곳에서 전파되었습니다. 유대인들이 아니고 이방인들이요 이교도들이었고 무지했으며, 죄 가운데서 살았던 갈라디아 사람들 같은 이들이 그리스도께 이끌려 왔고 마귀의 권세에서 풀려났습니다. 고린도에 있는 사람들에게도 같은 일이 일어났습니다. 여러분은 위대한 저 사도 바울이 그들이 전에 어떠한 사람들이었음을 상기시켜 주는 모습을 기억하십니까? "…미혹을 받지 말라 음란하는 자나 우상 숭배하는 자나 간음하는 자나 탐색하는 자나 남색하는 자나 도적이나 탐람하는 자나 술 취하는 자나 후욕하는 자나 토색하는 자들은 하나님의 나라를 유업으로 받지 못하리라 너희 중에 이와 같은 자들이 있더니 주 예수 그리스도의 이름과 우리 하나님의 성령 안에서 씻음과 거룩함과 의롭다 하심을 얻었으니라"(고전 6:9-10). "내가 복음을 부끄러워하지 아니하노니 이 복음은 모든 믿는 자에게 구원을 주시는 하나님의 능력"이라고 로마 사람들에게 바울은 말했습니다(1:16). 우리를 구원할 수 있는 다른 능력이 전혀 없습니다. 그 능력은 십자가에서 발휘되었습니다. 그리고 수세기에 걸친 성도들의 간증은 그리스도께서 우리를 자유케 했다고 말합니다.

> 죄수는 기뻐 뛰며 자기 사슬 풀고
> 피곤한 자는 영원한 안식을 찾고
> 그리고 모든 궁핍의 아들들은 축복을 받는다.
>
> 아이작 왓츠(I. Watts)

이것은 바로 십자가에 관한 가장 놀라운 요점들 중에 하나입니다. 또한 십자가를 자랑하는 가장 영광스러운 이유들 중에 하나입니다. 십자가에서 그리스도께서는 본래 사람과 우주를 타락시켰던 궁극적인 원수인 마귀를 파하셨습니다. 마귀는 쫓겨났고 패배하였습니다. 그는 이제 사슬에 묶였습니다. 결국 그는 완전하고 철저하게 멸망당할 것입니다. 그는 짐승들과 그 모든 거짓선지자들과 함께 불못에 던지움을 당할 것입니다. 그는 더 이상 아무 힘도 갖지 못할 것입니다.

태양이 떠 비추이는 곳마다
예수님이 왕노릇 할 것일세
그의 나라는 해변에서 해변까지 미치며
달이 더 이상 차거나 기울지 않을 때까지 그리할 것일세.

아이작 왓츠(I. Watts)

여러분이 십자가를 바라볼 때 "저 유명한 정복자"를 보셨습니까? 또한 지금 그를 보십니까? 만일 여러분이 보셨다면 다음의 찬송시를 함께 읊게 될 것입니다.

모든 것을 이긴 예수
위를 향하여 진군하네
능력의 불에 휩싸여
죄악의 땅은 더 이상 주를 반대할 수 없고
지옥은 당신의 말씀에 기가 꺾이네
주의 큰 이름이 너무 높아
모든 여우들 두려움에 움츠리네
주께서 가까이 오심을 알고 모든
피조물들이 공포에 떠네.

윌리암 윌리암스(William Williams)

여러분은 십자가에서 그분이 이 정사들과 권세들과 마귀를 사로잡아 밝히 드러내어 그들을 부끄럽게 하시고 십자가로 말미암아 그들을 이기시며 그들을 비웃으시며 파하시며 꺾으시는 모습을 보십니까? 그들이 자신들의 승리를 뽐내고 있는 바로 그 순간에 그들은 궁극적이고 철저하게 패배하였고 쫓겨났습니다.

> 오 예수님, 참 놀라운 왕이시여
> 주는 그 유명한 정복자
> 주는 흠없는 달콤함이여
> 주 안에 모든 기쁨이 있네!
>
> 버나드(Bernard of Claivaux)

"우리 주 예수 그리스도의 십자가 외에는 결코 자랑할 것이 없으니."

6

그는 우리의 평강이시다

주가 지신 십자가를 나는 자랑하노라
성경 중의 모든 말씀 거기 중심 되었네.

보우링(J. Bowring)

이와 같은 세상에서 그리스도인이 그러한 말로 노래를 부를 수 있다는 것은 하나님께 감사한 일입니다. 우리는 이제 우리가 그렇게 할 수 있는 몇 가지의 이유를 더 생각해 보려 합니다. 모든 사람들이 우리 주 예수 그리스도의 복음을 믿기만 하면 어째서 그러한 일이 가능한지 그 이유를 몇 가지 더 살펴보기로 하겠습니다. 이제 우리는 갈라디아서 6:14로 돌아옵니다. "그러나 내게는 우리 주 예수 그리스도의 십자가 외에 결코 자랑할 것이 없으니 그리스도로 말미암아 세상이 나를 대하여 십자가에 못박히고 내가 또한 세상을 대하여 그러하니라." 복음을 떠나서는 이 세상에 아무런 소망도 없습니다. 우리가 알다시피 복음의 진수는 십자가에 관한 이 메시지입니다.

　우리가 방금 인용한 찬송시(찬송가 148장 1절-역자주)의 저자는 자기가 십자가에서 발견한 모든 것을 말하고 있습니다. 자기의 분위기와 상태와 조건이 어떠하든지 십자가는 그 모든 것을 만족시켰습니다. 그에게 일어난 것이 무엇이든, 고통이든 기쁨이든 십자가는 그러한 모든 조건에서 그를 만족시켰습니다. 십자가는 언제나 말합니다. 사도의 입장은 바로 그것입니다. 그가 십자가를 자랑하는 것은 자기에게 어떠한 일이 일어난다 할지라도 십자가는 언제나 자기에게 있는 메시지요, 모든 것을 바꾸어 자기에게 이롭게 한다는 것을 발견했기 때문입니다. 그래서 그는 십자가를 뽐내며 자랑하고 있습니다.

　자 이렇게 해서 우리는 사도가 이 갈라디아서와 그의 다른 서신들에서 십자가에서 말했던 여러 가지 요점들을 시험해 오고 있습니다. 그러나 아직 다 끝난 것은 아닙니다. 사도는 "십자가 외에는 결코 자랑할 것이 없다"고 말했습니다. 거기에는 끝이 없습니다. 십자가는 너무나 엄청난 것입니다. 그래서 저는 사도가 주 예수 그리스도의 십자가를 자랑하는 또 하나의 이유를 드러내 보여야겠습니다. 사람들 사이에 참된 연합과 진정한 평강을 산출할 수 있는 것은 오직 우리 주 예수 그리스도의 십자가뿐입니다. 자, 여러분의 시선을 그 점에 모아주시기 바랍니다. 지금이야말로 이 문제를 생각하기에 얼마나 적절한 때입니까! 왜냐하면 어느 누구를 막론하고 세상에서 연합을 산출할 방식에 대해서 온통 관심을 기울이고 있기 때문입니다. 최근 케네디 대통령의 암살은 그 점을 아주 예리하게 지적합니다(이 설교는 1963년 케네디 대통령의 암살 직후에 전해진 것임).

　저는 케네디 대통령에 대해서 설교하려는 것이 아닙니다. 그 끔찍하고 무서운 사건이 우리 모두에게 무엇을 생각하게 하는가를 알지 못한다면 그건 정말 미치광이 짓일 것입니다. 그는 여러 방식으로 사람들을 하나로 묶으려고 투쟁하였고 무진 애를 써온 사람입니다. 그가 미국 내에서 사람들을 통합하려는 그 숙제를 풀려고 애썼기 때문에 죽게 되었다고 말하는 사람들도 있습니다. 흑백 인종들이 어떻게 하면 하나가 될 수 있는가? 어떻게 하면 분리의 종식을 고하며, 어떻게 하면 하나를 이룩할 수 있는가? 하는 그 문제야말로 그가 투쟁해 왔던 여러 난제들 가운데 하나였음에 틀림없습니다. 그것에 관심을 가지고 있었기 때문에 텍사스에 간 것입니다. 그리고 거기서 철의 장막을 사이에 두고 세계가 둘로 나뉜 그 문제를 만나고 있었습니다. 그는 어떻게 하면 인간 본성과 인류가 서로 둘로 나뉘어 싸우는 원인을 없애고 하나로 묶을 수 있는가 하는 난제를 풀려고 애썼고 투쟁하였습니다. 그 사람이야말로 자기 생애를 바쳐 그 문제를 풀려고 활동하던 사람이었습니다. 많은 방면에서 이러한 일 때문에 그가 죽음을 만나게 되었다고 말하는 것이 사실임을 의심하지 않습니다. 우리는 이 난제에 관심을 가지고 있습니다. 긴장과 분쟁과 투쟁과 전쟁의 위험이 가득 찬 세계에서 살아가고 있습니다. 또한 절망적으로 나뉘고 불행과 고통이 가득 찬 세상에서 살아가고 있습니다.

성경은 언제나 이 세상이 악한 세상이라고 말해 왔습니다. 성경 이외의 어느 것도 그렇게 말하지 않습니다. 신문들도 그렇게 말하지 않습니다. 신문은 케네디 대통령의 암살을 하나의 예외적인 사건으로 취급하고 있습니다. 그 사건이 비상하게 드라마틱하게 일어났기 때문에 그런 의미에서 예외적이라는 것입니다. 그러나 세상은 그러한 류의 일로 가득 차 있습니다. 우리가 살고 있는 세상은 그러한 종류에 속합니다. 세상은 예기치 않은 일 때문에 충격을 받는 것 같습니다. 그러한 일을 예기치 못한 것은 아니었습니다. 또한 그러한 일은 비상한 일도 아닙니다.

성경이 말하는 대로 이 세상은 '악한 세상'입니다. 저는 이 특별한 요점을 과장하고 있는 것이 아닙니다. 저는 누구든지 이 무서운 범죄를 자행할 수 있다는 관점을 가지고 있습니다. 그러나 이것은 투쟁과 싸움과 대적과 비난과 혐오가 나타난 한 표증에 불과하다고 주장합니다. 그것은 그러한 것이 아주 추하게 모습을 드러낸 것에 지나지 않습니다. 그러나 그런 일 자체는 전체 범주에 속해 있습니다. 안타깝게도 그것은 오늘날 이 세상에 존재하는 가장 큰 고통거리의 원인이 되고 있습니다. 그렇기 때문에 저는 그 점에 시선을 집중시키고 있는 것입니다. 이제 저는 세상적 상황의 차원에서뿐 아니라 우리 개인적 삶의 차원에서 그 점을 살펴보기 원합니다. 오늘날 가장 큰 속임수 중의 하나는, 개인과 대중, 나라와 개인들 사이에 너무 엄격하게 선을 긋는다는 점입니다. 한 나라는 개인들이 서로 모여 이룬 한 집합체에 불과합니다. 또는 개인이 큰 모습을 취한 것에 불과하다고 말할 수도 있습니다.

또 세계는 사람이라는 소우주가 모인 일종의 대우주입니다. 세상 나라들에 해당되는 것은 역시 개인들에게도 해당됩니다. 모든 나라들의 여러 가지 그룹과 여러 파당들이 있으며, 분쟁과 적대감들이 존재하며 더 작은 연합체에서도 긴장이 존재하고 가정 내에서도 역시 그러합니다. 분쟁과 투쟁과 불일치와 오해가 존재합니다. 그러나 우리는 그것을 더 확장시켜 볼 수 있습니다. 여러분은 완전한 안식에 대해서 얼마나 많이 알고 있습니까? 여러분은 진정한 평강과 고요함을 얼마나 많이 압니까? 여러분 속에 하나의 투쟁이 진행되고 있지 않습니까? 투쟁과 긴장, 갈등이 없습니까? 우리는 있다고 말해야 합니다 우리 모두는 그렇게 태어났습니다. 우리 모두는 안팎에서 겪는 갈등의 존재로 태어났고 삶의 모든 영역과 부분에서 갈등하는 존재들입니다. 제가 밝히 드러내고 싶은 것은, 이 순간에 투쟁과 긴장과 싸움을 해결할 수 있는 것은 온 세상에 하나밖에 없다는 것입니다. 그것은 예수 그리스도 우리 구주의 십자가뿐입니다.

만일 여러분이 사도 바울이 쓴 에베소서 2장을 읽어본다면 사도 바울이 거기서 어떠한 것을 말해야 했는지를 주목하실 것입니다. 그가 십자가를 자랑한 것은 놀라운 일이 아닙니다. 왜냐하면 주 예수 그리스도의 십자가가 자기가 알고 있는 일 가운데 가장 놀랍고 기이하다고 생각되는 일을 했기 때문입니다―그것은 그리스도의 교회를 산출시켰습니다. 왜 이것이 그렇게 놀랍습니까? 기독교회 내에는 유대인들과 이방인들이 서로 함께 하나를 이루며 공존하고 있다는 이유 때문에 놀랍습니다. 그 점이야말로 사도의 마음을 놀라게 하지 않을 수 없었습니다. 옛 세계가 유대인과 다른 모든 이방인들로 나뉘어졌다는 것을 여러분도 기억하실 것입니다. 유대인들은 이방인들을 깔보았고 그들을 개들로 취급했습니다. 이방인들 역시 유대인들에 대해서 자기 나름의 생각들을 가지고 있었습니다. 그들이 함께 하나를 이룬다는 것은 전혀 불가능해 보였습니다.

사도는 바로 그 에베소서 2장에서 그들 사이를 막는 중간 담이 있다고 말했습니다. 여러분도 알다시피 베를린의 장벽은 사람들을 서로 갈라놓기 위해서 세워진 최초의 장벽이 아니었습니다. 세상은 언제나 철의 장막을 지니고 있었습니다. 우리는 용어만 바꾼 것이지 그 사실은 언제나 존재해 왔습니다. 중간에 막힌 담, 한 쪽에는 유대인 다른 한 쪽에는 이방인들, 그리고 그 둘 사이에는 서로 격렬한 혐오와 증오가 오고 갔습니다. 우리는 가히 그러한 증오가 얼마나 컸던가를 상상할 수 있습니다. 사도 바울은 회심하기 전에는 가장 격렬한 유대인 중 하나였습니다. 그는 자기가 유대인이 된 것을 자랑하고 뽐내며 이방인들을 멸시하는 유대인이었습니다. 그러나 그가 발견한 그 특이한 일은, 기독교회 안에 유대인들과 이방인들이 함께 있으며 중간에 막힌 담이 허물어졌다는 것입니다 에베소서에서 그는 계속 그 점을 되풀이하고 있습니다. 에베소서 1:11, 13에서 이렇게 말합니다. "모든 일을 그 마음의 원대로 역사하시는 자의 뜻을 따라 우리가 예정을 입어 그 안에서 기업이 되었으니…그 안에서 너희도―여기서 우리는 유대인들이요, 너희는 이방인들―진리의 말씀, 곧 너희의 구원의 복음을 듣고 그 안에서 또한 믿어…."

에베소서 2장에서 본 것처럼 그는 사실 이렇게 말하고 있음을 여러분에게 상기시켜 드려야겠습니다. "그러므로 생각하라 너희는 그때에 육체로 이방인이요 손으로 육체에 행한 할례당이라 칭하는 자들에게 무할례당이라 칭함을 받는 자들이라 그때에 너희는 그리스도 밖에 있었고 이스라엘 나라 밖의 사람이라 약속의 언약들에 대하여 외인이요 세상에서 소망이 없고 하나님도 없는 자이더니 이제는 전에 멀리 있던 너희가 그리스도 예수 안에서 그리스도의 피로 가까워졌느니라 그는 우리의 화평이신지라 둘로 하나를 만드사 중간에 막힌 담을 허시고 원수 된 것 곧 의문에 속한 계명의 율법을 자기 육체로 폐하셨으니 이는 이 둘로 자기의 안에서 한 새사람을 지어 화평하게 하시고"(엡 2:11-15).

이 점이야말로 사도에게 있어서 가장 놀랍고 기이한 일이었습니다. 불가능한 일이 일어났습니다. 유대인들과 이방인들이 함께 모였고, 기독교회 안에서 같은 하나님을 섬기고 같은 구주를 영화롭게 하는 일에 한 새사람을 이루게 되었습니다. 그러므로 그것이야말로 그가 그리스도의 십자가를 자랑하는 주요한 이유들 가운데 하나입니다. 저는 바로 그 점을 여러분께 강해하려 합니다. 저는 그것을 이렇게 강해해 보겠습니다. 이 세상 삶을 특징짓는 분쟁과 적대감의 원인이 무엇인가? 바로 그 문제야말로 오늘 현 시대에 크게 야기되지 않는가? 저는 여러분에게 정치를 말하려는 게 아닙니다. 또한 최근에 케네디 대통령의 사건을 생각하자는 것도 아닙니다. 저는 그러한 일에 소명을 받지 않았습니다. 그러한 일이야 다른 사람들이 해내겠지요. 기독교 설교자는 원인들을 다루어야 합니다.

하나님께서는 감사하게도 바로 이 성경책에 비추어서 정치가들이 해낼 수 없는 어떤 다른 차원에서 그 일을 해낼 수 있습니다. 왜냐하면(저는 하나님의 영광을 위해서 이 점을 말합니다) 여기에 오직 유일한 설명이 있기 때문입니다. 분쟁의 원인은 무엇입니까? 오늘날 세상에 존재하는 불행의 원인은 무엇입니까? 왜 세상은 이 모양입니까? 우리는 2차 대전을 왜 겪어야 했습니까? 왜 나라들이 또 다른 전쟁을 준비하고 있습니까? 비극과 고통과 불화가 왜 존재합니까? 그 모든 질문에 대한 해답은 오직 한 가지뿐입니다.

그것은 육신적이고 중생치 못한 인간 마음의 자랑 때문입니다. 교만 외에는 아무 것도 없습니다. 저는 그 인간의 자랑(교만)이 어떻게 역사하는지를 보여드리려 합니다. 성경은 이에 대한 가르침으로 가득 차 있습니다.

성경은 맨 처음부터 형이 동생을 죽인 이야기를 기록하고 있습니다. 가인이 아벨을 죽였습니다. 왜 그렇게 했습니까? 그는 시기심 때문에 그렇게 했습니다. 그 시기심이 교만의 자녀입니다. 그것은 맨 처음부터 있었던 일입니다. 그리고 나서 그런 일이 계속 있었습니다. 이 옛 책은 그러한 일들에 대한 기록으로 가득 차 있습니다. 오늘날 구약성경을 어린아이에게 읽혀서는 안 된다고 말하는 사람들이 있습니다. 왜냐하면 거기에서 끔찍한 일들을 발견하기 때문이요, 다윗의 범죄와 그와 같은 류의 여러 가지 이야기들이 있기 때문이라는 것입니다. 바로 그것이 중요한 요점입니다. 성경은 정직한 책이요 진실을 말하는 사실적인 책입니다. 성경은 인간 본성을 있는 그대로 말하고 아무것도 숨기지 않습니다. 교만은 다양한 방식으로 모습을 드러냅니다.

선지자 예레미야를 생각해 봅시다. 그는 이 모든 것을 아주 강하게 진술하고 있습니다. 그는 하나님께로부터 고통의 원인이 무엇인가를 보는 통찰력을 부여받았습니다. 그는 그것을 이렇게 표현합니다. "여호와께서 이같이 말씀하시되 지혜로운 자는 그 지혜를 자랑치 말라 용사는 그 용맹을 자랑치 말라 부자는 그 부함을 자랑치 말라"—자랑은 뽐냄과 추억을 의미합니다—"자랑하는 자는 이것으로 자랑할지니 곧 명철하여 나를 아는 것과 나 여호와는 인애와 공평과 정직을 땅에 행하는 자인 줄 깨닫는 것이라 나는 이 일을 기뻐하노라 여호와의 말이니라"(렘 9:23-24).

그런 다음에 신약으로 넘어와 역시 똑같은 것을 발견하게 됩니다. 사도 바울은 고린도 사람들에게 편지를 쓰면서 자기 세대의 세상이 유대인과 이방인들로 나뉘어 있을 뿐 아니라 헬라인들과 야만인들과 지혜로운 자들과 무지한 자들로 나뉘어 있음을 보여 주고 있습니다. 세상은 언제나 그와 같앉습니다. 다시 에베소서 2장에서 그 점을 발견할 것입니다. 사도가 빌립보서 3장에서 바로 그 일에 대해서 특이하게 진술하고 있음을 볼 것입니다. 사도 바울이 간단하게 자기 자서전을 소개하고 있는 것을 보게 됩니다. "그러나 나도 육체를 신뢰할 만하니 만일 누구든지 다른 이가 육체를 신뢰할 것이 있는 줄로 생각하면 나는 더욱 그러하리니 내가 팔 일 만에 할례를 받고 이스라엘의 족속이요 베냐민의 지파요 히브리인 중의 히브리인이요 율법으로는 바리새인이요 열심으로는 교회를 핍박하고 율법의 의로는 흠이 없는 자로라"(빌 3:4-6). 그때 그는 그 모든 것을 자랑하였습니다.

이상의 말씀들은 세상에 있는 모든 투쟁과 불행과 긴장, 궁극적으로 개인이나 나라와 나라 속에 있는 여러 그룹들 안에 있는 모든 비극의 본질적인 원인이 교만임을 보여 주는 본문들 중 몇 개에 불과합니다. 성경 속에는 그보다 훨씬 더 많은 본문들이 있습니다. 이 모든 비극과 긴장과 다툼과 불행은 다 교만의 결과입니다. 그것이 어떻게 그러한 작용을 합니까? 예, 저는 안됐지만 불행한 목록으로 여러분을 안내해 드리고자 합니다. 그러한 일을 하기 위해서 이와 같은 시간을 사용하지 않는다면, 우리는 철저하게 실패한 셈이라고 저는 말씀드리겠습니다. 사람들이 무엇을 자랑하고, 자기들의 것을 자랑함으로 말미암아 분쟁에 이르게 하는 것이 무엇입니까?

우리가 들어온 바대로, 사람들은 자기들의 '출생', 자기들의 인종을 자랑합니다. 키플링(Kipling)이 "법이 없는 더 못한 혈통"에 대해 말한 것을 기억하실 것입니다. 출생, 인종, 민족, 피부색깔을 자랑하는 것─흑이냐 백이냐 이것이 오늘날 세상에서의 긴장이요 고통의 일부입니다. 그것이 일어나는 비극의 오직 유일한 원인이 아닐 수도 있습니다. 그러나 사람들은 이러한 일들 때문에 서로 나뉘어져 있습니다. 하나님의 보시기에 인간 존재는 영혼뿐입니다. 그러나 인간들은 피부 색깔로 나뉘어 있습니다. 이러한 요소들이 양편에 있음을 기억하십시오. 그러나 민족이나 인종과 출생과 이런 모든 것들에 대하여 고통거리를 안고 있습니다. 사도는 에베소서 2장과 빌립보서 3장에서 이러한 모든 것들을 열거하고 있습니다. 사도 자신이 그리스도인과 사도가 되기 전에 이러한 것들을 크게 좋아했습니다. 그는 그런 것들을 자랑하였고, 자기가 히브리인 중에 히브리인이라는 사실을 뽐냈습니다. 그리고 그렇지 못한 모든 사람들을 깔보았습니다. 그는 특별한 지파인 베냐민 지파에서 태어났습니다. 그는 마음 가득히 이런 자랑을 가지고 있었습니다.

투쟁의 또 다른 원인은 사람의 '능력' 자랑입니다. '가진 자'와 '가지지 못한 자' 사이에 얼마나 많은 긴장이 존재하고 있습니까? 갖고 있는 자들은 자기가 가진 것을 놓치지 않으려 하고, 갖지 못한 사람들은 그것을 가지려고 하고, 각자가 동일한 욕망으로 사로잡혀 있습니다. 그리하여 필연적으로 싸우고 긴장하게 되었습니다. 가지려는 사람과 가지고 있는 것을 지키려는 사람들 사이에 투쟁과 긴장이 존재하기 마련입니다. 나라들의 경우에도 마찬가지입니다. 전쟁들, 특히 금세기의 전쟁에 있어서 가장 큰 원인 중의 하나가 바로 그것이었습니다. 그러나 금세기 이전 오래 전에도 여전히 그것은 전쟁의 원인이 되어왔습니다. 가지려는 욕망, 능력을 가지고 위대해지고 놀라워지려는 탐욕, 부와 부의 능력, 이것이 그처럼 많은 산업쟁의의 원인입니다. 고용자와 피고용자-피고용자는 이제까지 고용자의 소유였던 것을 더 갖길 원하고, 그래서 각자는 완고하게 버티게 되고 이래서 투쟁과 긴장이 존재합니다. 그리하여 나뉘고 결국에는 싸웁니다. 그러나 그것은 자랑의 결과입니다. 능력은 놀라운 것입니다. 나라들은 능력을 가지려고 게걸스럽게 야단들입니다. 개인들도 역시 마찬가지입니다. 일단 그 능력을 가지기만 하면 그것을 놓치지 않으려고 합니다. "면류관을 쓴 머리는 편하지 않네", "권세를 가지려는 탐욕, 지배하려는 욕심", 전체 인류 역사는 이러한 류의 일을 암시하고 있습니다. 권세(능력)에 대한 자랑이 그렇게 했습니다.

"지성"의 자랑 역시 같은 일을 가져옵니다. 우리는 옛 세계가 헬라인과 야만인, 지혜자와 무식자로 나뉘어져 있음을 알았습니다. 헬라인들은 매우 이지적(지성적)인 사람들이었습니다. 물론 그들은 큰 군사력을 지닌 용감한 사람들이었습니다. 그들은 능한 철학자들을 계속 배출했고, 세상이 아는 철학자들 중에서 가장 위대한 철학자들을 배출했습니다. 그들은 그것을 자랑했습니다. 그래서 세상의 모든 주위의 나라들을 바라보고는 그것들이 뭘 아느냐고 말했습니다. 그것들이 무엇을 이해하고 어떤 철학을 가졌느냐고 말하면서 깔보았습니다. 물론 어떤 나라들은 싸움을 좋아하고 장사를 잘 하고 해운업에서 발달했지만, 그러나 그들은 이해하지 못한다. 그런 식으로 그들은 생각했습니다. 그래서 전체 세계는 헬라인과 야만인, 지혜자와 무식자로 나뉘게 되었습니다.

그러나 다시 여기에 긴장과 경쟁의식과 팽팽한 대결이 존재하게 되었습니다. 오늘날 세계도 그때와 마찬가지입니다. 이 교활한 분쟁과 차별이 삶 전체에 침투해 들어와 있습니다. 저는 바로 이러한 것이 가정에서조차 큰 고뇌를 일으킨 많은 실례들을 접한 사람입니다. 가정의 일원이 다른 자보다 더 명석해지고 그래서 교육을 더 받게 됩니다. 대학에 가고 다른 사람들은 대학에 가지 못합니다. 저는 그것이 어떤 가정들에서는 마음이 아픈 쪽으로 기울어진다는 것을 압니다. 거의 마음이 터질 것 같지요. 그것을 얻고 기회를 얻은 사람의 자랑, 그리고 그렇지 못한 사람들의 질투와 시기의 감정, 그들은 말합니다. "그가 누구냐? 그가 조금의 지식을 가졌다고 자기가 다르다고 생각하는가?" 등입니다. 여러분은 이 모든 것을 잘 알 것입니다. 이것이야말로 오늘 현재 이 나라에 있는 여러 당국자들이 고심하고 있는 많은 사회적 문제들 중에 하나입니다.

사람은 죄인이기 때문에 인간들 속에서 이 자랑이 지난 수세기 동안 모습을 드러낸 세 가지 주요한 방식이 있습니다. 논증의 다음 단계는, 오늘의 세계 상황을 해결할 수 있는 것이 전혀 알려지지 않았다는 것입니다. 바로 그 점을 강하게 진술해야 되지 않습니까? 저는 그 점을 강하게 말합니다. 이 순간에 있어서 세상 상태 자체가 그 점을 절대적으로 증거하고 있습니다. 세상은 전혀 평화를 이룰 수 없습니다. 세상이 할 수 있는 유일한 일은 전쟁을 그치는 것이고, 또한 그렇지 않으면 잠시 동안만이라도 휴전하는 것입니다. 세상은 고작해야 적대감을 잠시 동안 멈추게 하는 일 외에는 어느 일도 하지 못했습니다. 세상은 일종의 무장한 채로 있는 잠시의 휴지기(armed interval)만을 가능케 할 수 있으며, 그 안에서 우리는 실제로 싸우는 상태는 아닙니다.

그러나 세상이 행하고 있는 일 뒤에 숨어 있는 참으로 무서운 기만성이 있습니다. 곧 세상은 싸우지 않고 있다는 그 사실 자체가 평화가 아니라는 사실을 알지 못합니다. 평화는 소극적인 것이 아니라 적극적인 것입니다. 평화는 사랑과 동정과 이해와 참된 연합을 의미합니다. 세상은 그것에 대해서 전혀 알지 못합니다. 세상은 그러한 일을 해낼 수 없습니다. 이 점은 제게 있어서 가장 중차대한 요점입니다. 왜냐하면 그 점은 세상이 어째서 필연적으로 실패하지 않을 수 없는가 하는 그 모습을 보여 주기 때문입니다. 그러나 세상은 스스로 어리석습니다. 서로 대적하는 것이 잠시 동안 멈춘 것을 적극적인 평화로 생각하고 있으니 말입니다. 이 점에 대한 실례를 보여드립니다. 1차 세계대전 때 서로 싸우면서 독가스를 사용했습니다. 그러나 2차 세계대전 때 그들은 그것을 사용하지 않았지요.

우리 가운데 어떤 분들은 1938년에 이페릿이란 독가스를 사용하면 어떻게 대처해야 하느냐에 대한 교육을 받은 일이 있었을 것입니다. 그러나 그것은 사용되지 않았습니다. 어째서 사용하지 않았습니까? 세상이 진보해서 그랬습니까? 결국 자기 이웃에 대한 사랑의 감정이 마음에서 싹텄기 때문일까요? 아닙니다. 오직 한 가지의 답변만이 있습니다. 양편이 그 독가스를 모두 보유하고 있었습니다. 그래서 양편은 자기들이 그 독가스를 사용하면 다른 편도 보복으로 그것을 사용할 것을 알았습니다. 그러므로 양편 모두 그것을 사용하지 않았습니다. 그것은 평화가 아닙니다. 그것은 해받을 일을 잠깐 피한 것에 불과합니다. 거기에는 하등의 진보나 발전이 없습니다.

1945년 제2차 세계대전이 끝난 이후 우리가 소위 평화라 부르는 것이 존재하는 것은, 나라들이 그 전보다 더 지적이고 더 사랑하고 서로 더 가까와졌기 때문이 아닙니다. 저는 그렇게 말할 수 있는 진정한 사례가 지금 존재한다고 생각합니다. 그것을 현존케 한 오직 유일한 것이 있습니다. 서로 원자폭탄을 소유하였다는 바로 그것입니다. 쿠바의 미사일 위기를 해결한 것이 바로 그것이 아니었습니까? 양편은 만일 한쪽에서 원자탄을 사용하게 될 때 다른 쪽도 보복해서 함께 고통을 당한다는 것을 알았습니다. 그래서 그들은 그것을 사용하지 않았습니다.

그러나 그것은 평화가 아니라 공포입니다. 우리가 뜻하는 평화는 그것이 아닙니다. 평화는 적극적인 것입니다. 평화는 새로운 자세, 새로운 이해입니다. 평화는 사랑을 의미합니다. 그러나 세상은 아무리 해도 그것을 가져올 수 없습니다. 또 다른 주장을 생각해 봅시다. 영국의 어떤 사람들은 "죽기보다 공산주의자가 되는 것이 낫다"고 말하는 자들이 있습니다. 또한 영국을 일방적으로 무장해제하자, "그것이 전쟁을 하느니보다는 낫다"라고 주장합니다. 그들은 그렇게 할 채비가 되어 있습니다. 그러나 그것도 역시 전혀 해결책이 되지 못합니다. 그렇게 한다면 세계 한 쪽이 다른 쪽에 의해서 지배당할 것이 뻔하기 때문입니다. 그것은 평화가 아닙니다. 다른 사람도 다 무장을 해제해야만 싸움이 없는 것입니다. 그러나 그것은 평화가 아닙니다. 연약하게 되면 강한 자들에게 지배당하기 마련입니다. 무장을 일방적으로 해제하면 필연적으로 그러한 일을 당할 것입니다. 여러분은 공산주의자들에게 지배를 당할 것입니다. 또는 공산주의자들이 지면 다른 사람들에 의해서 그 공산주의자가 지배를 당할 것입니다. 그것은 평화가 아닙니다. 그것은 인간 본성 중 가장 영광스러운 것을 다 죽여버린 데서 나온 평화입니다. 노예제도가 있는 곳에서 전쟁이 일어나지 않습니다. 또 파업 같은 것도 일어나지 않습니다. 그러나 그것은 평화가 아닙니다. 왜냐하면 전적으로 소극적인 자세이기 때문입니다.

그뿐 아니라 이 세상에서 시도되는 모든 노력을 생각해 보십시오. 그것들을 살펴보고 점검해 보면 그 뒤에는 미움의 정신이 도사리고 있으며 적대감과 투쟁의 정신이 스며 있음을 알게 될 것입니다. 우리는 보다 실제적인 눈을 가지고 사실들을 적나라하게 대면해 봅시다. 고(故) 케네디 대통령은 자기 나라의 많은 사람들에 의해서 미움을 받았고 비난을 받았습니다—이러한 살인적인 행동을 자행한 사람뿐만 아니라 다른 많은 사람들, 즉 선하고 훌륭한 사람들도 케네디의 정책 때문에 그를 미워하였습니다. 양편에 서로 증오와 적대감이 존재합니다. 여러분이 세상을 살펴볼 때, 세상이 아무리 잘하고 좋은 위치에 있다 할지라도 세상의 어떠한 평화도 가능케 하지 못한다는 것을 대번에 알 것입니다. 저는 정직하고 분명하게 하기 위하여 이렇게 말하지 않을 수 없습니다. 곧 제가 제 삶 가운데서 만난 사람들 가운데 가장 독설적인 사람들 중에 평화론자들이 있었습니다. 그 몇몇 평화주의자들에게서처럼 그렇게 격렬한 증오감을 본 적이 없습니다. 그들은 함께 의논하거나 일할 수 없는 자들이었습니다. 그들은 군사주의(軍事主義)에 대한 대단한 증오심으로 가득 차 있었습니다.

그러나 그것은 평화가 아닙니다. 마음속에 독설이 들어 있는 한 평화를 가질 수 없습니다. 아니, 세상은 평화를 산출할 수 없습니다. 세상은 중간의 막힌 담을 헐 수 없습니다. 근사한 평화의 모습을 취할 수는 있습니다. 또 잠깐 동안에 적대행동을 중지할 수도 있습니다. 그러나 그렇게 하는 것이 지혜롭고 정치적이고 실리적이기 때문에 그러한 태도를 취하는 것입니다. 그러나 그것은 언제나 기회를 노리고 있는 것입니다. 상대방보다 먼저 적대감을 나타내 줄 수 있는 어떤 일을 궁리해 내야 합니다. 여러분은 국가들이 하는 말을 믿을 수 있습니까? 국가들이 행하는 엄숙한 서약과 선서를 믿을 수 있습니까? 세계 역사는 그러한 모든 그럴듯한 조약이 거짓말임을 증험합니다.

오, 이 나라가 다른 것은 몰라도 이 일은 했습니다. 교육을 통해서 사람들에게 평화로운 방식으로 살도록 가르쳤습니다. 그러나 자기 형제들과 원수들을 사랑하도록 가르칠 수는 없음이 밝혀졌습니다. 그것은 절대적이고 어떤 의문의 여지도 없습니다. 그럴 수 있다고 주장하는 사람들도 있었습니다. 웰스(H. G. Wells) 씨는 최근 이 이론을 크게 주장하는 사람입니다. 그와 그를 따르는 사람들은 "사람들을 교육시키기만 하면 전쟁을 불식시킬 수 있다. 싸우는 것은 무지한 사람들이고 무지할수록 더 잘 싸운다"고 말합니다. 사람들로 하여금 싸우게 하는 것이 무지라는 것이지요. 교육은 전쟁의 어리석음을 그들에게 가르쳐 주고 그것의 기괴함과 악을 보여 준다는 것입니다. "또한 전쟁에서 해와 고통과 비통함과 상처밖에는 아무것도 얻을 것이 없음을 백성들에게 보여 주라. 그렇게 하면 그들은 자기들의 모든 무기를 불태워 버릴 것이고 서로 포옹하게 될 것이고, 그렇게 되면 전쟁은 더 이상 없을 것이다."

가련한 사람이여! 지난 제2차 세계대전을 보고 그런 확신을 가져서 그는 『벼랑에 선 지성』(*Mind at the End of Tether*)이라는 책을 썼습니다. 사람들의 지성이 벼랑 끝에 도달해 있었다는 것입니다. 모든 세기 가운데서 가장 교육을 많이 받은 이 세대가 가장 피를 많이 흘렸고, 바로 이 시대처럼 전쟁과 긴장과 투쟁과 논박으로 가득 찬 때는 없었습니다. 사람은 평화를 산출할 수 없습니다. 사람은 적대자들을 함께 모을 수 없습니다. 제가 여러분에게 보여 주려고 하듯이, 고통거리는 사람들의 마음에 있지, 사람들의 이지에 있는 것이 아니기 때문입니다. 사람의 마음속에 그 문제가 있습니다. 그것은 사람의 정욕과 탐욕과 소욕과 자랑입니다. 사람의 자랑은 그의 이해보다 더 큽니다. 자신의 자랑을 높이고 그것을 뽐내기 위해서 더 내밀함 속에서는 악한 것을 뻔히 알면서도 그 잘못된 일들을 행할 것입니다. 자랑은 이 세상에서 가장 큰 힘입니다. 사람이 알고 있는 그 어떤 것도 자랑의 문제를 해결할 수 없습니다. 그렇기 때문에 저는 다시 이 순간, 이 세상에서 평화와 연합을 가져오고 사람들을 하나로 묶고 참된 평강의 소망을 우리에게 가져다 줄 것은 오직 한 가지밖에 없다고 주장하는 바입니다. 그것은 그리스도의 십자가입니다. 그래서 사도는 그것을 자랑하는 것입니다.

십자가가 어떻게 이 일을 합니까? 그것은 실로 완전히 단순한 것입니다. 복음은 단순합니다. 왜냐하면 복음은 언제나 난제의 원천으로 가기 때문입니다. 문제의 뿌리로 들어가기 때문에 여러 편법을 사용하느라 시간을 보내지 않습니다. 복음은 평화의 길이 오직 하나밖에 없음을 알고 곧바로 그것을 향하여 나아갑니다. 십자가가 행하는 첫 번째 요점은 우리에게 우리 자신을 보여 주는 것입니다. 물론 우리는 언제나 우리 자신을 변호하지 않습니까? 우리는 흔히 그것은 내 실수가 아니고 그 사람의 실수라고 말합니다. 만일 그가 이해하기만 했다면 내 잘못은 아니라는 것입니다. 남편과 아내가 서로 갈라질 때 남편의 이야기를 들어보십시오. "이 여자는 전혀 어떻게 할 수 없는 여자야!" 그런 다음에 여자의 이야기를 들어보십시오. "저 남자, 그이는 도저히 함께 살 수 없는 사람이예요. 불가능한 사람이예요!"

언제나 문제는 다른 사람입니다. 그렇지 않습니까? 자신은 전혀 잘못이 없다고 하며 바로 다음과 같이 말합니다. "우리를 이해해 주기만 하면 절대로 우리에게 잘못이 없다. 고통스런 문제의 원인은 사람들이 우리를 이해하지 못하는 데 있다. 우리 모두는 다 평화의 사람이고 우리 중 어느 누구도 서로 싸우기를 원치 않는다. 우리는 질투하지 않고 시기하지 않고 다투지 않는다. 언제나 다른 사람이 문제이다." 복음이 행하는 것이 무엇인지 여러분들은 아십니까? 십자가는 무엇을 행합니까? 그것은 여러분에게 여러분 자신을 보여 줍니다. 십자가 외에 이 세상에 있는 어느 것도 그 일을 해내지 못합니다. 사람과 국가를 겸비케 하는 것은 그리스도의 십자가뿐입니다. 저는 여러분에게 다른 모든 것은 필연적으로 실패할 수밖에 없음을 보여 주려고 애써 왔습니다. 그러나 십자가는 우리 자신에 대한 단순하고 명백한 진리를 말합니다.

그것을 이렇게 생각해 보십시오. 왜 하나님의 아들이 이 세상에 오셨습니까? 어째서 그가 영광의 보좌를 떠나셨습니까? 왜 그가 갓난아이로 태어나셨습니까? 그가 어째서 인성을 취하셨습니까? 대답은 오직 하나뿐입니다. 사람이 스스로를 구할 수 없기 때문에 주님은 오셨습니다. 주님께서는 "인자의 온 것은 잃어버린 자를 찾아 구원하려 함이니라"(눅 19:10)고 말씀하셨습니다. 십자가와 거기에서 죽으신 주님을 바라볼 때 주님은 거기에서 나에게 이것을 말합니다. "너는 자랑할 것을 아무것도 가지고 있지 않다." 십자가는 또한 이렇게 말합니다. "너는 완전히 실패한 자이다. 네가 너무나 실패한 나머지 그가 하늘로부터 오셔야만 했다. 단순히 이 세상에서 가르치고 전도하기 위해서 뿐만 아니라 십자가 위에서 죽기 위해서 오셨다." 다른 어느 것도 우리를 구원할 수 없었습니다. 또한 그의 가르침을 지킬 수도 없었습니다. 내 자신의 율례를 따를 수도 없고, 다른 사람들을 기뻐할 수 없는 내가 어떻게 산상설교에 나오는 주 예수 그리스도의 가르침에 복종할 수 있습니까? 그것은 불가능합니다. 우리는 일상적인 법칙도 지킬 수 없습니다. 영국의 법도 지킬 수 없고 완전하신 그리스도를 모방하지도 못합니다. 그는 우리를 절대적이고 철저하게 정죄합니다.

사울이었던 다소(Tarsus) 사람 사도 바울을 바라보십시오. 그는 자기가 "팔 일 만에 할례를 받고 이스라엘의 족속이요 베냐민 지파에 속하는 히브리인 중의 히브리인이요 율법에 대해서는 바리새인의 열심을 가지고 교회를 핍박하였고 율법의 의로는 흠이 없는 자"임을 떠벌이고 자랑했습니다. 그 사람은 자신이야말로 완전한 사람이요, 절대적으로 도덕적이고 절대적으로 종교적이고 바리새인 중에 가장 잘 배운 사람이라고 생각하고 자랑하였습니다. 그런데 그가 이 그리스도를 만나게 되었습니다. 그 복된 주님의 얼굴을 한 번 보았는데도 그는 그만 먼지 가운데 내려앉게 되었습니다. 그리스도께서 성령을 통해서 자기가 그처럼 잘 알고 있다고 생각하는, 바로 그 율법에 비추는 빛을 통해서 자기는 그 율법을 지킬 수 없다는 것을 즉시 깨닫게 되었습니다. 그는 율법 가운데 있는 한 작은 말인 '탐내다'라는 말을 이해하지 못했습니다. '탐하지 말라' — 그는 그것을 전혀 알지 못했습니다.

평생 동안 율법을 연구하여 율법의 전문가가 되고, 언제나 율법을 아는 지식을 위해서 치른 모든 시험에서 수석을 차지했던 그가 그것을 전혀 알지 못했습니다. 그는 말했습니다. "율법으로 말미암지 않고는 내가 죄를 알지 못하였으니 곧 율법이 탐내지 말라 하지 아니하였더면 내가 탐심을 알지 못하였으리라"(롬 7:7). 그러나 그 순간에 자기는 더 이상 어쩔 수 없다는 것을 알게 되었습니다. "전에 법을 깨닫지 못할 때에는 내가 살았더니" — 나는 그때 내가 완전하다고 생각했다. 내가 하나님 앞에서 만족한 상태라고 생각했다 — "계명이 이르매 죄는 살아나고 나는 죽었도다"(9절). 자기가 완전하다고 생각했던 사람이 이렇게 울부짖고 있습니다. "오호라 나는 곤고한 사람이로다 이 사망의 몸에서 누가 나를 건져내랴"(24절). 그는 전적인 혼동과 수렁에 빠져 있습니다. "내가 원하는 바 선은 하지 아니하고 도리어 원치 아니하는 바 악은 행하는도다 만일 내가 원치 아니하는 그것을 하면 이를 행하는 자가 내가 아니요 내 속에 거하는 죄니라 그러므로 내가 한 법을 깨달았노니 곧 선을 행하기 원하는 나에게 악이 함께 있는 것이로다 내 속사람으로는 하나님의 법을 즐거워하되 내 지체 속에서 한 다른 법이 내 마음의 법과 싸워 내 지체 속에 있는 죄의 법 아래로 나를 사로잡아 오는 것을 보는도다 오호라 나는 곤고한 사람이로다 이 사망의 몸에서 누가 나를 건져내랴"(롬 7:19-24).

그리스도의 십자가가 바로 그것을 그에게 보여 주었습니다. 그리스도의 십자가는 말과 생각과 행동에 있어서 철저하고 절대적인 실패자라는 사실을 알게 해 주었습니다. 그는 아무것도 자랑할 것이 없었습니다. 그는 곤고하기 짝이 없는 가증한 실패자였습니다. 십자가는 그를 낮추고 땅바닥에 메꽂았습니다. 여러분은 일단 여러분 자신이 그와 같다는 것을 알게 될 때 다른 사람들을 용서하게 됩니다.

그러나 십자가가 우리에게 보여 주는 것은 더 많습니다. 십자가는 우리에게 역시 다른 사람에 대한 진리를 밝혀 줍니다. 십자가는 두 사람으로 하여금 한 새 사람을 만들고 우리 각자를 모두 다루어 줍니다. 십자가가 놀라운 것은 바로 그 때문입니다. 내 자신이 먼저 낮아져야 합니다. 내가 겸비해지거나 나는 옳다. "문제는 다른 사람이야"라는 말을 중단하기까지는 소용없습니다. 나는 낮아져야 합니다. 그때 그것이 다른 사람을 보도록 나를 도와줍니다. 십자가는 이 사람들이 피부 색깔이 어떠하든지, 부하든지 가난하든지, 학식이 있든지 무식하든지 그것이 문제가 아님을 보여 줍니다. 그들이 권세가 있는 자들이든지 그렇지 못한 약한 자들이든 지간에 그들은 영혼들입니다. 그들은 본래 나와 같이 하나님의 형상대로 지음 받은 사람들입니다. 그리고 그들은 모든 인간 본성의 존영을 지니고 하나님 앞에 나처럼 서 있습니다.

그런데 왜 그들이 그렇게 행동합니까? 그것이 문제입니다. 내 자신이 스스로 겸비해지지 않고는 절대로 그 문제를 해결할 수 없습니다. 나는 "그들이 나쁘기 때문이다. 나는 옳지만 그들이 잘못되었어"라고 말했습니다. 이제는 내가 잘못되어 있고 전적으로 그릇되어 있다는 것을 알게 되었습니다. 그러나 그들에 대해서는 어떠합니까? 그들을 새로운 방식으로 알 수 있게 되었습니다. 그들도 나처럼 마귀의 희생물들입니다. 마귀가 그들을 조정하고 있습니다. 내가 이 점을 알고부터 그들을 불쌍히 여기기 시작합니다. 다른 말로 해서, 십자가는 우리로 하여금 우리 자신이 어떠한 사람이라는 것을 정확히 알게 해줍니다. 그런 일이 일어나는 순간 우리와 다른 사람이 전혀 차이가 없다는 것을 압니다.

지난 제2차 세계대전 중에 여기 런던에서 일어났던 놀라운 일에 대해서 여러분들도 들었을 것입니다. 화란인 여자와 목수 부인이 한 방공호 안에서 매우 친절하게 서로 이야기를 하고 있었습니다. 그것은 좋습니다. 죽음을 한 발짝 앞에 두고 있을 때 여러분이 누구라는 것은 전혀 문제가 되지 않지요? 출생이 어디냐 하는 것도 문제가 되지 않습니다. 여러분들이 모두 다음

순간에 죽을지도 모르기 때문입니다. 그런 경우는 여러 가지 차이들이 아무런 힘을 가지지 못하게 됩니다. 십자가가 바로 그것을 해줍니다. 십자가는 우리가 모두 정확히 같은 사람들임을 보여 줍니다. 우리는 죄 가운데에서 하나요, 같은 실패자들이요, 같은 비참에 싸여 있는 사람들입니다. 무능과 절망에 있어서 하나입니다. 여러분이 이방인과 똑같이 실패자일 때 유대인이라는 사실이 자랑거리가 됩니까? 율법을 지키지 못할 때 율법을 가졌다는 것이 무슨 자랑거리가 됩니까? 어떻게 살아가야 되는지를 알지 못한다면 뛰어난 두뇌를 가졌다는 것이 무슨 뽐낼 일입니까? 마음과 영혼에 있어서 비참하여 시기와 질투와 악의와 욕설로 가득 차 있다면 여러분이 가진 돈과 부가 무슨 자랑거리가 되겠습니까? 그것이 무슨 소용이 있습니까? 모든 것이 무슨 소용이 있습니까? 십자가는 우리를 겸비케 합니다.

> 내 가장 풍부한 모든 것 아무것도 아니고
> 내 모든 자랑 헛된 줄 알고 버리네.

우리 모두로 하여금 같은 위치에 내려서게 하는 것이 그리스도의 십자가입니다. 모든 사람들은 범죄하여 하나님의 영광에 이르지 못했습니다. 그리스도의 십자가를 살펴볼 때 나라 사이의 차이, 나라들 안에 있는 여러 그룹 사이의 차이, 개인들 사이의 차이는 아무것도 아닙니다. 우리는 모두 비참하며, 무능하며, 절망적인 죄인입니다. 우리에겐 자랑할 수 있는 것이 아무것도 없습니다. 사도 바울이 빌립보서 3:7-9에서 말한 바와 같습니다. "그러나 무엇이든지 내게 유익하던 것을 내가 그리스도를 위하여 다 해로 여길 뿐더러 또한 모든 것을 해로 여김은 내 주 예수 그리스도를 아는 지식이 가장 고상함을 인함이라 내가 그를 위하여 모든 것을 잃어버리고 배설물로 여김은 그리스도를 얻고 그 안에서 발견되려 함이니 내가 가진 의는 율법에서 난 것이 아니요 오직 그리스도를 믿음으로 말미암은 것이니 곧 믿음으로 하나님께로서 난 의라." 일단 여러분이 이 십자가의 메시지를 알게 되면 여러분은 먼지와 마루바닥 위에서 뒹굴고 있는 자신을 발견하게 될 것이고 자신이 비참한 실패자요 절망적인 죄인임을 알게 될 것입니다. 여러분은 아무것도 할 수 없습니다. 여러분의 이웃도 역시 마찬가지입니다. 여러분은 모두 전적인 절망과 무능에 처하여 있습니다.

그러나 하나님께 감사하게도 거기서 끝나지 않습니다. 여러분은 모두 다 오직 유일하신 구세주, 세상의 구주, 세상 죄를 지고 갈 하나님의 어린 양의 얼굴을 함께 우러러봅니다. 그는 서구사회의 구세주만이 아니라 철의 장막 저편에 있는 사람들의 구세주도 되십니다. 그렇기 때문에 저는 공산주의자들에게도 복음을 전합니다. 다른 어느 것도 그것을 막을 수 없습니다. 저는 "쳐서" 설교하라고 부르심을 받지 않았습니다. 구세주를 드러내라고 부르심을 받았습니다. 그분은 자본주의자들뿐만 아니라 공산주의자들도 구원하실 수 있습니다. 백인뿐만 아니라 흑인들도 구원하실 수 있습니다. 그는 영혼을 구원하기 위해서 오셨습니다. "세상 죄를 지고 가는 하나님의 어린 양"으로서, 세상의 구주로서 오셨습니다. "다른 이로서는 구원을 얻을 수 없나니 천하 인간에 구원을 얻을 만한 다른 이름을 우리에게 주신 일이 없음이니라"(행 4:12).

전 세상과 우주를 감쌀 수 있는 오직 유일한 분이 여기 계십니다. 전적인 무능에 빠져 있는 모든 사람들이 그를 볼 수 있습니다. 그 때문에 십자가가 그렇게 놀라운 것입니다―구원하시는 분은 그분입니다. 우리가 아니라 그분이 구원하십니다. 우리가 그분을 믿는 것 자체마저도 우리를 구원하지 못합니다. 우리를 구원하시는 분은 그분입니다. 주님은 십자가로 나아가셨습니다. 하나님의 어린양으로서 자신을 복종시키셨고, 아버지께서는 우리의 죄악을 그에게 담당시키셨습니다. 그리고 그분은 우리를 위해서 매를 맞으시고 형벌을 당하셨습니다. 바로 그것이 우리를 구원합니다. 주님은 그 모든 일을 행하십니다.

어느 누구도 자랑할 것이 없습니다. "너희가 그 은혜를 인하여 믿음으로 말미암아 구원을 얻었나니 이것이 너희에게서 난 것이 아니요 하나님의 선물이라 행위에서 난 것이 아니니 이는 누구든지 자랑치 못하게 함이라"(엡 2:8-9). 우리는 다 거지들입니다. 그가 우리의 평강이시기 때문에 우리는 정확히 같은 은사를 받았습니다. 어떤 사람도 자랑할 거리를 가지고 있지 않습니다. 우리는 아무 일도 못했고 할 수도 없습니다. 주님께서 모든 일을 하셨습니다.

그래서 바울은 로마서에서 이렇게 말합니다. "그런즉 자랑할 데가 어디뇨 있을 수가 없느니라"(롬 3:27). "기록된 바 자랑하는 자는 주 안에서 자랑하라 함과 같게 하려 함이니라"(고전 1:31). "누가 너를 구별하였느뇨 네게 있는 것 중에 받지 아니한 것이 무엇이뇨 네가 받았은즉 어찌하여 받지 아니한 것같이 자랑하느뇨"(고전 4:7). 십자가는 모든 방면에서 우리를 하나되게 한다는 사실을 여러분은 보셨습니다. 우리는 죄 가운데 하나요, 다 같이 실패자들이요, 무능과 절망에 있어서 또한 하나입니다.

우리는 오직 유일한 구세주를 함께 믿습니다. 죄사함을 받았고 하나님의 동일한 자녀들입니다. 우리는 은혜로 말미암아 같은 하나님의 생명을 누리며, 영광의 같은 소망을 가지고 있으며, 우리는 모두 다같이 감격과 찬양과 기쁨과 영광을 가지고 같은 구주의 얼굴을 바라보고 있습니다. 이 세상에 평화를 가져올 오직 유일한 길이 바로 그것입니다. 그렇게 유대인들과 이방인들 사이에 서 있던 '중간의 막힌 담'이 허물어졌습니다. 유대인인 것을 자랑한다 해도 지킬 수 없다면 그것이 무슨 소용이 있습니까? 아무런 차이가 없습니다. "모든 사람이 죄를 범하였으매 하나님의 영광에 이르지 못하였습니다." 오늘날 세상에서의 소망이 바로 여기에 있습니다. 그 외에 어떤 것도 소망이 될 수 없습니다. 사람들과 나라들이 서로 거칠게 자기 자신을 확신하고 있는 한에는 욕설과 악의와 혐의와 전쟁과 다툼과 공포 외에는 아무것도 없습니다. 그러나 어느 남자, 어느 여자든지 주 예수 그리스도와 그의 십자가에 못박히신 것 속에 드러난 진리를 알게 될 때 그 모든 것은 사라지고 그 모든 것은 분토와 같이 됩니다.

> 내 가장 풍부한 모든 것 아무것도 아니고
> 내 모든 자랑 헛된 줄 알고 버리네.

우리는 얼마나 어리석습니까! 여러분이 자랑할 것이 무엇입니까? 여러분은 누구입니까? 여러분은 어떻게 살아갑니까? 여러분은 자신이 위대한 지성인이라고 말합니다. 그러나 저는 여러분에게 묻습니다. 어떻게 살아갑니까? 만일 모든 사람이 여러분이 행하고 있는 일을 안다면 어떻게 하시겠습니까? 여러분이 생각하고 상상하고 있는 일들을 모든 사람이 안다면 어떻게 되겠습니까? 여러분은 어디에 서 있습니까? 자기 스스로를 만족하게 생각하는 여러분은 올라와서 반대의 심문을 받을 채비가 되어 있습니까? 여러분이 어떻게 사는가를 정직하게 말할 용기가 있습니까? 여러분의 모든 시기심과 질투와 수치스러운 생각들을 다 털어놓을 수 있습니까? 여러분 마음속에 얼마나 살인죄를 저지르고 있는지 정직하게 말할 수 있습니까? 그 잔인한 암살범이 그날 텍사스의 달라스에서 행한 일을 여러분은 하지 않았습니다. 그러나 여러분의 심령 속에서 그러한 일을 했습니다. 사람들을 죽였습니다. 격렬한 증오심으로 사람들을 미워합니다. 바로 그것이 정죄당할 일이요, 분쟁케 하고 중간에 막힌 담을 세우는 것입니다. 그러나 우리에게 그것을 알려주는 것은 십자가뿐입니다. 사람들의 교만과 나라들의 자랑을 무너뜨리는 것은 아무것도 없습니다. 우리 주 예수 그리스도의 십자가에 의해서 밝혀진 진리를 아는 길 외에 다른 길이 없습니다.

그러나 일단 그것을 알게 되면 여러분은 먼지 가운데 처하게 될 것입니다. 그것을 알기만 하면 여러분 스스로 자랑할 것을 하나도 갖지 않게 될 것입니다. 오히려 여러분의 시기심과 질투심을 버리게 될 것입니다. 여러분은 모든 죄인들과 하나입니다. 그러나 하나님께 감사하게도 십자가는 탈출구를 보여 줄 것입니다. 십자가가 여러분을 높이 들어 세워 줄 것입니다. 여러분과 함께 다른 사람도 높일 것입니다. 십자가는 평화를 만들 것입니다. 그리고 둘이 한 새 사람을 이루게 하여 화평을 조성할 것입니다. 여러분은 다 함께 여러분의 간구와 찬양과 감사를 가지고 하나님께 함께 나아갈 수 있을 것입니다. 십자가를 일단 알기만 하면 모든 분쟁은 사라지고 같은 메시지를 믿는 모든 사람들과 하나되어 그를 즐거워하고, 자신의 보배로운 피의 대가로 여러분을 위해서 사신 새생명을 즐거워할 것입니다.

많은 방면에서 저는 존 에프 케네디(John F. Kennedy)의 암살사건이 세계의 여러 나라들을 하나로 묶을 것이라고 믿을 수만 있으면 좋겠습니다. 그러나 그런 일은 일어나지 않음을 저는 압니다. 그럴 수 없습니다. 아마 그것은 더 무서운 투쟁과 격렬한 증오감을 불러일으킬 것입니다. 그러나 화해시킬 수 있는 죽음, 일단 일어났던 한 살인사건이 여기에 있습니다. 그것이 사람들과 하나님을 화평케 했습니다. 또한 사람들 사이를 서로 화목케 했습니다.

나라들의 차원에서 생각하는 것을 멈추고 먼저 여러분 자신들을 생각해 보십시오. 그 옛날 자랑, 여러분을 지배하던 그것이 있습니까? 우리의 모든 추한 자랑이 다 물러가고, 우리가 우리의 전적 무능과 절망을 알게 되고 그리스도의 십자가의 빛에 비추어 우리 자신을 보여 주시도록 하나님께 기도드립니다. 또한 우리를 그처럼 사랑하사 자신의 목숨을 기꺼이 내놓으사 우리를 구원하시고 하나님과 화평케 하시며, 사람들끼리 서로 화목케 하신 그 주님을 우러러볼 수 있기를 기도 드립니다. 내게는 우리 주 예수 그리스도의 십자가 외에 결코 자랑할 것이 없습니다.

7

그리스도의 십자가는 말한다

어느 의미에서 이제까지 우리는 십자가를 살펴보았으며, 아이작 왓츠(Isaac Watts)와 같이 "곰곰이 십자가를 생각해" 왔습니다. 우리가 이제까지 해온 일은 마치 큰산에 대해서 행하는 일과 같았습니다. 우리는 그러한 큰산을 둘러 다녀볼 수도 있고 여러 가지 다른 각도에서 바라볼 수도 있습니다. 때로 우리는 "그 산이 같은 산인가" 하고 의아심을 가질 때가 있습니다. 그러나 그것은 여전히 같은 산입니다. 다만 우리가 그 산을 어떠한 지점에서 바라보느냐 하는 데 따라 달리 보일 수 있습니다. 우리가 어떠한 관점을 가지고 그 산을 보느냐에 따라서 여러 가지 다른 국면을 발견할 수 있습니다…산이 크면 클수록 우리가 그 산을 바라보고 그 엄위와 크기와 영광을 보는 각도와 국면들은 그만큼 더 많아집니다.

우리는 십자가의 주위를 둘러보며 우리가 응시하여 연구하고 생각하고 살펴봄에 따라서 발견할 수 있는 여러 가지 다른 요점들을 찾아보았습니다. 그렇게 하는 것은 바르고 참으로 중요하기 그지없습니다. 우리는 그러한 일을 계속 해나갈 수 있습니다. 그러나 저는 이제 다른 길로 접어들어야겠습니다. 왜냐하면 성경에 따르면 십자가는 이런 의미, 곧 그것이 우리에게 무언가를 말한다는 의미에서 매우 놀라운 것이기 때문입니다. 여러분은 그것을 그와 같이 생각한 적이 있습니까? 히브리서 12장에 이 점에 관해서 말하는 대목이 있습니다. 히브리서 기자는, '우리가 어디에 이르렀느냐'고 묻습니다. 우리는 시내 산기슭에 있지 않습니다. 아니, 우리는 새 언약, 새 경륜 아래 있습니다. 그런 다음에 히브리서 기자는 우리가 이르게 된 것들의 놀라운 목록을 제시합니다. "그러나 너희가 이른 곳은 시온 산과 살아 계신 하나님의 도성인 하늘의 예루살렘과 천만 천사와 하늘에 기록한 장자들의 총회와 교회와 만민의 심판자이신 하나님과 및 온전케 된 의인의 영들과 새 언약의 중보이신 예수와" - 바로 다음의 말씀을 주목하십시오 - "아벨의 피보다 더 낫게 말하는 뿌린 피니라." 십자가의 피는 말합니다. 십자가의 피는 무엇인가를 진술합니다.

여러분은 로마서 3:24-26에서 이에 상응하는 개념을 대하게 될 것입니다. "그리스도 예수 안에 있는 구속으로 말미암아 하나님의 은혜로 값없이 의롭다 하심을 얻은 자 되었느니라 이 예수를 하나님이 그의 피로 인하여 믿음으로 말미암는 화목 제물로 세우셨으니 이는 하나님께서 길이 참으시는 중에 전에 지은 죄를 간과하심으로 자기의 의로우심을 나타내려 하심이니…." 거기에 말하고 선언하고 천명하며 어떠한 선언을 공포하고 있습니다. 이것이야말로 복되신 구주 예수님의 십자가를 살펴보는 매우 놀라운 방법입니다. 저는 바로 그 차원과 입장에서 여러분과 같이 십자가를 살펴보고자 합니다.

그리스도의 십자가가 여러분에게 말한 적이 있습니까? 그 메시지를 들어보았습니까? 그리스도의 십자가는 설교합니다. 그리스도의 십자가는 말합니다. 그리스도의 피가 말합니다. 십자가는 무언가 말할 거리를 갖고 있습니다. 여러분은 그 십자가가 하는 말을 들어보았습니까? 히브리서를 기록한 기자는 사도 바울처럼 기뻐합니다. 이 피가 아벨의 피보다 더 낫게 말한다는 사실을 하나님께 감사하고 있습니다. 여러분은 아담과 하와의 두 아들 가인과 아벨의 이야기를 기억하실 것입니다. 또 가인이 자기 동생 아벨을 죽여 피를 흘리게 한 이야기를 알고 계십니까? 가인은 아벨을 죽였습니다. 아벨의 피는 땅에 쏟아져 복수와 형벌과 보응을 위하여 울부짖듯이 말합니다. 아벨의 피가 말하였습니다. 하나님께서는 히브리서 기자를 통해서 여러분과 제가 이른 곳은 그곳이 아니라고 말합니다. 우리는 "아벨의 피보다 더 낫게 말하는" 뿌린 피에 이르렀습니다. 신약에 있는 모든 사람들이 십자가의 피를 즐거워했던 것도 그 때문입니다. 모든 세대의 성도들이 십자가의 피를 또한 그 때문에 즐거워했습니다.

피는 말합니다. 피는 세상이 들었던 것 중에서 가장 좋은 것을 말합니다. 저는 그리스도의 십자가, 십자가의 피가 오늘날 사람들에게 말하는 것 몇 가지를 여러분에게 소개해 드리고자 합니다. 다른 말로 해서 우리는 강해의 형식을 통해서, 십자가 말하는 소리를 들어보겠습니다. 그리스도의 십자가처럼 하나님의 진리를 우리에게 밝혀 주는 것은 없습니다. 성경은 같은 진리를 파헤쳐 줍니다. 그리스도의 십자가는 우리 앞에 그 진리를 열어 주고 진리가 우리에게 말하게 합니다. 십자가의 메시지를 청종한 적이 있습니까? 여러분은 십자가를 하나의 설교로 생각했거나, 십자가의 하는 말을 앉아서 들었거나 십자가가 여러분에게 말해야 하는 것을 들은 적이 있습니까? 갈보리 언덕의 십자가 속에는 얼마나 놀라운 진리가 노출되어 있습니까!

자, 십자가를 이렇게 다른 각도에서 살펴보면 십자가에 대해서 거듭거듭 말해야 할 것들이 있다는 것이 확실합니다. 그럼에도 십자가가 참 기이하고 놀라운 것은, 사람이 아무리 여러 번 십자가에 관하여 설교했더라도 십자가에 관해서 할 말이 더 있다고 말한다는 것입니다. 언제나 새롭게 신선하게 말할 것이 있습니다. 십자가에는 언제나 중심적인 메시지가 있습니다. 제가 말씀드렸듯이 여러 다른 각도와 시각에서 다른 방식으로 그 한 가지를 보는 것처럼 놀라운 것은 없습니다. 그렇기 때문에 사도 같은 사람이 그것을 그렇게 자랑하는 것입니다. 그는 십자가를 자랑하는 데 끝이 없다고 말합니다. 어떤 사람은 자기가 그 모든 것에 대해서 다 알았다고 생각할 수도 있습니다. 그러나 사도는 그렇게 하지 않습니다.

제 개인적인 이야기를 용서하시기 바랍니다. 지난 26년 동안 저는 이 웨스트민스터 교회에서 설교해 왔습니다. 제 어리석음으로 이제 더 말할 것이 없지 않은가라고 생각할 때가 여러 번 있었습니다. 저는 모든 것을 설교했다는 식으로 말입니다. 마귀가 아마 제게 그러한 암시를 던졌던 것 같습니다. 그러나 이제 시작에 불과하다고 말씀드릴 수 있음을 하나님께 감사드립니다. 이 십자가에 관한 영광스러운 메시지에 끝이 있을 수 없습니다. 언제나 새롭고 감동적이고 그 전에는 알지 못하던 마음을 감격하게 하는 것이 있습니다. 우리는 언제나 십자가가 말해야 하는 것을 들어야 합니다. 제가 들어야 하는 첫 번째 요점은, "사람이 된다는 것은 매우 중요하고 진지한 일"이라는 것입니다. 어째서 하나님의 아들이 십자가 위에 계셨습니까? 우리는 죽으신 분이 하나님의 아들이라는 사실을 확증했습니다. 그 십자가의 전체 의미는 바로 그 사실 속에 있음이 분명합니다. 여러분이 그 점을 인식하는 순간 이러한 질문을 던질 것입니다. 왜 하나님의 아들이 죽었는가? 그가 거기서 무슨 일을 하고 있었는가? 십자가가 밝히는 진리를 들음에 따라서 내가 얻은 첫 번째 대답은 사람의 영혼이 매우 보배롭다는 것입니다.

이 점에 관한 우리 자신의 가르침을 여러분은 기억하시죠? 그는 말씀하셨습니다. "사람이 만일 온 천하를 얻고도 제 목숨을 잃으면 무엇이 유익하리요 사람이 무엇을 주고 제 목숨을 바꾸겠느냐?"(막 8:36-37) 십자가는 사람의 영혼에 대해서 말합니다. 우리 주님께서 십자가에서 계셨던 것은 사람의 불멸하는 영혼의 가치 때문입니다. 그러므로 대번에 십자가가 나 자신에 관하여 무언가를 말한다는 것을 알 것입니다. 하나님께서 제게 주신 이 사람 됨의 본질이 무엇인가를 말하고 있습니다. 십자가는 역시 이 세상의 인생의 전체 목적에 관하여 말해 줍니다. 문제되는 것은 바로 그 영혼입니다. 물론 제 몸도 중요하고 그것도 멸시해서는 안 됩니다. 또한 이 세상에 있는 다른 여러 많은 것들이 중요합니다. 합법적인 것들을 낮게 평가하거나 조롱하는 것이 복음 설교의 임무가 전혀 될 수 없습니다.

그러나 문제되는 것이 사람의 영혼이요, 우리가 죽을 때에도 계속 존재하는 것이 영혼이라고 말하는 것, 그것이 바로 복음의 임무입니다. 그것은 멸해지지도 않고 영원토록 존재하는 것입니다. 십자가는 바로 그 영혼에 대해 엄청나게 강조합니다. 우리 주님께서 거기 십자가 위에 달리신 것은 우리 몸이 병에서 나음을 받고 더 잘 먹고 잘 입고 더 많은 정보나 지식을 가지게 하기 위한 것이 아니었습니다. 영혼을 구하기 위해서 주님은 오셨습니다. "인자의 온 것은 잃어버린 자를 찾아 구원하려 함이로다." 잃어버린 것은 사람의 영혼입니다. 바로 이것이야말로 십자가에서 우리에게 전달되는 엄청난 진술입니다. 여러분은 그 말을 들어보셨습니까? 여러분에게 있어서 가장 중요한 것이 여러분의 영혼이라는 것을 인식하였습니까? 왜냐하면 이 세상에서 여러분이 다른 어느 것을 소유한다 할지라도, 세상이 여러분에게 무엇을 가져다준다 할지라도, 우리 각자 그 모든 것을 놓고, 몸마저 놓고 갈 때가 오는 것입니다. 우리는 그것을 다 뒤에 두어야 합니다. 영과 혼이 빠져 나가 계속 존재할 것입니다. 십자가는 말합니다. 바로 그것이 문제라고. 즉 주님께서 십자가에 계셨던 것은 사람의 영혼에 두신 가치 때문이었습니다.

이와 관련하여 또 다른 요점은, 이 십자가의 도(道)에 의하면 우리에게 있어서 가장 중요한 것은 우리와 하나님과의 관계임에 틀림없다는 점입니다. 우리는 사람과 사람의 관계를 잘 유지하고 있어야 합니다. 그것도 매우 중요합니다. 그러나 십자가의 메시지는 하나님과의 관계가 바로 되지 않으면 사람과의 관계도 전혀 바로 되지 못할 것이라고 말합니다. 십자가는 계속해서 모든 것이 그것에 달려 있기 때문에 그렇다고 말합니다. 다른 모든 것보다도 더 우선하는 궁극적인 것이 여기 있습니다—나와 하나님의 관계는 어떠합니까? 어째서 하나님의 아들이 십자가에서 죽으셨습니까? 그는 여러분에게 일러주실 것입니다. 그가 십자가에 달리신 것은 사람들과 하나님이 바른 관계를 맺기 원하셨기 때문입니다. 하나님께서 바로 그 일을 하라고 주님을 보내셨습니다. "이는 하나님께서 그리스도 안에 계시사 세상을 자기와 화목하게 하시며…." 하나님께서는 "그의 피로 인하여 믿음으로 말미암은 화목 제물"로 주님을 보내셨습니다.

제가 이 강론의 제목 아래서 발견하는 다음의 요점은 이러합니다. 죄로 죄되게 하는 것, 또는 그렇게 표현하면 좋을지 몰라도 "죄의 진노는 하나님을 대적하여 모반하는 것"이며, 하나님과의 관계를 끊는 것임이 틀림없습니다. 바로 죄가 그것을 의미합니다. 세상은 그것을 알지 못합니다. 그러나 십자가의 메시지는 바로 그 점을 말합니다. 우리는 죄를 행동과 나쁜 행위나, 우리가 저지르거나 생각하거나 우리가 말한 그릇된 말의 차원에서 생각하는 경향이 있습니다. 그러나 그것이 죄에 있어서 가장 본질적인 문제는 아닙니다. 죄에 있어서 무서운 것은 죄가 하나님을 거슬려 모반하는 것이라는 점입니다. 죄는 사람이 하나님을 무시해 버린 것입니다. 죄는 하나님의 거룩한 율법을 어긴 것입니다. 죄는 하나님의 신성을 사람이 범한 것입니다. 그리고 자신을 세워 하나님과 겨루고 하나님을 무시하는 것입니다. 그것이 바로 죄의 진수입니다. 그것이야말로 사람이 할 수 있는 일 가운데 가장 무서운 일입니다. 왜냐하면 그 일은 하나님과의 일을 단절시키며 자신을 신으로 세우려고 하는 일이기 때문입니다. 십자가는 바로 그 모든 것을 말해 줍니다. 십자가는 죄가 얼마나 무섭다는 것을 보여 줍니다. 그것은 그렇게 단순하고 쉽게 장래에 더 나은 삶을 삶으로써 해결될 수 있는 행동의 문제가 아닙니다. 아니, 그것은 관계의 문제입니다. 십자가만이 바로 그 점을 지적해 주고 강조합니다. 십자가는 하나님과의 관계의 문제를 내 생각의 중심에 가져다 놓아줍니다.

십자가는 계속 "죄에 대한 심판이 있으며 죄는 형벌받아야 한다"고 말합니다. 그 십자가, 십자가의 피가 여러분에게 말하는 것을 잘 들어보십시오. 그러면 그렇게 말합니다. 십자가는 하나님은 거룩하며 의로우며 공의롭다고 말합니다. 로마서 3:25-26에서 그 모든 요점을 발견하게 될 것입니다. 하나님께서는 그러한 분이시기 때문에, 거룩하고 의롭고 공의로우시기 때문에 죄를 미워하십니다. 그의 진노가 죄에 대하여 임합니다. 하나님의 아들이 어째서 죽으셨습니까? 그는 하나님의 아들이요, 그릇된 일을 하나도 하지 않으셨습니다. 또한 그 아버지의 계명도 어기지 않으셨습니다. 어느 누구도 그를 손가락질하거나 그를 걸어 고소할 일을 행하지 아니하셨습니다. 마귀마저도 그렇게 할 수 없었습니다. 그런데 그는 죽으셨습니다. 십자가는 그 문제를 해명합니다. 그가 십자가에서 죽은 것은 하나님께서 죄를 미워하기 때문이며 하나님의 거룩한 진노가 죄에 대하여 임하기 때문입니다. 죄는 하나님께 사소한 일거리가 될 수 없습니다. 그의 거룩한 본성은 그것을 금합니다. 죄는 우주 전체에 들어온 것 중에서 가장 심각한 문젯거리입니다.

저는 그것을 이렇게 표현해 보겠습니다. 죄의 난제는 전능하신 하나님께라도 가장 다루기 힘든 문제입니다. 제가 그렇게 말하는 이유가 있습니다. 창조의 전체 문제를 생각해 보십시오. 창조는 정말 엄청난 일입니다. 아무것도 없었는데 하나님께서는 창조하셨습니다. 그때 어느 시점에 성령께서 공허와 혼돈 위에 운행하고 계셨습니다. 하나님께서 말씀하셨습니다. "빛이 있으라 하시매 빛이 있었고." 하나님께서는 자기의 권능과 단순한 명령 한마디로 빛이 있게 하셨습니다. 하나님께서는 모든 것을 같은 방식으로 창조하셨습니다—한마디면 충분하였습니다. 하나님의 능력은 그 정도입니다. 하나님께서 말씀하시면 그대로 이루어졌습니다.

그러나 하나님께서 죄와 모반을 자행하며 하나님 자신에 대하여 대적하고 있는 사람의 난제를 다루게 될 때, 한마디 말로는 충분하지 못합니다.

여러분이 이 점을 인식하셨다면 십자가가 이것을 설교하는 소리를 들어보셨습니까? 십자가가 바로 우리에게 그 점을 말해 주고 있습니다. 저는 깊이 생각한 다음에 경외하는 마음으로 그렇게 말하고 있는 것입니다. 저는 다만 성경의 권위에 의탁하여 그것을 말하고 있습니다. 십자가가 그것을 설교하고 있기 때문에 그렇게 말합니다. 하나님께서는 "내가 용서한다"라고 말씀만 하심으로써 죄를 용서하실 수 없습니다. 그렇게 하실 수만 있었다면 그렇게 하셨을 것입니다.

만일 어떤 다른 방식으로 사람들의 죄를 용서하실 수 있으셨다면 자기의 독생자를 십자가로 보내셨다고 상상할 수 있겠습니까? 또한 하나님께서 자기 아들을 그처럼 버리시고 그 위에 자기의 진노의 잔을 부으셨겠습니까? 또한 그렇다면 자기의 사랑하는 아들인 독생자가 고뇌에 차서 "나의 하나님 나의 하나님 어찌하여 나를 버리셨나이까?"라고 울부짖게 내버려두셨겠습니까? 또한 주께서 고뇌를 당하시며 갈증이 나고 부끄러움을 당하실 동안에 그렇게 가만히 계셨을까요? 다른 방법으로 우리의 죄를 사해 주실 수 있다면 그런 일을 허용하셨을까요? 그러나 다른 길은 없습니다. 창조는 말씀만으로 충분합니다. 그러나 용서는 말씀만으로는 안 됩니다. 하나님께서 어떤 사람의 죄를 용서하실 수 있으려면 먼저 자기의 독생자가 하늘의 궁정을 떠나 땅에 내려와 인성을 취하시고, 사람처럼 사시고 그 십자가 위에서 "매맞고 하나님의 침을 당해야" 했습니다. 그래서 십자가는 하나님의 거룩과 죄의 극악함과 죄의 무서운 난제와 하나님을 대적한 사람의 모반의 무서운 심각성을 선포합니다.

그러므로 제가 제기하는 문제는 여러분이 어떤 류의 삶을 사느냐가 아닙니다. 물론 저도 거기에 관심이 없는 것은 아닙니다. 그러나 그것이 가장 우선적인 문제는 아닙니다. 성경이 우리 모두에게 던지는 질문은, 십자가가 우리에게 제기하는 질문은 그것이 아닙니다. 또는 지난밤에 여러분이 어떻게 보냈는가, 여러분이 도덕적이었는가 부도덕적이었는가, 여러분의 생각이 어떠한가 하는 등의 문제가 아닙니다. 아니, 절대로 아닙니다. 십자가가 제기하는 첫 번째 질문은 하나님과 어떠한 관계를 맺고 있는가입니다. 하나님께서 자기 형상대로 사람을 지으셨습니다. 그리하여 하나님의 영광을 위해서 살도록 하신 것입니다. 장로교회의 소요리문답 제1문은 "사람의 최고되는 목적이 무엇인가?"입니다(물론 그것을 아무리 인용한다 해도 지나치지 않습니다). 그에 대한 해답은 이것입니다. "사람의 최고되는 목적은 하나님을 영화롭게 하고 영원토록 그를 즐거워하는 것이니라."

하나님께서 바로 그것을 위해서 우리를 만드셨습니다. 만일 여러분이 그것을 하고 있지 않다면 여러분은 무서운 죄인입니다. 여러분은 나는 간음죄를 전혀 범하지 않았다고 말하지요. 저는 그렇게 말하는 데 하등의 관심을 두지 않습니다. 여러분은 실제로 사랑하지 않았다고 말합니다. 그것이 첫 번째 문제가 아닙니다. 문제는 여러분이 하나님의 영광을 위해서 사느냐? 하나님이 여러분 삶의 최고 되는 목적과 목표이냐? 여러분의 관심의 중심이 하나님이냐? 여러분이 하나님께 순종하기 위해 자신을 드리느냐? 하는 것입니다. 바로 그것이 문제입니다. 궁극적으로 따져서 그 문제만이 중요합니다. 여러분과 저는 이러한 명령을 듣습니다. "네 마음을 다하고 목숨을 다하고 뜻을 다하고 힘을 다하여 주 너의 하나님을 사랑하라 하신 것이오"(막 12:30). 그에 미치지 못하는 것은 그 어느 것이라도 하나님께 아무런 소용이 없습니다. 하나님 앞에서는 여러분의 모든 훌륭함, 여러분의 모든 종교성이 전혀 쓸모 없고 더러운 넝마와 혐오거리입니다.

그는 여러분을 원하십니다. 여러분의 마음과 여러분의 충성과 여러분 삶의 중심을 원하십니다. 하나님은 다른 어느 것으로도 만족하지 아니하실 것입니다. 십자가, 십자가의 피는 그 모든 것을 말합니다. 주님께서 십자가 위에서 죽으신 것은 사람이 바로 그 수준에 이르지 못하였기 때문입니다. 십자가는 이 모든 사실을 우리에게 밝혀 주고 우리에게 설교해 주고 펼쳐 보여 줍니다. 바로 십자가는 그것을 말하고 있습니다. 여러분은 십자가의 말하는 것을 들어야 합니다. 여러분의 피상적인 감정으로 십자가가 말하는 것을 날려버리지 마십시오. 그 십자가를 살펴보면서 그 십자가가 무엇을 의미하느냐만 물어보십시오. 십자가가 말하는 것을 확증하시며 십자가에서 발견하는 노출된 진리를 주목하십시오. 바로 그것이, 뿌린 피가 오늘날 우리에게 말하는 바입니다.

그러나 이제 저는 두 번째 항목으로 나아가려 합니다. 하나님께 감사하게도 십자가는 해석만이 아니라 선포와 능력 있는 선언입니다. 저는 사도가 로마서 3장에서 사용하는 말을 좋아합니다. 특히 그 말을 반복하여 말하는 방식을 좋아합니다. 사도 자신이 그 말을 좋아했음이 분명합니다. "이 예수를 하나님이 그의 피로 인하여 믿음으로 말미암는 화목 제물로 세우셨으니 이는 하나님께서 길이 참으시는 중에 전에 지은 죄를 간과하심으로 자기의 의로우심을 나타내려 하심이니…"(롬 3:25). 사도는 '너희가 그것을 가지고 있고 그것의 말하는 소리를 듣고 있으니 지금 그것을 청종하고 있느냐, 너희 졸음에 겨워 하는 말이 무슨 말인지를 알지 못하고 있는 자들아 일어나라'고 말합니다. "…나타내려 하심이라." 여러분은 그 선언을 들으셨습니까? 여러분은 그 힘있는 선포를 들으셨습니까? 이 피가 나에게 무엇을 선포합니까?

저는 그것을 사도 바울이 고린도후서 5:19, 21에서 사용한 다른 말로 요약하겠습니다. 그 선언은 이러합니다. "이는 하나님께서 그리스도 안에 계시사 세상을 자기와 화목하게 하시며 저희의 죄를 저희에게 돌리지 아니하시고 화목하게 하는 말씀을 우리에게 부탁하셨느니라…하나님이 죄를 알지도 못하신 자로 우리를 대신하여 죄를 삼으신 것은 우리로 하여금 저의 안에서 하나님의 의가 되게 하려 하심이니라." 이 말씀은 무슨 뜻입니까? 저는 그것을 현대적인 차원에서 이렇게 표현해 보겠습니다. 십자가는 이것이야말로 선언이라고 말하고 있습니다. 십자가는 사람의 죄의 난제를 다루시는 하나님의 방식이라고 말합니다. 십자가는 이미 난제가 있다고 말했습니다. 그것은 무서운 난제요, 역사 전체에서 가장 큰 문제요 전 우주에서 최대의 숙제입니다. 이보다 더 크고 어려운 문제는 없습니다. 그 십자가에서 그 난제에 대한 해석이 드러나 있습니다. 그런 다음에 힘있는 선언이 나옵니다. 십자가는 이것이 바로 하나님의 대답이라고 말합니다.

이제 우리 주님께서는 그것을 교훈으로 말씀하셨습니다. 그러나 그것은 이해할 수 없었습니다. 그 제자들마저 눈멀어 있었습니다. 그들은 유대인으로서 지상의 나라를 늘 염두에 두고 있었습니다. 사람은 언제나 위대하고 영광스러운 하나님 나라의 복락을 물질화시킬 것입니다. 언제 나라가 임하겠습니까? 주님께서 부활하신 후 제자들은 그러한 질문을 주님께 던졌음을 여러분도 아실 것입니다. 그들은 주님께서 자기들에게 말씀해 두었던 것, 곧 죽기 위해서 오신 것이라는 사실을 이해하지 못했습니다. 주님은 말씀하십니다. "인자가 온 것은 섬김을 받으려 함이 아니라 도리어 섬기려 하고 자기 목숨을 많은 사람의 대속물로 주려 함이라"(마 20:28). 그들은 그것을 이해할 수 없었습니다. 또한 주님께서는 십자가에서 그 점을 다시 말씀하셨습니다. 그런데도 불구하고 그들은 이해하지 못했습니다. 사람들은 주님께 미안함을 느꼈고 어떤 사람들은 주님을 동정했습니다. 또 다른 사람들은 주님을 조롱하였습니다. 그들 중 어느 누구도 무슨 일이 일어나고 있는지 알지 못했습니다.

그러나 여러분이 잘 청종하면 주님께서 그 십자가 위에서 말씀하셨던 것과 지금 그 피가 말하는 것이 이것임을 알 것입니다. 이것이야말로 사람의 죄 문제를 해결하시는 하나님의 방식입니다. 그것은 참으로 엄청난 선언입니다. 자, 그 선언의 조문이 우리 앞에 명백히 선언되어 있습니다. 십자가는 말합니다. "이 예수를 하나님이" 세우셨으니 참 흥미 있는 어조입니다. 하나님께서 자기 아들을 십자가에서 화목제물로 세우셨다는 것입니다. '세우셨다'는 것은 신문에 광고를 내는 것이나 큰 제목으로 크게 공고하는 것이나 마찬가지입니다. 듣고 보시고 경청하십시오. 놀라움을 가지고 말입니다. 저는 무언가를 여러분에게 말하고 있습니다—하나님께서 세우셨습니다. 또 다른 어휘가 있습니다. '선언하다' 라는 말입니다. 사도는 우리가 사신들이라고 말합니다. 사신의 임무는 메시지를 가지고 가는 사람입니다. 그는 자기 나라의 주권자로부터 한 메시지를 가지고 다른 나라로 갑니다. 바울은 이렇게 사신의 임무를 가지고 전하라고 받은 것이 그것이라고 그들에게 말합니다. 설교자들도 같은 방식으로 그리스도의 사신들입니다. "그 대신 너희에게 부탁하노니", 이러한 어휘들입니다. 그러므로 십자가는 공적인 선언입니다. 그것은 역사적인 사건입니다. 하나의 이론이나 관념이 아닙니다. 십자가는 거의 2,000여년 전 갈보리라고 불리우는 언덕 위에 선 십자가 위에서 일어났던 일입니다. 온 세상은 공적이고 역사적이고 분명하고 눈에 보이게 계시된 십자가에 관해서 잘 압니다. 하나님께서 그것을 세우셨습니다. 하나님께서 선언하시고 그것에 주목하도록 하셨습니다.

하나님께서 그러면 무엇을 말씀하고 계십니까? 사도는 로마서 3장에서 그것을 그러한 방식으로 나타냅니다. 그것은 기이한 일입니다. 하나님께서 용서하시기 위해서 자신을 의롭게 해야 합니다. 여러분은 그러한 일을 생각이나 해보셨습니까? 이 점은 죄사함의 난제를 여러분에게 보여 줍니다. 우리 모두에게 있어서 고통거리는 하나님을 알지 못한다는 것입니다. 우리는 감상주의적인 차원에서 생각하려 듭니다. 사랑에 대한 전체 개념도 너무 비천하고 무가치하여 사랑이 무엇을 의미하는지 알지 못합니다. 거룩이 무엇인가는 더욱 모릅니다. 그러나 사도에 따르면 바로 이것이야말로 하나님께서 꼭 하셔야 하는 것입니다. 그는 죄를 용서하시기 위해서 스스로 의로움을 드러내야 합니다. 하나님께서는 그의 아들을 "그의 피로 인하여 믿음으로 말미암는 화목제물로 세우셨으니 이는 하나님께서 길이 참으시는 중에 전에 지은 죄를 간과하심으로 자기의 의로우심을 나타내려 하셨음이라."

여러분은 이 난제를 생각해 본 적이 있습니까? 거룩한 하나님께서 어떻게 용서하실 수 있습니까? 죄를 벌하실 것이라고 말씀하신 하나님께서 어떻게 죄를 용서하실 수 있습니까? 그러나 그는 구약의 경륜 아래서 이스라엘 자손들을 용서해 주셨습니다. 그들은 자주 회개하였고 그에게 돌아왔고 하나님께서는 그들을 용서하셨습니다. 구약성경 기간 동안에 이스라엘 사람들의 죄를 용서하신 하나님의 행사가 어떻게 정당합니까? 어떻게 그런 일을 할 수 있습니까? 하나님께서 여전히 의롭고 절대적으로 거룩하시면서 어떻게 동시에 죄인을 용서하실 수 있습니까? 여기에서 그는 대답을 선언합니다. 십자가는 힘있는 선언입니다. 십자가 말하는 것은 이러합니다. 아들은 하나의 화목제물입니다. 다른 말로 해서 십자가 위에 계신 하나님께서는 죄를 심판하고 계셨습니다. 그는 당신이 하리라고 하시던 그 일을 하셨습니다.

하나님께서는 언제나 죄는 심판받아야 하며 거룩한 진노가 죄에 임할 것이라고 말씀하셨습니다. 또한 어떤 다른 차원에서 죄를 다룰 수 없다고 말씀하신 것입니다. 그리고 하나님께서는 약속하신 것을 조금도 가감 없이 행하셨습니다. 십자가 위에서 하나님은 바로 그 일을 공적으로 수행하셨습니다. 그는 거기 십자가에서 단번에 모두를 위해 역사의 중심에 서서 자기 아들의 몸 안에서 사람들의 죄를 향하여 진노를 퍼붓고 계셨습니다. 하나님께서는 자기 아들을 치셨고, 때렸으며, 죽음에 넘겼습니다. 그는 죽었고 그의 흘린 피가 말합니다. 그것은 죄와 악에 대한 하나님의 형벌입니다. 그것은 하나님께서 언제나 하리라고 말씀하시던 일, 곧 죄를 심판하실 것이라고 하신 바로 그 일을 행하셨다는 힘있는 선언입니다. 십자가에서 여러분은 그 일이 일어나는 것을 보는 것입니다. 이것이 죄의 난제를 다루시는 하나님의 방식임을 선포하고 공표하고 있습니다. 저는 서둘러 이 점을 말씀드려야 하겠습니다. 죄를 해결할 수 있는 오직 유일한 방식이 바로 그것임에 틀림없습니다. 그리고 십자가는 이렇게 말합니다.

> 죄 값을 지불할 다른 좋은 충분한 방도가 없네
> 하늘 문을 열고 우리를 들어가게 하실 수 있는 분은

오직 그분뿐일세.

알렉산더(Mrs. C. F. Alexander)

십자가의 복음과 그리스도의 피가 세상이 잘 알고 있는 가장 큰 시인들 중 몇을 산출한 것은 전혀 이상한 일이 아닙니다. 우리는 크리스마스 때에 이런 노래를 부릅니다.

들어 보아라!
소식을 전하는 천사들이 새로 태어난 임금께
영광의 노래를 부르는 것을
땅에는 평화 그리고 인애
하나님과 죄인들이 화목되었네.

웨슬리(C. Wesley)

바로 그런 일이 일어났습니다. 하나님과 죄인들이 화목하였습니다! 그런 화목이 이루어질 수 있는 오직 유일한 방식은 그것입니다. 그것은 화목이 이루어졌음을 공포하고 선언하는 것입니다. 그러나 세 번째 항목을 말씀드리지 않고 여기서 그 문제를 중단할 수는 없습니다. 하나의 설교로서의 십자가, 말하는 그리스도의 피는 해석과 선언과 선포에서 머물지 않습니다. 하나님의 이름을 찬미할지어다. 그것은 역시 초청장이기도 합니다.

"…아벨의 피보다 더 낫게 말하는 뿌린 피니라." 아벨의 피는 전혀 초청장의 의미를 지니고 있지 않습니다. 아벨의 피는 복수와 심판을 간청하는 울부짖음입니다. 거기에는 어느 사람을 향하여 오라고 초대하는 것이 없습니다. 다만 거룩한 하나님의 진노만을 부르고 있습니다. 그러나 이 다른 피, "아벨의 피보다 더 낫게 말하는 뿌린 피" 속에는 놀라운 초청의 말씀이 들어 있습니다. 여러분과 제 입장에서 그것을 매우 실제적인 차원으로 살펴봅시다. 십자가에 있어서 바로 그 점보다 더 놀라울 것은 없습니다. 우리는 십자가가 한 사건임을 알았습니다. 십자가는 역사적인 사건입니다. 그것은 공중 앞에 세우시는 하나님의 위대한 행위입니다. 그러나 하나님께 감사하게도 십자가가 그런 의미만 가진 것이 아니라는 것입니다. 그것은 하나의 호소요, 초청장입니다. 우리더러 우리 자신의 불멸의 영혼을 귀하게 여기는 만큼 들으라고 요구합니다.

여러분은 구약의 선지자들이 이 점에 관해 무언가 알았다는 것을 눈치챕니다. 그들은 그것을 매우 분명하게는 보지 못했습니다. 또한 그러한 소명을 받지도 않았습니다. 그들은 그것이 너무 멀리 떨어져 있어서 볼 수 없었습니다. 그들은 그리스도의 고난과 그 뒤에 따라올 영광에 대해 무엇인가를 보았습니다. 그러나 그들은 이것을 보지 못했습니다. 선지자들 중에 한 사람이 최고의 선지자적 영감을 받았을 때 장차 오실 메시야의 입에 자기가 본 것을 넣어주었습니다. 그는 이렇게 말했습니다. "땅 끝의 모든 백성아 나를 앙망하라 그리하면 구원을 얻으리라"(사 45:22). "나를 앙망하라." 그것은 하나의 초청입니다. 그것은 선포일 뿐 아니라 하나의 초청장입니다. 나를 앙망하라!

여러분은 우리에게 복되신 주님께서 친히 같은 언어를 사용하심을 기억하실 것입니다. 그는 이렇게 말씀하셨습니다. "수고하고 무거운 짐진 자들아 다 내게로 오라 내가 너희를 쉬게 하리라"(마 11:28). 오라. 초청장입니다. 거기에는 또한 엄청난 요점들이 들어 있습니다. 여러분은 그리스도의 피에 대한 설교를 듣습니다. 여러분은 무섭고 깜짝 놀라게 됩니다. 여러분 자신의 무능함을 알게 됩니다. 그러나 기다리십시오. 거기서 다 끝난 것이 아닙니다. 거기에는 하나의 초청장이 있습니다. 저는 사도 바울이 에베소서 2장에서 그 점을 표현한 방식을 좋아합니다. 그것은 매우 놀랍습니다. 저는 여러분을 강권하여 그것을 다시 읽어보라고 하겠습니다. "그는 우리의 화평이신지라 둘로 하나를 만드사 중간에 막힌 담을 허시고 원수된 것 곧 의문에 속한 계명의 율법을 자기 육체로 폐하셨으니 이는 이 둘로 자기의 안에서 한 새사람을 지어 화평하게 하시고 또 십자가로 이 둘을 한 몸으로 하나님과 화목하게 하려 하심이라 원수 된 것을 십자가로 소멸하시고 또 오셔서 먼 데 있는 너희에게 평안을 전하고 가까운 데 있는 자들에게 평안을 전하셨으니"(14-17절). 그는 그리스도의 피로 말미암은 평화를 전했습니다. 십자가에서 죽으심으로 그는 평화를 전하고 계십니다.

그러나 그는 가까이 있는 자들에게나 멀리 있는 자들에게도 평화를 전합니다. 제가 이 점을 강조하고 싶은 것은 그것이야말로 십자가에 있어서 가장 영광스러운 요점들 중의 하나이기 때문입니다. 그럼 이 초청장이 누구에게 주어집니까? 십자가의 뿌린 피가 오늘날 누구를 향해 '오라'고 부르짖습니까? 들어보십시오. 멀리 있는 자들에게입니다. 유대인들이나 종교적인 사람들에게 뿐만 아니라 이방인들이나 율법에 전혀 관심을 갖고 있지 않은 야만인과 같은 사람들에게도 그 초청의 말씀이 전달됩니다. 이스라엘 나라 밖의 외인들에게도 마찬가지입니다. 가까운 데 있는 자들에게 뿐만 아니라 멀리서 이러한 것들을 알지 못하는 자들에게도 전달됩니다. 오, 우리 주님께서 이와 같은 일을 말씀하신 방식보다 복음에 관해 더 놀라운 것은 없습니다. "예수께서 들으시고 저희에게 이르시되 건강한 자에게는 의원이 쓸데없고 병든 자에게라야 쓸데 있느니라 내가 의인을 부르러 온 것이 아니요 죄인을 부르러 왔노라 하시니라"(막 2:17).

주님은 바로 이러한 사람들을 위해서 오셨습니다. 바로 그러한 자들에게 주님은 이 초청장을 주십니다. 이것이야말로 이 십자가와 관련된 모든 영광스러운 국면 중에 하나입니다. 바로 그 점에서 십자가는 독특합니다. 십자가 뿌린 피는 오늘날 온 세상에서 다른 아무것도 말해 줄 것이 없는 자들에게 말합니다. 어떤 사람은 그게 무슨 뜻이냐고 물으시겠지요. 설명드리겠습니다. 철학이 누구에게 말합니까? 큰 철학책이 하는 말을 들어보십시오. 그것들이 누구에게 말합니까? 여러분에게 그것들이 말합니까? 여러분은 그것들을 이해할 수 있습니까? 무신론을 주장하는 철학자는 누구에게 말합니까? 그는 '지혜자'에게만 말합니다. 두뇌와 총명을 가지고 있으며 자기의 이성과 논리와 용어를 이해할 수 있는 사람들에게만 말합니다. 그는 다른 어느 누구에게도 말하지 않습니다. 도덕과 윤리는 누구에게 말합니까? 이 사람들은 선한 생활에 관심이 있습니다. 자기들은 이 나라의 도덕적 상태에 관심이 있다고 말하기도 합니다. 또한 그들은 도덕과 윤리를 통해서 우리에게 호소하는 연설을 합니다. 그들이 누구에게 말합니까? 그들은 이미 선한 사람들에게만 말합니다. 그들은 악한 사람들에게 할 말이 없습니다. 그들은 강한 의지를 가지고 있는 사람들에게만 말하고, 윤리와 도덕에 관심이 있는 사람들에게만 말합니다.

그것들은 다른 사람에게는 말할 것이 전혀 없습니다. 저는 여러분 중 어떤 분들은 놀랄지도 모르는 것을 계속 말씀드려야겠습니다. 종교는 누구에게 말합니까? 저는 여기서 종교를 말하는 것이지 기독교를 말하는 것이 아닙니다. 제가 종교라 함은 예배당에만 가는 것을 의미합니다. 예배당이나 참석하고 그 예배당 안에서 활동적이고 자기 교단을 자랑하고 그와 같은 문제들에만 매우 관심을 가진 것을 의미합니다. 그것이 전부입니다. 저는 그러한 것을 두고 종교라고 말합니다. 그러한 종교가 누구에게 말합니까? 그것은 그 종교에 열성을 가진 몇몇 사람들에게만 말합니다. 다른 사람들에게는 말하지 않습니다. 그러한 것들에 관심을 가지지 않는 사람들에게는 말하지 않습니다. 그러나 모든 사람에게 말하는 메시지가 여기에 있습니다. "아벨의 피보다 더 낫게 말하는 뿌린 피"로 인하여 하나님께 감사를 드립니다. 그 피는 다른 어느 것도 접근하여 말해 주는 이 없는 자들에게 말합니다.

그러나 이 피가 어떤 일부 사람들에게만 초청장을 발부한다는 것을 우리는 알고 있습니다. 사실 뿌린 피가 아벨의 피보다 더 낫게 말하는 소리를 듣지 못하는 사람들이 있습니다. 그들이 누구입니까? 그들은 "영리한" 사람들입니다 그들을 위해서 그 피는 초청장을 발하지 않습니다. 자기 의를 자랑하는 그런 사람들에게 그 피는 절대로 부르지 않습니다. 자기 만족을 하는 그들을 위해서 오라고 하지 않습니다. 여러분 스스로의 힘을 의지하며 지식을 자랑하며 학식을 뽐내며 20세기의 사람이라는 사실을 자랑하고, 선하고 도덕적이라고 떠벌리며 전쟁이 종식되기를 바라는 이상주의자들이라고 주장하면서 그에게 나아온다고 합시다. 또한 여러분 자신의 노력으로 인류를 고양시킬 수 있다고 생각한다고 합시다. 그런 식으로 그리스도께 나오면, 이 복음은 여러분에게 하등의 초청장을 발부하지 않습니다. 뿌린 피는 여러분을 정죄할 것입니다. 그 피는 이미 우리가 보아왔듯이 여러분이 처한 진상이 어떠한지를 여러분 자신에게 밝혀줄 것입니다. 여러분의 모든 의는 더러운 옷에 불과하다는 것을 보여 줄 것입니다. 여러분을 내리뜨리우고 정죄하고 땅바닥에 메꽂을 것입니다. 그리고 먼지 속으로 내던질 것입니다. 거기에는 그러한 여러분을 향한 초대의 말은 전혀 없습니다.

그러나 하나님께 감사합시다. 만일 여러분이 이미 먼지 속에 앉아서 구르고 있다면, 여러분이 멀리 있다면 그것은 여러분에게 말합니다. 그리고 여러분을 초대합니다. 이 십자가의 초대장이 누구에게 옵니까? 실패한 사람들, 자기들이 잘못되었음을 아는 사람들, 수치감으로 가득 찬 사람들, 투쟁에서 지치고 곤비하여 고독한 사람들에게 주어집니다. 오, 저는 이미 이 말씀을 인용한 바 있습니다—"수고하고 무거운 짐진 자들아 다 내게로 오라 내가 너희를 쉬게 하리라."

여러분은 주님께서 선하고 깨끗하고 정직한 삶을 살려고 애쓰는 사람들에 대해서 말씀하고 계심을 알 것입니다. 주님께서 '수고하고 무거운 짐'이라 말씀하신 것은 하나님의 율법, 계명들, 도덕적인 이상들을 논의합니다. 여러분은 땀흘렸고 애썼고 금식하였습니다. 진리를 알기 전의 마틴 루터와 같이, 진리를 알기 전의 존 웨슬리와 같이 애쓰고 있습니다. 진리를 알기 전에 이 모든 사람들은 선한 삶을 살려고 무던히도 애썼으나 실패했고, 비참한 실패자로 곤고하고 외롭게 되었습니다. 교회에서 부르는 다음의 찬송은 언제나 이 점을 나타냅니다.

> 보라 값없이 생명수 갈한 자에게 주리니
> 몸 굽혀 그 생명수 마시라
> 그리하면 살리라
> 하시는 예수님 목소리 들었네
> 피곤하고 기진하여 슬픈 이 모습
> 이대로 예수께 나아갑니다.
>
> 보나르(H. Bonar)

바로 그들은 그러한 자세로 왔습니다. 그런 피곤하고 지친 사람들에게 초청장이 주어집니다. 여러분은 이 도덕적인 투쟁에 가담했었습니까? 여러분은 실패자이며 모든 것은 절망적임을 느꼈습니까? 여러분은 스스로 자신을 멸시하며, 비유적으로 자신을 차버리고 전혀 선하지 않다는 것을 느낍니까? 곤고하고 지치고 아무리 해보아도 슬프고 비참하다는 생각밖에 들지 않습니까? 아무것도 여러분을 위로해 줄 수 없습니다. 세상의 즐거움이 여러분을 조롱합니다. 그것들은 여러분에게 어느 것도 주지 않습니다. 삶은 여러분을 낙담시켰습니다. 여러분은 슬프고 비참하고 불행합니다. 게다가 여러분은 속에 죄책감을 가지고 있습니다. 여러분의 양심이 여러분을 때리고 정죄하고 여러분의 과거를 들먹이고 여러분 앞에 그것을 가져다놓습니다. 여러분은 자신이 무가치하며 실패자이며 핑계될 것이 없으며 죄책을 지고 있음을 압니다.

그러나 더 나쁜 것은 여러분이 깨끗지 못하여 마음이 부정하다는 것을 아는 것입니다. 악한 생각과 살인하는 마음과 음행과 간음하는 마음과 그 밖에 다른 모든 것이 마음에서 나오기 때문입니다. 마음은 고통거리입니다. 여러분은 자기가 썩어 있으며 자기 속에 선한 것이 하나도 없는 것을 알게 되었습니다. 여러분은 이렇게 말합니다. 오, 이 곤고한 사람인 나를 위해 내 짐을 누가 져줄 것인가? 여러분은 죄가 있을 뿐 아니라 부정하며 비열하며 어리석습니다. 또 다른 찬송시는 "미련한 자여 샘으로 빨리 달려가라"고 말합니다. 저자는 그것을 알았고 느꼈고 발견했습니다. 이 모든 것에다가 공포심으로 가득 차 있습니다. 삶이 두렵고 자신이 두렵고 여러분의 연약과 또한 내일을 맞을 것이 무섭습니다. 죽음이 두렵습니다. 죽음이 다가오고 있으며 죽음을 무서워하는 일 외에 아무것도 할 수 없음을 압니다. 오, 그 죽음 너머에 무엇이 있는가? "가면 아무도 돌아오지 못하는 그 알지 못하는 행선지"에 대한 여러 가지 생각들이 일어납니다. 죽음은 옵니다.

그런데 아무 손도 쓸 수 없습니다. 죄책감을 가지고 하나님께 대한 두려움으로 가득 차 있습니다. 심판과 지옥과 공포와 놀램이 여러분을 사로잡습니다. 여러분은 전적으로 절망적이고 무능함을 느낌입니다. 여러 번 자주 노력해 왔지만 그때마다 실패할 뿐입니다. 여러 번 결심을 했지만 번번히 실패했습니다. 선하고 고상한 생각들을 가지고 있기는 했지만 실천으로 옮기지는 못했습니다. 애썼고 힘을 다하여 해보았으며, 땀도 흘려 보았고 기도도 해보았고, 책을 많이 읽기도 하였고 할 수 있는 모든 것을 다 해보았습니다. 그러나 하면 할수록 여러분 자신이 비열하다는 것을 더 잘 알게 되고, 더 절망적임을 발견하게 됩니다. 여러분 스스로에게 나는 아무런 선도 없고 정죄받았으며 잃어버린 자요, 무가치한 자요, 오염 덩어리라고 말합니다. "오호라 나는 곤고한 사람이로다…내 속(곧 내 육신에)에 선한 것이 거하지 않는다…"(롬 7:24, 18).

이것이야말로 십자가에 있어서 놀라운 것입니다. 십자가는 다른 모든 사람들을 제외하고 그런 사람들에게 은혜롭고 영광스러운 초청장을 발부합니다. 그 초청장은 여러분에게 무엇을 말합니까? 저는 이 순간 자족하며 자기 의에 빠져 있는 사람들에게 말하고 있지 않습니다. 저는 이미 말씀드린 바와 같이, 여러분 자신이 기만의 모든 공포 속에 들어 있는 자신들을 발견했다고 믿습니다. 땅바닥에 앉아 자기들의 전적인 무능함을 비통해 하고 있는 사람들, 죄책감과 깨끗지 못하다는 수치감으로 떨고 있는 사람들, 자기들의 정결을 잃은 사람들, 순결과 도덕성과 모든 것을 잃어버린 사람들에게 말하고 있는 것입니다. 그와 같은 사람에게는 어느 누구에게든지 저는 이렇게 말합니다. 여러분은 멀리 떨어져 있고 십자가는 여러분을 불쌍히 여기며 말한다고…. 그 십자가 위에서 죽어갔던 그분은 세리와 죄인들의 친구로 알려졌습니다. 선하고 종교적인 사람들에게는 욕을 얻어먹었습니다. 세리들과 죄인들과 함께 더불어 잡수시고 마셨기 때문입니다. 그는 불쌍한 마음을 가지고 계셨습니다. 참으로 귀신들린 한 거친 사람이 있었습니다. 사슬과 족쇄를 가지고 그를 잠잠케 하거나 붙잡아 둘 수도 없었습니다. 그러나 그 사람이 주님을 본 순간 주님께로 달려왔습니다. 그 주위에 있는 모든 사람들도 주님께로 왔습니다. 주님은 불쌍히 여기십니다.

그뿐 아니라 주님께서는 여러분을 받으실 준비가 되어 있다고 말씀하고 계십니다. 세상은 변죽만 울리고 지나가 버립니다. 세상은 여러분을 홀로 남겨둡니다. 여러분과 함께 문제를 숙고하길 원치 않습니다. 여러분은 점점 아래로 내려가 막다른 골목과 시궁창에 처하게 됩니다. 세상은 너무 점잖을 뺀 나머지 여러분 따위엔 관심을 두지 않습니다. 여기 여러분을 받고 영접할 준비가 되어 있는 분이 계십니다. 여러분 모두에게 안식을 주실 분이 여기 계십니다. "수고하고 무거운 짐 진 자들아 다 내게로 오라 내가 너희를 쉬게 하리라." 이 헛되고 무모하고 쓸모 없는 투쟁을 종식시켜 주신다는 말씀입니다. 주님은 말씀하십니다. "앉아서 뿌린 피가 말하는 소리를 들어보라. 기다리고 멈추어 네 활동을 정지하라. 네 모습 그대로 나는 너를 받을 준비가 되어 있다. 네 더러움과 누더기 같음과 비열한 모습에도 불구하고 너희를 영접할 준비가 되어 있다. 쉬라."

그러면 그 외에 다른 것은 없습니까? 용서가 있습니다. 십자가는 용서와 기쁨과 하나님과 더불어 화평을 누리는 축복을 말합니다. 하나님께서 여러분을 용서할 용의가 있다고 십자가는 말합니다. 뿌린 피는 그것을 말합니다. 그것은 이렇게 말합니다. "나를 들으라 너희 죄가 징벌을 받았느니라. 내가 여기 있는 것은 죄의 징벌이 이러하기 때문이다." 뿌린 피는 계속해서 말합니다. "나를 들으라 너희가 용서함을 받고 사죄를 받아 하나님과 더불어 화평을 누리게 하기 위해 내가 흘려졌다." 오, 하나님께 감사합니다. 여기에 정결케 하는 효력이 있습니다. 여러분의 비열함을 알고 여러분의 모독적인 더러움을 보고 여러분에게 있는 불의의 흠을 발견할 때 그것을 알게 됩니다.

> 임마누엘의 혈관에서 터져나온 피로 가득 찬 한 샘이 있네
> 죄인들 그 홍수에 몸을 던지면 그 모든 죄책의 더러움
> 다 씻겨지네. 죽어가는 강도 그 날에 그 샘을 보고 기뻐하였네
> 나도 그 강도 같이 비열한데 내 모든 죄 씻어버렸네.
>
> 코우퍼(W. Cowper)

뿌린 피가 그렇게 말하고 있습니다. 그러므로 여러분이 처한 그 비참에서 기쁨을 가질 수 있고 제 대신 아름다움을 가질 수 있다고 말합니다. 그것은 여러분에게 새로운 성품을 줄 것이라고 말합니다. 그것은 삶을 새롭게 출발하게 해줄 것입니다. 여러분을 내려뜨리우는 모든 것을 저항하는 새로운 능력과 힘을 줄 것입니다. 그리고 영원한 소망을 줄 것입니다. 뿌린 피는 하나님의 아들이 여러분의 모든 형벌을 담당했고 죄를 용서하실 수 없도록 하나님 앞에 버티고 섰던 모든 것이 죄가 되었다고 말합니다. 하나님께서 모든 것을 여러분에게 즉각적으로 용서하신다고 그 뿌린 피는 말합니다.

> 양심이 너를 막지 못하게 하라
> 좋아하는 꿈에 맞추려고도 말라
> 그가 다만 요구하시는 합당한 것은
> 네게 그분이 필요함을 느끼는 것
> 성령 그가 네게 이것을 주리라
> "이 성령의 살리는 광선을."
>
> 하트(J. Hart)

십자가는 용서와 사죄의 새로운 은사를 공포합니다. 화해와 회복과 여러분이 필요로 하는 모든 것을 선포합니다. 그리스도 안에 있는 새생명과 영원한 소망 등 그 모든 것을 선포합니다. 그것은 십자가에서 몸이 찢기고 피가 흘려지기 시작했던 이 복되신 분으로부터 나옵니다. 그는 여러분을 초청하며 부르고 계십니다. 여러분은 그의 말을 들을 준비가 되어 있습니까?

그러나 어떤 사람은 이렇게 말할지도 모릅니다. 내가 어떠한 류의 사람인지 당신은 알지 못하고 있군요. 나는 내가 무엇을 행했는지 내가 어떠한 사람인지에 대해서 전혀 생각조차 못하고 있어요라고 말입니다. 그러나 나의 사랑하는 친구여, 그렇게 말하는 당신은 그것을 먼저 말하지 않아야 합니다. 어떤 사람이 찬송시를 썼는데 우리는 그것을 자주 노래합니다. 그는 그것을 이렇게 나타냈습니다.

> 날 받아주시길 구하면
> 아니라고 말씀하실까?

날 받아주시길 구하면 그가 진정 나를 받아주실까, 아니면 거절하실까? 그 대답은 이러합니다.

"땅과 하늘이 없어질지언정 그리하지 아니하리라."

다시 여러분이 이렇게 묻는다고 합시다.

"발견하고 따르고 지키고 싸우면 그가 확실히 축복하실까?"

여기서 다시 대답이 있습니다.

"성도들과 사도들, 선지자들, 순교자들, 다같이 '예'라고 대답하리."

사바의 스데반(stephen of Saba)

교회가 알고 있는 가장 위대한 성도들 중에는 한때 비열하고 어리석은 죄인들도 있습니다. 그러나 뿌린 피로부터 나온 초청의 말을 듣고 그것을 믿고 그것이 진실임을 알았습니다. 그래서 그들은 발견하고 따르고 지키고 투쟁했습니다. 주께서 축복해 주실 것이 확실할까요? 여기에 대답이 있습니다. 세상이 그렇게 말하는 것만이 아니고, 피만이 그렇게 말하는 것도 아니고, 수세기 동안 성도들도 그렇게 말합니다. "성도들, 사도들, 선지자들, 순교자들이 다같이 '예'라고 말합니다." 그를 믿으십시오. 그는 결코 그의 말을 어기지 않습니다. 자기의 약속을 철회하거나 번복하지 않습니다. 그들은 뿌린 피를 믿으라고 합니다. 그러면 그것은 진리임을 발견하게 된다고 말합니다. 그러므로 저도 그 찬송가 작시자와 함께 다음과 같이 여러분께 요구합니다.

날 오라 부르시는 주님의 반가운 음성

주의 보배로운 피,
갈보리 언덕에서 흘린 피로써 정결케 하라 하시네.
주여 내가 가오니!
이제 나 주께 가옵니다

갈보리에서 흘리신 피로 날 씻어
정결케 하소서.

　　　　　하트슈(I. Hartsough)

그렇게 하십시오. 그러면 여러분은 그것이 진리임을 알게 될 것입니다

8

새로운 본성

이쯤 되면 사도 바울이 십자가에서 보았던 모든 영광을 다 안 셈이라고 생각하기 쉽습니다. 그러나 그렇지 않습니다. 사도 바울이 십자가 안에서 발견한 영광의 수는 끝이 없습니다. 사도 바울이 그것을 계속 자랑한 것처럼 우리도 볼 것이 더 많이 있습니다. 사도가 십자가를 그렇게 자랑하는 것은 자기가 그리스도인으로서 누렸던 모든 축복의 원천과 중심이 바로 그 십자가이기 때문입니다. 바로 이 시점에서 저는 그 점을 강조하고 싶습니다. 십자가를 떠나서는 선(善)의 길에서 궁극적으로 우리에게 가능한 것은 하나도 없습니다. 십자가는 원천이요, 기원이요, 모든 축복의 중심입니다. 십자가를 떠나서는 어느 누구에게도 그리스도인의 복락이 허락될 수 없습니다. 십자가를 떠나서는 궁극적으로 어느 방식을 통해서이든 어느 누구도 하나님께 축복을 받는 것은 불가능합니다.

그렇게 말해도 될지 모르지만 십자가는 하나님의 마음을 여는 열쇠입니다. 십자가 없이는 복락에 대해서 전혀 알지 못합니다. 이 점이 가장 중요한 요점입니다. 사도가 왜 "주 예수 그리스도의 가르침 외에는 결코 자랑할 것이 없다"라 말하지 않는지요? 우리 중에 어떤 사람이 그렇게 말하기를 좋아하지 않습니까? 현대인은 그렇게 말하는 사람을 좋아합니다. 현대인은 산상설교를 보고는 감탄합니다. 바로 우리가 필요로 하는 것은 그것이라고 말하면서, 그것이야말로 사람이 궁리해내고 생각해내었던 놀라운 것들, 곧 윤리적이고 도덕적인 표준 가운데에서도 가장 좋은 것이라고 말합니다. 바로 그것을 우리는 원한다는 식으로 말합니다. 그리스도인이 아니면서 산상설교를 크게 높이는 사람들이 많습니다. 힌두교도로서 죽은 간디(Gandhi)도 산상설교를 칭송했습니다. 그들은 예수님을 좋아하는데, 예수님을 교사와 종교적인 선생과 정치적인 항거자로 생각합니다. 그래서 그들은 산상설교의 주님의 가르침을 크게 선파할 채비가 되어 있습니다. 세상이 필요로 하는 것은 바로 그것이라고 주장합니다. 만일 모든 사람들이 산상설교대로 한다면 우리의 모든 문제는 풀려질 것이라는 주장이지요.

왜 사도 바울은 "내가 산상설교 외에는 결코 자랑할 것이 없다. 나는 하나님의 아들의 그 비할 수 없는 가르침 외에는 결코 자랑하지 않는다"라고 말하지 않았습니까? 우리가 아는 바와 같이 이 질문에 대한 단순하고 명백한 답변이 있습니다. 우리를 구원하는 것은 하나님의 아들의 가르침이 아닙니다. 실로 우리는 이것을 경외하는 심정으로 말할 수 있습니다. 주 예수 그리스도의 실제적인 가르침은 하나의 실패요, 완전한 실패였습니다. 그의 가르침은 어떤 사람도 대역시키지 못했습니다. 그의 가르침은 그 자신의 제자들의 마음속이나 생각 속에 침투해 들어가지도 못했습니다. 그들은 넘어졌습니다. 복음서를 읽어보십시오. 특별히 주님께서 자기의 죽으심에 관해서 말씀하실 때 그들은 넘어졌습니다. 그들은 하나님의 아들이 죽으리라는 것은 생각하지도 못했을 것입니다.

그러나 그것을 이렇게 살펴보십시오. 사람들이 그처럼 크게 높이는 산상설교를 생각해 봅시다. 산상설교대로 살 수 있는 사람이 어디 있습니까? 산상설교를 크게 존귀하게 여기는 것과 그것을 실행하는 것 사이에는 큰 차이가 있습니다. 산상설교에게 갈채를 보내는 것과 그것을 적용시켜 자기의 삶에서 적용시켜 나가는 것과는 다른 것입니다. 사람이 자기의 힘으로 산상설교를 지킨다는 것은 불가능합니다. 사람은 십계명도 지킬 수 없습니다. 그런데도 불구하고 그들은 입심 좋게 산상설교를 지킬 수 있다고 떠들어댑니다. 그리스도를 본받을 수도 있다고 하는 것입니다. 우리는 산상설교처럼 우리를 정죄하는 것이 없음을 알았습니다. 주 예수 그리스도의 삶처럼 우리의 죄됨을 나타내는 것이 없습니다. 유대인들은 하나님의 종 모세를 통해서 하나님의 율법을 이미 받은 사람들이었습니다. 그런데 그들이 그것을 지키지 못했습니다. 십계명도 지키지 못했습니다. 그 십계명을 지킨 사람은 하나도 없습니다. 왜냐하면 십계명에 "네 이웃의 것을 탐내지 말라"는 말씀이 들어 있기 때문입니다. 그 말은 너는 욕심을 부리지 말라는 말입니다. 만일 사람이 십계명을 자기들이 이해하는 대로 지킬 수 없다면, 주 예수 그리스도께서 해석한 대로 십계명을 지킬 가망이 어디 있겠습니까?

주님을 그처럼 미워하고 끝내 주님을 못박았던 바리새인들에게 있어서 문제되는 것이 바로 그것이었습니다. 그들은 자기들이야말로 십계명과 도덕법을 지키고 있다고 생각했습니다. 우리 주님께서는 그들이 그렇게 하고 있지 않음을 깨우쳐 주고 확신시켜 주었습니다. 그들은 자기들이 결코 살인죄를 범하지 않았다고 주장했습니다. 우리 주님께서는 말씀하셨습니다. "잠깐만 기다리라. 너희가 너희 형제에게 '미련한 자여'라고 말하지 않았느냐? 너희가 그리하였다면 너희가 살인죄를 지은 것이다. 살인이란 실제적으로, 육체적으로 사람을 죽이는 것만을 의미하는 것이 아니다. 그것은 마음속에 미움과 증오심을 가지는 것도 의미한다. 네가 '이 미련한 자여'라고 말한다면 네 입으로 형제를 죽인 셈이다. 그렇게 해서 너는 살인자가 되는 것이다."

주님께서는 간음에 관한 것도 같은 식으로 가르쳐 주셨음을 여러분은 기억하실 것입니다. 그들은 자기들이 죄가 없다고 주장합니다. 그러나 우리 주님께서는, "잠깐, 너희가 간음죄를 범한 일이 없었다고? 나는 너희에게 이르노니 여자를 보고 음욕을 품는 자마다 마음에 이미 간음하였느니라"(마 5:28)고 말씀하십니다. 그는 죄를 지은 것이고 탐한 것이고 욕심을 부린 것입니다. 우리 주님께서 율법을 해석하실 때 악한 욕심은 행실만큼 정죄받을 만한 것임을 보여 주십니다. 생각과 상상은 하나님 앞에서 실제로 행한 행동으로 간주됩니다. 그러므로 어떠한 사람도 산상설교를 지킬 수 없습니다.

그렇기 때문에 사도는 "내가 산상설교나 우리 주 예수 그리스도의 가르침 외에 결코 자랑할 것이 없다"고 말하지 않은 것입니다. 그리스도의 가르침은 바리새인들을 포함한 모든 사람을 정죄했고, 모든 사람이 철두철미하게 절망적인 실패자임을 보여 주었습니다. 그러나 여러분은 십자가를 자랑하지 않습니다. 반면에, 바울은 십자가를 자랑합니다. 왜냐하면 모든 것이 가능해지고, 그리스도인의 삶의 모든 복락이 우리 앞에 열려진 것은 바로 그 십자가를 통해서, 십자가로부터이기 때문입니다. 십자가는 모든 복락으로 인도하는 문입니다. 십자가가 아니고서는 아무것도 없습니다. 십자가와 그 십자가가 의미하는 것이 아니고서는 하나님으로부터 어떠한 복락도 받을 수 없습니다. 그러나 십자가는 영광스런 하나님의 끝없는 모든 복락을 받을 가능성을 열어줍니다.

그러면 그것들이 무엇입니까? 저는 여러분에게 여기서 몇 가지를 지적해 드리고자 합니다. 사도 바울은 그러한 일을 말하는 데 결코 지치지 않았습니다. 로마서 초두에서 그가 말한 것을 읽어보십시오. 그는 이렇게 말합니다. "그러므로 우리가 믿음으로 의롭다 하심을 얻었은즉 우리 주 예수 그리스도로 말미암아 하나님으로 더불어 화평을 누리자"(롬 5:1). 믿음으로 말미암아 의롭다 함을 얻었다는 것은, 십자가에서 일어난 것을 믿고 그것이 여러분을 하나님께 화해시키시는 하나님 자신의 방식이라는 것을 아는 순간 즉각적으로 여러분을 의롭다고 여기시며 여러분의 모든 죄를 용서하시고 도 말하며, 그리스도의 의로 옷입혀 주신다는 것을 뜻합니다. 바울은 "믿음으로 의롭다 하심을 얻었은즉 우리 주 예수 그리스도로 말미암아 하나님으로 더불어 화평을 누리자"고 말합니다. 그것이 바로 이 믿음에서 나오는 첫 번째 요점입니다. 자주 말씀드렸고 다시 거듭하여 말씀드립니다만, '그러므로'라는 말보다 더 중요한 말은 없습니다. 특별히 바울 서신들에서는 더욱 그러합니다. 그 말을 주목하십시오. 그는 언제나 이런 류의 시점에서 '그러므로'라는 말을 채용합니다. 교리를 설정하고, 특별히 십자가의 교리를 확고히 설파한 다음에 '그러므로'라는 말을 씁니다—그에 비추어서, 그렇기 때문에, 그러니 당연히 이러저러하다는 뜻입니다.

필연적으로 따라오는 첫 번째 요점이 여기에 있습니다. 믿음으로 말미암아 의롭다 함을 받은 우리는 하나님과 더불어 화평을 누립니다. 여러분은 그것이 무엇을 뜻하는지 아셨습니까? 평화를 얻고 하나님과 더불어 화평을 누린다는 것이 여러분에게 일어날 수 있는 가장 중요하고 놀라운 일이라는 것을 인식하셨습니까? 인간 존재로서 삶을 살아가는데 있어서 모든 고통거리는 우리가 하나님과 그릇된 관계에 있다는 사실에 기인함을 이미 말씀드린 바 있습니다. 그 문제는 그처럼 단순합니다. 오늘날 인류의 모든 다양하고 복잡한 문제들은, 과거의 수세기에 걸쳐서 언제나 존재했던 것인데, 다이 한 가지 요점에서 나오는 것입니다. 곧, 사람이 하나님과 그릇된 관계에 있다는 사실에 기인한다는 말씀입니다. 사람이 하나님으로부터 멀리 떠나 있습니다. 사람과 하나님 사이에 서로 싸우는 상태입니다. 그것이 바로 우리 모든 사람들의 고통의 원인입니다. 사람이 하나님께 대하여 일으킨 모반의 즉각적이고 직접적인 결과로 고통이 이 세상에 들어온 것입니다. 그리고 나서부터 그 고통은 계속되었습니다.

혼돈 속에 질서를, 그리고 결국 평화를 정착시키려고 우리는 얼마나 많이 애썼습니까? 문명의 방법으로 그것을 해결하려고 얼마나 바빴습니까? 누구나 다 평화를 원합니다. 그러나 우리가 아무리 해보아도 그것을 발견할 수 없습니다. 어째서 그렇습니까? 우리가 하나님과 더불어 화평한 위치에 있을 때까지는 결단코 그 평안을 얻을 수 없을 것이기 때문입니다. 하나님께서는 선지자 이사야를 통해서 그 점을 친히 말씀하셨습니다. "내 하나님의 말씀에 악인에게는 평강이 없다 하셨느니라"(57:21). 만일 세상이 그 진리의 진리 됨을 증거하여 왔다면 오늘날도 마찬가지입니다. 사람들이 아무리 많은 돈을 가진다 할지라도, 아무리 학식과 이해와 감화력과 권세를 가진다 할지라도 악한 자리에 있는 한 평화를 알지 못할 것입니다. 악한 자리에 있다는 것은 하나님께 복종하고 하나님의 영광과 찬미를 위해서 살지 않는다는 말입니다. 여러분이 많은 돈을 가지고 세상에서 가장 큰 백만장자가 될 수도 있습니다. 그러나 그러면서도 가장 가련한 거지처럼 안식이 없고 불행할 수도 있습니다.

"내 하나님의 말씀에 악인에게는 평강이 없다 하셨느니라." 하나님과 더불어 화평하지 못하는 한 사람에게는 결코 소망이 없습니다. 어째서 이 점이 그렇게 중요합니까? 물론 대답은, 우리가 좋아하든 좋아하지 않든 간에 하나님의 손에 있다는 것입니다. 저는 그것을 이렇게 나타내 보겠습니다. 여기에 본질상 사람이 처한 입장이 있습니다. 그리스도인이 아니고 그리스도의 십자가를 믿지 않으며 그것을 자랑하지 않는 모든 사람들의 처지가 여기 있습니다. 우리가 원래대로 있다면 하나님은 우리를 향하여 불쾌해 하시며 우리는 그의 진노를 받게 됩니다. 왜냐하면 그가 우리를 지으셨고 우리를 향하여 가지고 계신 정해진 목적과 목표가 있었기 때문입니다. 그러나 우리는 그것을 이루지 못하고 있습니다. 우리는 하나님께서 우리에게 의도하신 바대로의 삶을 살지도 못하고 행동하고 있지도 못합니다. 하나님께서는 우리를 보실 때 불쾌해 하신 것입니다. 하나님께서는 필연적으로 불쾌하실 수밖에 없으십니다. 모든 지혜와 공의와 사랑과 긍휼을 가지시고 이 세상과 사람들을 지으신 전능하신 하나님께서는 여러분과 제가 오늘 알고 있는 세상을 지은 적이 없으셨습니다.

오늘날 상황은 기괴한 모습을 지니고 있습니다. 여러분과 제가 보고 아는 세상은 하나님께서 만드신 대로의 세상이 아닙니다. 여러분과 제가 익숙해 있는 세상은 하나님이 지으신 세상을 가지고 사람이 꾀를 내어 만든 것입니다. 그것이 하나님께 기쁨을 주는 것일 리 없습니다. 하나님께서는 태초에 모든 것을 지으셨습니다. 완벽하게 지으셨고, 그 만드신 것을 보시고 심히 좋아하셨습니다. 그는 그것을 보고 기뻐하셨습니다. 그러나 하나님께서는 오늘날의 세상을 보시고 불쾌하게 여기십니다. 그는 거듭 그 말씀을 표현하셨습니다. 그의 진노가 그 위에 있습니다. 그는 그것을 벌하실 작정이시고, 그보다 더한 것은 그것을 심판하고 계십니다.

신약성경에는 위대한 논증이 있습니다. 제가 볼 때는 오늘 이 시점에서, 인류 역사의 차원에서 비추어보면 가장 중차대한 중요성을 가진 것이라 생각되지만 그 논증을 여기서 풀어볼 수는 없습니다. 그러나 사실 그 논증은, 사람이 자신의 행동의 결과를 거두도록 하심으로써 하나님께서 사람의 죄에 대해 진노를 나타내신다는 의미입니다. 하나님께서는 언제나 직접적으로 심판하시는 것은 아닙니다. 때로는 간접적으로 심판하실 때도 있습니다. 우리 각자는 언젠가 다른 어떤 사람들과 그러한 일을 한 적이 있습니다. 어린아이로 하여금 어떤 일을 바르게 하라고 설득시키려 할 때가 있습니다. 만일 그 어린아이가 어떤 작은 전기기구에 손가락을 대면 전기충격을 받을 것이라는 것을 어른은 압니다. 그러나 그 기계를 만지지 말라고 일러준 바로 그것 때문에 그 어린아이는 그것이 더욱 만지고 싶어집니다. 그때 그 어린아이에게 계속해서 "너 그거 만지면 큰일난다"라고 말할 수 있습니다. 그러나 어린아이는 막무가내입니다. 그때 "그래 좋아"라고 말하면서 내버려두는 척합니다. 그래서 그 어린 말썽꾸러기는 그것에 손가락을 대자 전기충격을 받습니다. 하나님께서 인간에게도 바로 그렇게 하십니다.

저는 두 차례의 세계 대전을 겪고 현재의 혼돈과 혼란에 빠진 이 20세기를 그렇게 설명할 수 있다고 믿습니다. 하나님께서는 계속 사람들에게 말씀하십니다. "너희는 나 없이도 잘 해나갈 수 있다고 말했다. 좋다, 그러면

나 없이도 한번 해보아라. 그러나 사람들이 결혼서약에 충성할 것을 기대하지 말고, 싸우지 않고 무장을 해제할 것이라는 것도 기대하지 말라. 그들은 그러한 것에 귀를 기울이지 않을 것이다. 왜냐하면 일단 나를 떠나면 자신들의 욕심과 정욕과 탐욕에 사로잡혀 그 결과를 열매로 거두게 될 것이기 때문이다." 그것이 바로 현대 세계에서 일어나고 있는 일입니다. 하나님께서는 당신의 진노를 현대 세계에 내리고 있습니다. 하나님께서는 현 세계를 바라보시고 미소 지으시며 축복하고 계시는 것이 아닙니다. 세상은 그를 미워하고 그를 반역하고 그를 모독합니다. 하나님께서는 자신의 축복을 거두십니다. 여러분은 지금 하나님에 의해서 축복받지 못하는 세상을 바라보고 있는 것입니다. 그것이 바로 하나님의 진노입니다.

그러나 또 다른 측면이 있습니다. 사람의 측면에서 그것을 살펴봅시다. 하나님 없는 사람은 본질상 안식이 없습니다. 우리는 모두가 안식이 없음을 압니다. 이 인생이 겪는 가장 중대한 난제들 가운데 하나가 그것이 아닙니까? 어떻게 해야만 평화를 얻습니까? 우리가 어디서 평화를 발견할 수 있습니까? 우리가 어디서 평정을 찾을 수 있습니까? 우리가 어디서 생각과 마음과 정신의 안식과 평온을 찾을 수 있습니까? 우리가 어디서 그것을 찾아 모든 것이 잘 되고 고통이 없겠습니까? 그곳이 어디입니까? 사람은 그것을 발견할 수 없습니다. 그는 안식을 모릅니다. 왜 그렇습니까? 저는 이미 여러분에게 그 해답을 제시하여 놓았습니다. 사람이 그것을 알지는 못하지만 사람은 하나님에 의해서 지음을 받았습니다. 그는 하나님께 의존하게끔 지음을 받았습니다. 사람 속에는 하나님으로만 만족할 수 있는 가장 높은 차원의 요소가 있습니다. 다른 어느 것도 그 요소를 만족시킬 수 없습니다. 사람은 다른 곳에서 만족을 찾으려고 애썼습니다.

구약에 있는 전도서를 읽어보십시오. 그러면 거기서 여러분 앞에 모든 것이 밝히 드러남을 알게 될 것입니다. 사람은 부와 희락과 술 취함과 여자와 포도주를 통해서 만족을 얻으려고 합니다. 모든 것을 다 해보지만 평화를 발견할 수는 없습니다. 그것은 불가능합니다. 사람은 그런 것으로 만족을 얻기에는 너무 큰 존재입니다. 어떤 사람들은 새 집을 갖게 되면 사람이 완전히 행복해질 것이라고 생각했습니다. 그들은 주장합니다. "우리가 원하는 것은 의식주 문제이다." 또 다른 사람들은 "교육"이 문제라고 말합니다. 우리는 그 모든 것을 다 해보았습니다. 그러나 사람은 아직도 평화를 찾지 못하고 있습니다. 그 전보다 더 좋은 집을 가져보고, 더 많은 교육을 받고, 더 나은 모든 것을 가지고 있지만 평화는 없습니다. 사람은 여전히 안식을 모릅니다. 왜 그렇습니까? 그가 너무 큰 존재이기 때문입니다. 집을 바꾼다고 해서 사람을 바꾸지는 못합니다. 좀더 많은 지식과 정보와 교육을 제공한다고 해서 사람이 변하는게 아닙니다. 여전히 같은 사람으로 남아 있습니다. 그렇습니다. "사람의 지위란 기니(영국의 화폐종류)의 자국에 불과하다…그러한 자국이 그 사람에게 나 있다 할지라도 그 사람은 여전히 그 사람이다."

물론 그렇습니다. 그의 지위가 어떠하든지 그것은 문제가 되지 않습니다. 그의 옷이 아무리 좋더라도 문제가 되지 않습니다. 그러한 모든 것을 아무리 사람에게 덧입힌다 할지라도 사람은 여전히 그 사람입니다. 그에게는 안식이 없고 평안이 없습니다. 인간은 그 자신의 존재와 본성의 법칙을 따를 때만 평안을 얻을 수 있도록 지어졌기 때문입니다. 그런데 인간은 그 자신의 존재의 법칙에 따르지 않고 있습니다. 그렇게 하려고 하지도 않습니다. 그래서 그는 쉼이 없고 만족함이 없습니다. 그는 하나님에 대한 관념조차 미워합니다. 동시에 그는 두려움으로 가득 차 있습니다. 그는 알려지지 아니한 일들을 무서워합니다. 또 건강이 나빠지면 무서워합니다. 죽음을 두려워합니다. 아무도 갔다가 돌아온 적이 없는 그 알지 못하는 행선지를 무서워합니다. 사람은 두려움 속에서 자기의 때를 보냅니다. 물론 사람은 무섭지 않다고 말합니다. 그러나 그러는 척하는 것뿐이지 그는 무섭고 안식이 없고 불행합니다.

왜 그는 이 모든 것들을 무서워해야 합니까? 거기에 대해 유일하고도 합당한 해답이 있는데 성경이 그 해답을 가지고 있습니다. "사망의 쏘는 것은 죄요 죄의 권능은 율법이라"(고전 15:56). 사람이 하나님을 부인하지만 죄책감의 컴플렉스는 가지고 있습니다. 그는 자신이 죄인임을 느낍니다. 그 죄책감을 지워버릴 수는 없습니다. 심리학자들도 스스로 그러한 느낌을 가지고 있습니다. 그러나 그들은 그것이 무엇인가를 분명하게 설명해낼 수 없습니다. 그러면서 자신들 삶 속에 들어 있는 그 느낌으로부터 고통을 당하고 있습니다. 사람은 죄책감을 가집니다. 비록 자기가 하나님을 믿지 않지만 여전히 하나님 앞에서 죄책감을 가지고 있습니다.

사람이 평화를 알고, 특히 하나님과 더불어 평화할 수 있기 위해서는 먼저 양쪽 다 다루어야 할 것이 있습니다. 사람은 하나님과 원수되어 있습니다. 하나님의 진노가 사람에게 임하여 있습니다. 하나님 편에서 어떤 일이 있어야 합니다. 십자가의 메시지는 바로 그 하나님 편에서 할 일이 일어났다는 것을 말합니다. 우리 주님께서 십자가에서 죽으실 때 그는 하나님의 거룩한 율법의 모든 요구를 성취하고 계셨습니다. 하나님의 의와 공의와 거룩은 온전히 만족되었습니다. 하나님께서는 자기 자신의 아들의 몸 안에 죄에 대한 진노를 퍼부었습니다. 그 아들의 영혼은 죄를 위한 제물이 되었습니다. 거룩하신 하나님의 모든 요구가 거기에서 만족되었습니다. 그리고 또한 그 십자가가 우리들에게도 작용했다는 것을 하나님께 감사 드립니다. 우리는 하나님께서 우리를 거스린다는 느낌을 가지고 있습니다. 우리는 하나님을 하나의 큰 괴물로 여기며 우리에게 달려들어 우리를 심판하려는 분으로 생각합니다. 그가 우리를 미워하고 계시며, 그가 우리를 대적하고 계시며, 우리의 삶을 노략하고 있다는 느낌을 가집니다. 우리는 그 때문에 괴롭힘을 당하고 싶지 않습니다. 그래서 우리는 도망가고 싶습니다.

그런데 십자가를 바라보고 하나님께서 자기의 사랑하는 독생자를 세상에 보내사 십자가에 나아가게 하셨다는 것을 알게 되는 순간이 이릅니다.

그리스도를 십자가에 보내신 이는 하나님이셨습니다. "하나님께서 그리스도 안에 계시사 세상을 자기와 화목하게 하시며…." 우리 무리의 모든 죄악을 그에게 담당시킨 이는 하나님이셨습니다. 또한 그를 때리고 치고, 그로 하여금 우리가 받을 형벌을 대신 당하게 하신 이는 하나님이셨습니다. 이를 안다면 하나님께 대한 여러분의 모든 자세, 하나님에 대한 우리들의 모든 견해는 완전히 변합니다. 그 십자가에서 하나님은 사랑이시며 긍휼과 사랑이 충만하신 분임을 알게 되고 영원한 사랑으로 우리를 사랑하신 것을 알게 됩니다. 그래서 십자가로 말미암아 하나님의 진노가 사그라지고 공의가 만족되는 것을 알게 됩니다. 우리의 어리석음과 우리의 모든 모반에 대한 공과가 다 불식되어지며, 하나님과 사람이 서로 하나가 되며, 우리가 하나님과 더불어 화평케 됨을 알게 됩니다.

저 위대한 성자 힙포의 어거스틴은 그것을 아주 기념할 만한 어구로 표현했습니다. "주께서는 자신을 위해서 우리를 지으셨습니다. 우리의 마음은 주님 안에서 안식을 찾기까지 결코 안식하지 못합니다." 사람은 화평을 발견할 수 있습니다. 그러나 하나님과 더불어 화평할 때만 그 평화를 얻게 되는 것입니다. 십자가에서 죽으신 그리스도로 말미암아서만이 하나님을 대항하여 싸우고 모반하는 모든 것, 하나님의 진노와 대적이 해결되고 제거됩니다. 하나님께서 우리를 내려다보실 때 긍휼 어린 눈으로 내려다보시며 용서하는 눈으로 보십니다. 또한 우리를 바라보면서 미소를 지으십니다. "믿음으로 말미암아 의롭다 함을 얻었은즉 하나님으로 더불어 화평을 누립니다." 그것이 바로 첫 번째 요점입니다. 그러나 저는 서둘러야겠습니다. 이 십자가로부터 나오는 다른 많은 것들이 있습니다. 제가 화평 문제부터 취급한 것은 그것이 그 모든 것들 가운데 가장 중요하기 때문입니다.

그러나 두 번째 요점에 대해서 한두 마디는 해야겠습니다. 제가 이러한 질문을 여러분에게 던질 때 여러분을 모독하고 있는 것이 아닙니다. 여러분은 로마서 5장과 6장 전반부에서 말하는 성경구절을 이해할 수 있습니까?

그 말씀들은 1,900여년 전에 쓰여졌는데 로마의 그리스도인들에게 보내진 것입니다. 그들 대부분은 가이사의 집의 노예들이 아니면 종들이었습니다. 바울이 이 편지를 쓸 때만 해도 이것들을 이해해야 한다고 생각하고, 또 그렇게 이해할 것이라고 단정했을 것으로 보입니다. 그러나 저는 자기의 학식과 지식과 똑똑함을 자랑하는 20세기의 사람들인 여러분에게 묻고 있습니다. 여러분은 그 말들을 이해하겠습니까? 1세기의 노예들은 그 말씀을 이해했습니다. 우리는 어떠합니까? 이것은 바울이 말하였던 것입니다. 그는 우리가 십자가를 자랑해야 한다고 말합니다. 왜냐하면 하나님의 아들이 그 십자가에 죽으셨을 때 그를 믿는 모든 자들이 그와 함께 죽었기 때문입니다. 로마서 6:6은 "우리가 알거니와 우리 옛 사람이 예수와 함께 십자가에 못박혔다"고 말합니다. 그리고 "만일 우리가 그의 죽으심을 본받아 연합한 자가 되었으면 또한 그의 부활을 본받아 연합한 자가 되리라"(6:5).

이 모든 말씀은 무엇을 의미합니까? 저는 그 점을 설명해 드리려 합니다. 5:12을 출발점으로 해서 8장 초에까지 나아가는 사도의 대논증은 바로 다음과 같습니다. 우리가 이 세상에서 우리 자신에 대하여 이해할 수 있는 가장 중요한 것은 우리의 입장입니다. 그것은 바로 우리 모두가 아담의 후손들이라는 것입니다. 하나님께서 사람을 지으셨습니다. 그리고 그를 아담이라고 부르셨습니다. 모든 사람은 그 첫 남자와 첫 여자로부터 나왔습니다. 현재 상태가 이러한 모습을 지니고 있는 것은 아담과 하와의 원래의 타락과 죄에 우리 모두가 수반되었기 때문입니다. 여러분 중에 어떤 사람은 그렇게 믿지 않으리라는 것을 저는 압니다.

그러면 여러분은 그것을 떠나서 죄의 보편성을 설명할 수 있습니까? 이것을 제외하고 어느 방식으로든지 현재 인류가 처한 모습, 그 상태를 개선하려고 문명을 다 동원하여 안간힘을 쓴다 할지라도 여전히 이러한 모양에 빠지게 된 이유가 어디 있는지 어느 방식으로든지 설명할 수 있습니까? 다른 해답이 전혀 없습니다. 여러분은 그것이 이러함을 알 것입니다. 아담은 우리의 대표자였습니다. 그는 인류의 첫 사람으로서, 하나님께서 그를 인류의 대표자로 삼으심으로 그가 행한 모든 것은 그 후손 전체에도 미치게 되었습니다. 우리는 어떠한 일이 일어났는지 잘 압니다. 그는 범죄하고 타락하였고 죽었습니다. 그 때문에 우리가 모두 죽었다고 사도는 말합니다. "이러므로 한 사람으로 말미암아 죄가 세상에 들어오고 죄로 말미암아 사망이 왔나니 이와 같이 모든 사람이 죄를 지었으므로 사망이 모든 사람에게 이르렀느니라"(롬 5:12).

우리 모두는 아담의 그 행동에 다 수반되었습니다. 말하자면, 우리는 모두 아담 안에 있었습니다. 아담은 머리요, 대표자요, 전 인류의 초점이었습니다. 그가 넘어질 때 그와 함께 다같이 타락하였습니다. 죄의 징벌은 사망입니다. 그가 죽었습니다. 우리 모두는 아담의 범죄 이후 다 죽었습니다. 사도 바울은, 모든 사람이 죽는다고 말합니다. 어린아이들마저도 죽습니다. 이 세상에 들어오고 어떤 사람들은 아담의 죄의 결과로 죽습니다. 그의 죄와 타락의 모든 결과들이 전체 인류에 미쳤습니다. 우리는 부패한 마음을 가지고 태어납니다. 또한 더러운 생각을 가지고 태어나고 죄인들로 태어납니다. 우리 자신을 잠시 동안 행복하게 만들기 위하여 여러 가지 상상을 해보고 애씁니다. 우리는 공상과 환상에 자주 빠집니다. 상상으로 그림을 그리기도 하나 그러한 것들은 현실이 아닙니다. 무죄한 갓난아이, 그와 같은 것은 존재하지 않습니다. 우리가 가장 하고 싶어하는 것은 하지 말라는 금령이 붙는 것입니다. 우리 모두는 아담의 자손들로 태어났고 그 안에 있었고 그에게 매어져 있었습니다. 본질상 우리 모두 그 안에 있습니다. 그는 타락한 이후 비참해졌습니다. 우리도 아담의 타락 후 비참해졌습니다. 우리는 그것에 대해서 속수무책입니다.

그런데 복음의 메시지가 이르렀습니다. 그리스도, 그는 누구입니까? 그는 하나님의 아들입니다. 그런데 어째서 그가 땅에서 죽으셨습니까? 그는 새 인류를 출발시키기 위해서 이 땅에 오신 것입니다. 두 번째 아담으로,

두 번째 사람으로 오신 것입니다. 첫 사람은 아담이었고, 두 번째 사람은 주 예수 그리스도이십니다. "무릇 흙에 속한 자는 저 흙에 속한 자들과 같고 무릇 하늘에 속한 자는 저 하늘에 속한 자들과 같으니"(고전 15:48). 여기 아주 놀라운 것이 있습니다. 만일 여러분이 주 예수 그리스도를 믿으면 그는 여러분의 대표자가 됩니다. 그가 행한 모든 것은 다 여러분을 위한 것입니다. 그러니 여러분은 그 안에서 그 모든 것을 다 행한 것입니다. 우리 모두는 아담 안에서 타락했다고 바울은 논증합니다. 우리 모두는 그리스도 안에서 다시 살아날 수 있습니다. 만일 그를 믿기만 하면, 그와 함께 죽고 형벌을 담당한 셈이며, 전에 여러분이었던 옛 사람과 관계를 끊습니다. 더이상 아담 안에 속해 있지 않으며 그리스도에게 속해 있습니다. 새로운 출발과 새로운 시작을 한 것입니다. 그리고 새로운 본성을 받은 것입니다.

여러분은 그리스도 안에 있고 더 이상 아담 안에 있지 않습니다. 엄청난 일입니다. 너무나도 엄청나서 우리 중 어느 누구도 그것을 이해할 수 없습니다. 여러 해 동안 그것을 알았던 사람들도, 우리는 그저 그 점에 대해서 시작에 불과하다는 느낌을 가집니다. 이는 모든 것 가운데 가장 놀라운 일입니다. 여러분도 알다시피, 바로 이곳에서 복음의 영광이 드러납니다. "구스인이 어찌 그 피부를 바꿀 수 있으며 표범이 그 반점을 바꿀 수 있느냐." 세상은 할 수 없다고 말합니다. 사람은 여전히 그 모습 그대로 남아 있습니다. 여러분은 새롭게 출발할 수도 없고 새로운 시작을 할 수도 없습니다. 언제나 여러분은 그 모습 그대로일 것입니다. 가식을 취할 수 없습니다. 그런 일은 이루어질 수 없습니다. 사람은 여전히 그대로이고 언제나 그 모습을 그대로 지니고 있습니다. 그러나 복음은 '아니다'라고 말합니다. 사람이 본래 '자기의 사람됨'에 대하여 죽는다는 것이 가능합니다.

그는 더 이상 아담에게 속해 있지 않을 수 있습니다. 아담 안에 있지 않을 수 있습니다. 그리스도 안에 있을 수 있습니다. 사람이 죽음을 겪어낼 수 있습니다. 전적으로 새로운 출생, 새로운 시작, 새로운 본성, 새로운 생명을 가질 수가 있습니다. 그는 그리스도와 함께 죽습니다. 그리스도와 함께 다시 살림을 받습니다. 그는 그리스도 안에 있습니다. 그래서 그는 새 사람이 됩니다. 물론 이 일이 사도 바울에게도 일어났습니다. 그는 옛 삶 속에서 자신에게 만족하고 바리새인 됨을 자랑하며 극히 도덕적인 사람이었습니다. 매우 선한 사람이었고 매우 강한 민족주의적인 유대인이었고 다른 모든 사람을 멸시하고 자신을 자랑하는 사람이었습니다. 그러한 사람이었는데도 불구하고 그는 곤고하였고 불행하였고 혼란되어 있었습니다. 그러나 일단 주 예수 그리스도께서 십자가에서 죽으신 죽음의 의미를 인식하고 나서는 절대적으로 새롭게 출발하였습니다. 다소 사람 사울은 죽고 사도 바울이 되어 살기 시작했습니다. 그는 "그런즉 누구든지 그리스도 안에 있으면 새로운 피조물이라 이전 것은 지나갔으니 보라 새것이 되었도다"(고후 5:17)라고 말합니다. 그는 새 세기의 새사람입니다. 그는 옛 아담의 상태와 본질로부터 건짐받아 그리스도 안에 있고 하나님께 대하여 살았습니다. 바로 그 일을 해낸 것이 십자가입니다. 우리는 본질상 옛 사람인데, 그 옛 사람을 제거할 것이 하나도 없습니다. 오직 십자가에서 죽으신 그리스도의 죽음뿐입니다. 그러나 만일 그를 믿고 그의 죽음의 의도를 믿으며, 그 죽음이 성취해 낸 일을 믿기만 하면, 여러분의 옛 아담인 본성에 대하여 진실로 죽은 사람이 됩니다. 여러분의 옛 사람은 그리스도와 함께 십자가에 못박혀 영원히 사라져버림을 압니다. 이 결과 우리의 입장과 지위는 전적으로 달라집니다. 사도 바울은 다음의 위대한 진술에서 나타냅니다. "죄가 너희를 주관치 못하리니 이는 너희가 법 아래 있지 아니하고 은혜 아래 있음이라"(롬 6:14).

오, 사람들이 그것의 의미를 이해할 수 있을는지요. 사람들은 기독교를 그저 우리 죄를 용서하는 것으로만 생각하고 있으며, 하나님은 "좋아, 내가 너를 용서하지"라고 말하는 분으로만 생각합니다. 그러나 그렇게 한 다음에는 예전의 사람대로 남아 있습니다. 예전과 같은 연약을 가지고 예전의 옛 세상으로 돌아갑니다. 언제나 그런 사람입니다. 약하고 다시 죄 짓고 그저 다시 와서 용서를 구하고 올라갔다 내려갔다, 앞으로 갔다 뒤로 갔다 하는 그런 삶을 살아갑니다. 여전히 변하지 않고 똑같습니다. 다만 하나님께서 여러분이 그를 용서하면 용서하실 것이라는 사실 외에는 다른 것이 없습니다. 그런 식으로 기독교를 생각합니다. 그러나 그것은 기독교가 아닙니다. 물론 기독교의 본질적인 시작일 수는 있지만 그것은 시작에 불과하지 아무 것도 아닙니다. 본질적인 것은 내 모든 입장이 바뀌고 하나님과의 관계가 달라지는 것입니다. 저는 하나님과 더불어 화평의 자리에 있을 뿐 아니라 전적으로 새로운 관계에 처하여 있습니다. 바로 그것이 차이나는 일입니다.

사도는 또 말합니다. "법 아래 있지 아니하고 은혜 아래 있다"(롬 6: 15). 사도가 의미하는 바는 우리 모두는 본질상 율법 아래, 하나님의 율법 아래 있다는 뜻입니다. 만일 그리스도와 그의 십자가의 죽으신 일을 믿지 않고, 그렇게 믿기 때문에 용서받은 사람이 아니라면, 저는 여러분의 입장이 무엇인지를 정확히 말해 줄 수 있습니다. 여러분은 아직도 하나님의 율법 아래 있습니다. 하나님께서는 율법의 제정자로서 여러분을 다루십니다. 그분은 말씀하십니다. "여기 내 계명이 있다. 그것들을 지켜라. 만일 너희가 그것들을 지킬 수 있으면 나는 만족할 것이다. 그럴 수 없으면 나는 너희를 벌하겠다." 그것이 바로 율법 아래 있는 것입니다. 우리는 모두 영국 법(法) 아래 있습니다. 우리는 모두 그러한 위치에 있습니다. 율법은 계명들을 설정하여 놓았습니다. 만일 여러분이 그것들을 어기면 고통을 받을 것이며, 만일 여러분에게 죄 있는 것이 발견되면 그 특별한 범죄에 맞는 형벌을 받게 될 것입니다. 바로 그것이 율법 아래 있는 것을 의미하는 것입니다. 인류 전체는 그리스도를 떠나서 바로 그 율법 아래 위치해 있습니다.

여러분은 하나님의 율법이 무엇을 요구하시는지 아십니까? 십계명입니다. 내 앞에 다른 신을 두지 말라, 나를 나타내기 위하여 새긴 우상을 절대 만들지 말라, 내 이름을 망령되이 부르지 말라, 그의 날(안식일)을 헛되이 보내지 말라, 죽이지 말라, 도둑질하지 말라, 간음하지 말라, 거짓 증거하지 말라, 네 이웃의 아내나 그의 소나 나귀나 남종이나 여종을 탐내지 말라. 그런 다음에 더 중요한 것이 나타납니다. 그리스도께서는 그 모든 것을 이처럼 요약합니다. "네 마음을 다하며 목숨을 다하며 힘을 다하며 뜻을 다하여 주 너의 하나님을 사랑하고 또한 네 이웃을 네 몸과 같이 사랑하라"(눅 10:27).

바로 그것이 하나님의 율법이요, 여러분과 제가 본질상으로 지켜야 하는 것입니다. 하나님께서는 말씀하십니다. "여기 내 법이 있다. 내 요구가 있다. 나는 그것으로 너희를 심판하려고 한다. 만일 너희가 그것을 지키지 않으면 너희를 벌하겠다." 바로 그것이 율법 아래 있다는 것입니다. 문제가 있습니다. 율법은 여러분에게 그것을 지킬 하등의 힘도 주지 않습니다. 물론 여러분은 도움을 원치 않는다고 말하겠지요. 자신의 의지력과 지식과 교육과 도덕성을 확신할 것입니다. 아마 도움을 원치 않을 것입니다. 좋습니다. 여러분은 어느 것도 받지 못합니다. 어느 도움도 받지 않고 살아가야 되는 삶이 바로 율법 아래 있는 삶입니다. 그 결과는 물론 그것을 행할 수 없다는 것입니다. "율법이 육신으로 말미암아 연약하여 할 수 없다"고 사도는 말합니다. 전혀 불가능합니다. 어떤 사람도 하나님의 율법을 지킬 수 없고 그것을 지켜내는 사람이 전혀 없습니다. 온 세상은 하나님 앞에 다 죄인이요, 의인은 없나니 하나도 없습니다. 모든 사람이 죄를 범하였으며 하나님의 영광에 이르지 못하였습니다.

여러분이 그러한 자리에 있는 한 여전히 율법 아래 있는 것입니다. 율법을 지킬 수 없으며, 여러분은 무능하며 실패자입니다. 또한 비참하며 갈수록 더 늙어가며 죽어가고 있습니다. 죽음 뒤에 여러분은 하나님의 심판대 앞에 서게 될 것입니다. 그리고 그때 아무 일도 할 수 없습니다. 전적인 절망상태에 처하여 있게 됩니다. 그것이 바로 율법 아래 있다는 것의 의미하는 바입니다. 그것은 너무나 절망적이라서 많은 사람들로 하여금 "아 그래,

만일 내가 어느 경우로든지 이미 정죄받은 것이라면 나는 그것을 최대로 이용해야지. 내가 이 세상에 있는 동안 마음껏 죄를 지어 보아야지!"라고 말하게 만듭니다. 그것은 여러분으로 하여금 더욱더 죄를 짓게 만듭니다. 그러면 죄책은 더 많아지고 율법 아래서 더욱더 완전한 절망과 무능에 처하게 됩니다.

그러나 이 십자가, 주 예수 그리스도의 십자가는 전혀 다르게 만듭니다. 여러분이 율법 아래 있지 않고 은혜 아래 있다고 사도 바울은 말합니다. 주 예수 그리스도와 십자가 위에서 죽으신 그의 죽으심을 믿는 여러분은 그 처지에서 벗어나 완전히 새로운 지위에 서게 될 것입니다. 여러분은 율법 아래 있습니다. 은혜는 그 은혜를 받을 만한 공로가 전혀 없는데도 베풀어 주는 호의입니다. 심판밖에는 받을 것이 없는 사람들에게 주어진 친절입니다. 은혜는 하나님이십니다. 우리가 아무것도 받을 만한 것이 없을 때 우리를 총애하며 바라보시는 하나님이시기 때문입니다. 바로 그것이 "은혜 아래 있다"는 것의 의미입니다. 그 말은 여러분에게 하나님께서 더 이상 율법을 주신 분만이 아니라는 의미입니다. 그 하나님은 여러분의 아버지입니다. 그는 영원한 사랑으로 여러분을 사랑하는 여러분의 아버지입니다. 그는 여러분을 바라보시며 축복하시기를 원하시는 아버지이십니다. 그는 이렇게 말씀하십니다. "너는 내 자녀이다. 나는 너의 아버지이다. 나는 네게 내 성품을 줄 것이다. 나는 네 머리털 하나도 셀 것이다. 나를 떠나서 네게 일어나는 일은 결코 없다." 그것이 바로 은혜 안에 있다는 것입니다.

여러분은 그 차이를 아시겠습니까? 율법의 관계와 사랑의 관계 사이의 차이라고 할 수 있습니다. 여러분은 전적으로 새로운 지위에 서 있는 것입니다. 십자가가 바로 그 지위에 서게 했습니다. 여러분은 은혜 아래 있으며 저 기가 막힌 두려움을 가지고 하나님 앞에 떨며 서지 않게 되었습니다. 비록 여러분의 무가치함을 알지만, 하나님은 여러분의 아버지이시며, 그래서 여러분은 "하늘에 계신 우리 아버지여 이름이 거룩히 여김을 받으시오며 나라이 임하옵시며"라고 말하는 것입니다. 하나님께서 미소를 지으시며 여러분을 보고 계심을 여러분은 압니다. 그는 인내하시며, 오래 참으심을 압니다. 또한 여러분은 원래의 여러분을 지으셨던 그 완전한 상태로 되돌리려고 작정하셨음도 압니다. 또한 그의 사랑과 은혜와 긍휼의 모든 힘이 여러분에게 베푸신 호의 속에서 역사하고 있음도 여러분은 알고 있습니다.

이제 저는 바로 위에서 말한 요점을 다음과 같은 형식으로 지적해 보고자 합니다. 십자가는 우리가 이 세상에 여전히 살고 있는데도 불구하고 이 세상에서 살아가는 우리의 삶의 전체 난제를 완전히 바꾸어 놓았습니다. 그것은 이러한 방식으로 역사합니다. 여러분은 하나님의 아들을 믿고 그가 십자가에서 죽으심을 믿습니다. 그리고 하나님께서는 성령을 여러분 안에 두십니다. 성령께서는 힘있는 영이십니다. 그는 능력의 영이십니다. 내가 어떻게 이 세상에서 살아갈 수 있는가? 세상과 육신과 마귀들은 여전히 존재합니다. 어떤 사람은 "복음을 믿는다는 요점이 무엇인가?"라고 말합니다. 그러면서 그런 사람은 "나는 여전히 같은 세상으로 돌아가야 한다. 악과 지옥의 모든 세력들이 나를 거스려 세상에 존재하고 있다. 그러니 나는 여전히 같은 사람이다"라고 말합니다.

아닙니다. 그렇지 않습니다. 주 예수 그리스도를 믿으십시오. 그러면 새로운 사람이 되고, 더 이상 율법 아래 있지 않게 될 것이며 은혜 아래 있게 될 것입니다. 아담 안에 더 이상 있지 않고 그리스도 안에 있게 될 것입니다. 더 나아가서 하나님의 성령께서 여러분 속에 계십니다. 그는 능력 있는 영이십니다. 사도 바울은 "…항상 복종하여 두렵고 떨림으로 너희 구원을 이루라 너희 안에서 행하시는 이는 하나님이시니 자기의 기쁘신 뜻을 위하여 너희로 소원을 두고 행하게 하시나니"(빌 2:12-13)라고 말하였습니다.

그러나 역시 내가 하나님의 자녀가 되고, 아담 안에 있지 않고 그리스도 안에 있음을 깨닫게 되는 순간, 또는 내가 율법 아래로부터 은혜 아래로 오는 순간 그것이 나를 위하여 무엇을 이루는지 여러분은 아십니까?(이 점은 제가 볼 때 여러 방면에서 가장 놀라운 요점입니다) 그것은 내게 하늘 문이 열리고 나로 기도할 수 있게 만듭니다.

우리는 하나님을 향하여 기도하는 것이 무엇인지를 다 파악하지 못했음을 알았습니다. 우리 중 어떤 사람은 지난 1차대전, 1914년에서 1918년까지의 전쟁기간 동안에 바다에서 어뢰로 공격당한 사람들의 무서운 체험에 대해서 읽어본 기억이 날 것입니다. 그들은 타고 있던 배가 파손되어 바다에서 작은 보트를 타고 마지막 몇 날을 지냈던 것 같습니다. 먹을 것은 떨어지고 물도 없었습니다. 그들은 표류하고 있었습니다. 모든 것이 끝장난 것 같았으며 아무도 목숨을 건질 것 같지가 않았습니다. 그들은 황망하여 어떻게 할 줄을 몰랐습니다. 어떤 사람은 그때 "기도하면 어떨까?"라고 말했을 것입니다. 그들 중 어느 누구는 수년 동안 기도해 본 적이 없었습니다. 또 하나님에 대해서 생각해 본 적도 없었습니다. 그러나 그 고통 가운데서 그들은 하나님을 기억했습니다.

마치 타이타닉(Titanic)호에 탔던 사람들처럼 말입니다. 그 배는 정말 가라앉을 수 없는 배였습니다. 1912년 4월에 대서양을 횡단하기 위해서 출범하였습니다. 주일 오후 악대의 우렁찬 연주소리에 맞춰 모든 사람들이 즐기고 있었습니다. 도저히 가라앉을 수 없는 그런 배를 만든 인간의 놀라운 업적을 즐거워하면서 말입니다. 그런데 갑자기 "쾅" 하는 소리가 났습니다. 그 배가 그만 빙산의 빙벽을 들이받은 것입니다. 그 빙산을 들이받는 순간 무용곡과 재즈를 연주하던 오케스트라는 "하나님께 더 가까이 더 가까이(내 주를 가까이 하게 함은)"라는 찬송을 연주하기 시작했습니다. 우리는 하나님께 기도한다는 것이 무엇임을 알았습니다. 그러나 문제는 우리가 기도할 수 있느냐? 하는 것입니다. 기도할 어떤 권리가 있느냐? 기도가 무엇인가? 기도는 하나님의 면전으로 들어가는 것을 의미합니다. 우리가 이 땅에 있으면서 하늘에 계신 전능하시고 거룩한 하나님께 아뢰는 것을 의미합니다. 우리는 그 하나님을 무시하였고 모독하였고 배역하였고 배척하였습니다. 그런데 어떻게 그의 면전으로 들어갈 수 있습니까? 우리 혼자서는 그의 면전으로 들어갈 수 없습니다.

"하나님은 죄인들을 듣지 아니하십니다"(요 9:31). 사람이 확신을 가지고 기도할 수 있는 오직 유일한 길이 있습니다. 그것은 주 예수 그리스도의 십자가를 믿는 것입니다. 사도가 하는 말을 들어보십시오. "그러므로 믿음으로 의롭다 함을 얻었은즉 우리 주 예수 그리스도로 말미암아 하나님과 더불어 화평을 누리자 또한 그로 말미암아 우리가 믿음으로 서 있는 이 은혜에 들어감을 얻었으며 하나님의 영광을 바라고 즐거워하느니라…." 그러나 그는 그렇게 말하기를 좋아합니다. 어느 곳에서나 그것을 발견합니다. 에베소 사람들에게도 "이는 저로 말미암아 우리 둘이 한 성령 안에서 아버지께 나아감을 얻게 하려 하심이라"(2:18)고 말합니다. 예수 그리스도가 아니고는 하나님께 나아갈 길이 없습니다. 주님께서 친히 "내가 곧 길이요 진리요 생명이니 나로 말미암지 않고는 아버지께로 올 자가 없느니라"고 말씀하셨습니다(요 14:6). "그 신들이 어떠한들 무슨 상관이 있느냐"라고 말할지 모릅니다. 또 절망 가운데서 어떤 신(神)인가 내 기도를 들을 것이라고 소리칠 수도 있습니다.

그러나 그것은 기도가 아닙니다. 기도란 하늘에 계시고 축복하실 모든 능력을 가지신 하나님께 말씀을 아뢰는 것입니다. 어떻게 그렇게 할 수 있습니까? 오직 유일한 길이 있습니다. 다시 히브리서 기자가 비할 수 없는 방식으로 그 점을 표현하는 것을 읽어보십시오. "그러므로 우리에게 큰 대제사장이 있으니 승천하신 자, 곧 하나님 아들 예수시라 우리가 믿는 도리를 굳게 잡을지어다 우리에게 있는 대제사장은 우리 연약함을 체휼하지 아니하는 자가 아니요 모든 일에 우리와 한결같이 시험을 받은 자로되 죄는 없으시니라 그러므로 우리가 긍휼하심을 받고 때를 따라 돕는 은혜를 얻기 위하여 은혜의 보좌 앞에 담대히 나아갈 것이니라"(히 4:14-16). 그것이 바로 문제입니다.

내가 도움이 필요할 때 어떻게 합니까? 실패하고 고뇌에 차고 위기에 처해 있을 때 어떻게 합니까? 우리는 필요할 때 도움을 줄 은혜를 원합니다. 그걸 어떻게 얻습니까? 하나님께 말할 자격이 무엇입니까? 오직 한 가지 대답뿐입니다. 우리가 하나님께 말씀드릴 오직 유일한 자격은, 그리스도께서 내 형벌을 담당하시고 나를 하나님께 화목시켰고 하나님과 더불어 화평을 누리게 하신 데 있습니다. 또한 히브리서 10:19-22에서 말하는 바와 같습니다. "그러므로 형제들아 우리가 예수의 피를 힘입어 성소에 들어갈 담력을 얻었나니 그 길은 우리를 위하여 휘장 가운데로 열어놓으신 새롭고 산 길이요 휘장은 곧 저의 육체니라 또 하나님의 집 다스리는 큰 제사장이 계시매 우리가 마음에 뿌림을 받아 양심의 악을 깨닫고 몸을 맑은 물로 씻었으니 참 마음과 온전한 믿음으로 하나님께 나아가자." 그는 하늘 문을 여시고 나로 기도할 수 있게 하십니다.

그래서 나는 언제나 날 참소하는 자를 대적합니다. 여러분이 무릎을 꿇고 하나님께 기도하며 전능하신 하나님께 아뢰면 참소자는 말하기 시작할 것입니다. 하나님의 거룩을 생각하라고 말입니다. 그때 여러분은 무어라고 대답하겠습니까? 오직 한 가지 대답뿐입니다. 그 하나님의 거룩이 십자가에서 만족되었노라고. 십자가에서 하나님의 율법이 응하여졌고 만족되었습니다. 여러분의 양심도 말하며 옛 것들을 들추어낼 것입니다. 기억이 되살아나 나는 절망적이고 무서운 존재라는 느낌을 가지게 될 것입니다. 여러분의 참소자가 여러분을 참소하고 있습니다. 그때 여러분은 그것을 어떻게 다루겠습니까? 그것을 다룰 오직 유일한 길이 있습니다. 찬송시에서 그것이 어떻게 표현되었는가를 보십시오.

> 주는 나의 방패요
> 피난처시니 주께로 가 피하오리다
> 참 지독한 참소자 얼굴에 대고

주께서 죽으셨노라 나 말할 것일세

뉴톤(J. Newton)

그 말에 참소자는 대답할 수 없습니다. 주 예수 그리스도의 피, 하나님의 아들의 피가 우리의 모든 죄와 불의에서 우리를 정결케 합니다. 그런 다음에 거룩하신 하나님 앞에서 우리가 부정하고 무가치하다는 생각이 들어 부끄러워지면 여러분은 어떻게 하시겠습니까? 우리는 다음과 같이 기도할 수밖에 없습니다.

오 하나님의 어린양이시여
주께로 피하노니 날 지켜줍소서
오직 주 안에서만 안전하고 평온하게 거할 수 있나이다
여우들과 독사들이 날 둘러싸고
속에서 탐욕과 두려움이 아무리 날 우겨싸도
날 찾아 얻은 은혜는 날 깨끗케 하고야 말리이다

제임스 조지 디크(James George Deck)

영원한 빛이여! 빛이여!
영혼이 얼마나 순결해야 합니까
주의 감찰하시는 눈 앞에 설 때
움츠러들지 않고 조용하게 서서
살아서 주 얼굴 바라보려면
영혼이 얼마나 깨끗해야 하나이까?

주의 보좌 주위에 둘러선 영들
주의 불타는 축복을 지녔을 것일세
그러나 그들은 이 같은 타락 세상
알지 못하였으니 결코 알지 못하였으니
그럴 것임에 틀림없지

오! 원래 어둡고 희미한 마음을 가진 내가
그 정결한 자 앞에 설 때
그 시들지 않은 광채 앞에
벌거벗고 설 때에
난 어떻게 하련가

어떻게 해야겠습니까? 오직 한 가지 대답뿐입니다.

사람이 그 숭고한 처소에 오를 수 있는 길 하나 있네
번제와 희생제물, 성령의 힘,
하나님과 함께한 대변자

위에 계신 거룩자의 앞에 설 준비
그들이 해주었네
무지와 밤에 속한 아들들이 영원한 사랑을 통해서만
영원한 빛 안에 거할 것일세

빈니(T. Binney)

"그러나 내게는 우리 주 예수 그리스도의 십자가 외에는 결코 자랑할 것이 없다." 그 그리스도는 하나님과 더불어 누리는 화평을 내게 주셨습니다. 그는 내게 새로운 본성을 주셨습니다. 나는 그리스도 안에 있고 더 이상 율법 아래 있지 않습니다. 은혜 아래 있습니다. 그는 나로 하여금 살게 하셨습니다. 나는 하나님께 기도할 수 있고 내 모든 원수들에게 대적하는 답을 할 수 있습니다. 모든 거룩한 영광 중에 계신 하늘의 하나님께마저 말씀드릴 권리를 가지고 있습니다. 그러므로 저와 여러분은 "우리 주 예수 그리스도의 십자가 외에 결코 자랑할 것이 없다"고 말할 준비가 되어 있지 않습니까?

9

값주고 사서 자유케 하였느니라

모든 축복의 샘이여,
오셔서 내 마음으로
당신의 은혜를 찬미케 하소서
마르지 않는 긍휼의 샘이여
오셔서 가장 큰 소리로 찬미의 노래를
부르게 하소서
선율이 고운 가락을 가르치소서
위에서 오는 불꽃 방언으로 노래하게 하소서
오, 주님의 변치 않는 사랑의 한없는 보배
그 광대함을 찬미케 하소서.

로빈슨(R. Robinson)

갈라디아서에 있는 바울의 위대한 말을 숙고해 나오면서 우리가 애써왔던 것은 이것이었습니다. 곧, 이 한없는 보배의 위대함을 생각한 것입니다. 그것은 너무나 장대하고 영광스러워서 아무리 힘써 노력한다 할지라도 그것을 다 알아낼 수 없음은 필연적인 귀결입니다. 그런데도 불구하고 우리는 그것을 살펴보고 탐사해 보고 곰곰이 생각해 보아야 합니다. 그럼으로써 그 영광의 광대함 중 일부라도 우리의 마음에 비추게 해야 합니다.

우리는 한때 바울에게 있어서 그 십자가가 거침돌이 되었음을 기억해야 합니다. 구주께서 십자가에서 무능하게 죽으셨다는 것을 생각하는 것은 정말 우스운 일이었습니다. 구주께서는 위대하고 능력있는 사람이어야 하고 군사력이 있는 사람, 행차할 때마다 큰 화려함과 의식이 뒤따라야 하는 사람으로 생각했습니다. 베들레헴의 구유에서 나시고, 목수로서 일하였고, 바리새인으로도 훈련받지 아니한 사람, 그런 사람이 오랫동안 기다리던 메시야라니, 또한 십자가에서 죽는 것이 그의 이생과 내생의 최고 영광이라니, 그러한 관념이 그에게 거침돌이 되었던 것입니다. 정말 그것은 우스운 일이었습니다. 또한 그것은 하나님을 모독하는 것처럼 보였습니다. 그래서 바울은 그리스도의 교회를 핍박했습니다. 그러했던 그가 로마 총독 베스도와 아그립바 왕 앞에 나타났던 어느 날, 그 당당한 무리들 앞에서 이렇게 말했습니다. "나도 나사렛 예수의 이름을 대적하여 범사를 행해야 될 줄 스스로 생각하였다"(행 26:9). 바울은 바로 그러한 입장을 취한 적이 있었습니다.

그가 특별히 멸시했던 것이 십자가에서 죽으신 그 죽음이었습니다. 그러나 그는 지금 바로 그것이 자기에게 있어서 모든 것을 의미한다고 말하고 있습니다. "내게는 우리 주 예수 그리스도의 십자가 외에 결코 자랑할 것이 없으니 그리스도로 말미암아 세상이 나를 대하여 십자가에 못박히고, 내가 또한 세상을 대하여 그러하니라." 그는 지금 여기서 이 십자가야말로 모든 것의 중심이요, 모든 것을 매고 있는 중심핀이라고 말하고 있습니다. 이것이야말로 세상에서 가장 큰 것입니다. 인류가 알았던 것 중에 가장 위대한 것이요, 일어났던 일 중에서 가장 큰 일입니다. 그는 십자가를 찬탄하고 있다고 말하고 있지 않음을 주목하십시오. 또한 그 십자가를 모방하려고 애쓰고 있노라고 말하지도 않습니다. 많은 사람들이 그런 식으로 말하곤 하였습니다. 또한 십자가는 주목할 만한 삶과 비극적이고 매우 후회스러운 삶 속에서 드러난 한 우연한 사건이었다고 말하지 않습니다. 그는 전혀 그렇게 말하지 않습니다.

우리는 주목하십시다. 그가 또한 십자가가 기독교 생활의 시작에서 만나는 것이라고도 말하지 않습니다. 방식은 달라도 그런 식으로 말하는 그리스도인들이 많습니다. 그들은 말합니다. 십자가로부터 출발하여 더 깊은 그리스도인의 삶으로 들어가야 한다. 십자가는 오직 회심을 위해서만 필요한 것이고, 십자가는 죄를 용서하는 문제만을 해결할 뿐이다. 십자가는 시작을 알리는 것에 불과하니 더 나아가서 다시는 십자가로 돌아오지 말아야 한다. 그 십자가로부터 출발은 하지만 그것을 떠나 더 깊은 영적인 삶으로 들어가야 한다. 그런 식으로 주장하는 사람들이 있습니다.

그러나 사도 바울은 그렇게 말하지 않습니다. 이 편지를 쓰는 사도 바울은 그리스도인으로서 최고의 성숙도에 도달한 사람입니다. 이방인들의 대사도입니다. 그는 그의 체험의 극에 도달했을 때 "나는 우리 주 예수 그리스도의 십자가 외에 결코 자랑치 않는다"고 말합니다. 십자가를 떠나서 더 높은 지점을 향하여 나아가라는 식으로 말하지 않습니다. 십자가는 여전히 그에게 있어서 모든 것이 됩니다. 어째서입니까? 모든 것이 그 십자가로부터 나온다는 것을 알았기 때문입니다. 그가 그리스도인으로서 가진 모든 것의 원천과 샘은 바로 그 십자가입니다. 그를 그 되게 하는 모든 것, 그가 언제나 소망할 수 있는 모든 것은 바로 그 원천과 샘에서 나옵니다. 저는 그 위대한 사도가 알게 되고 그의 여러 서신들에서 자기와 같이 우리도 알 수 있게끔 십자가의 여러 국면들을 묘사하려고 애써 왔습니다. 그러므로 이제는 그것을 이렇게 살펴봅시다. 십자가가 전적으로 자기를 새로운 위치에 서게 했다고 바울은 말합니다. 또한 그는 그리스도와 함께 십자가에 못박혔다고 말합니다. 그리스도께서 죽으실 때 자기도 죽었고, 그것이 바로 그리스도를 믿는 모든 사람들에게도 해당되니 그들도 그리스도와 함께 죽었다고 말합니다. 그들은 율법에 대한 관계를 청산하고 은혜 아래 있습니다. 그들은 새로운 류의 삶을 시작했습니다. 바울은 그렇게 말합니다.

이제 저는 조금 더 나아가서 어떻게 모든 것이 십자가에서 나오며, 그리스도인이 어떻게 십자가를 자랑하는 사람인가를 다시 보여주기 위해서 그 국면을 생각해 보려 합니다. 만일 십자가가 여러분의 중심이 되지 아니하면 여러분은 그리스도인이 아닙니다. 여러분이, "나는 예수님을 존경하며 그의 가르침을 가장 크게 생각한다"고 말할지라도 그것이 여러분을 그리스도인 되게 하지는 않습니다. 모하메드교이면서도 그렇게 말할 수 있습니다. 유대교에 머물러 있으면서도 그렇게 말할 수 있습니다. 그렇게 말하면서도 그냥 도덕주의자일 수 있습니다. 아니, 십자가는 중심적이고 사활적인 것입니다. 모든 것이 거기서부터 나옵니다. 저는 그것을 이렇게 지적하고 싶습니다. 사도는 우리에게, 십자가가 자기 자신에 대한 관점을 지배하며 십자가의 결과로 자기 자신에 대한 새로운 관점을 가지고 있다고 말합니다. 물론 우리가 이미 알았듯이 이 문제를 다룬 여러 번의 기회를 통해서 그 점이 암시되었을 줄로 믿습니다. 그러나 저는 그것을 여러분에게 노골적으로 말씀드리려 합니다. 그 문제를 가지고 여러분과 함께 숙고해 보겠습니다. 왜냐하면 결국 그것은 그리스도의 십자가의 이 위대한 교리가 가진 가장 영광스러운 국면들 중 하나이기 때문입니다 그것은 사람에게 자신에 관해 전적으로 다른 관점을 가지게 합니다.

어떻게 그러합니까? 고린도후서 5장을 읽어보면 사도가 거기서 아주 명백하게 이 국면을 확장시켜 설명하고 있음을 발견할 것입니다. 그는 두 큰 요점을 말해야 했습니다. 16절에서 "그러므로 우리가 이제부터는 아무 사람도 육체대로 알지 아니하노라 비록 우리가 그리스도도 육체대로 알았으나 이제부터는 이같이 알지 아니하노라." 그것이 바울이 말하는 하나의 요점입니다. 그러나 14절과 15절에 또 다른 요점이 있습니다. "그리스도의 사랑이 우리를 강권하시는도다 우리가 생각컨대 한 사람이 모든 사람을 대신하여 죽었은즉 모든 사람이 죽은 것이라 저가 모든 사람을 대신하여 죽으심은 산 자들로 하여금 다시는 저희 자신을 위하여 살지 않고 오직 저희를 대신하여 죽었다가 다시 사신 자를 위하여 살게 하려 함이니라." 그가 고린도후서 5 장에서 말하고 있는 것이 17절에 모두 요약되어 있습니다.

그는 17절에서 이 놀라운 진술로 그 점을 말하고 있습니다. "그런즉 누구든지 그리스도 안에 있으면 새로운 피조물이라 이전 것은 지나갔으니 보라 새것이 되었도다." 새것이 된 '모든 것' 속에 자신에 대한 새로운 관점이 들어 있습니다. 그는 자신에 대해서 전혀 새로운 관점을 가지고 있습니다. 그리스도의 십자가의 의미를 알고 십자가에서 일어난 일을 이해하는 사람에게 그리스도의 십자가가 해 주는 가장 놀라운 것들 가운데 하나는 자신에 대한 전혀 새로운 관점을 가지게 한다는 것입니다. 자신으로부터 자유함을 얻고 자신에게서 구원을 받는다고 하는 것은 사람이 알 수 있는 가장 영광스러운 구원들 가운데 하나입니다. 우리는 이 점을 좀더 상세히 살펴봅시다. 사도는 그것을 이렇게 나타냅니다. 본질대로 있는 사람, 그리스도인이 아닌 사람, 십자가의 메시지를 알지 못하는 사람, 그는 자신에 대해서 한 관점을 가지고 있다고 말합니다.

사도에 따르면 그런 사람은 육체를 따라서 자신을 바라본다는 것입니다. 바울의 글에 익숙해 있으면 그는 언제나 육체와 영을 대조하고 있음을 여러분도 아실 것입니다. '육체를 따라' 사물을 본다는 것은 주 예수 그리스도께서 성령으로 말미암아 비추어 주시는 빛 없이 있는 그대로를 본다는 뜻입니다. 그리스도의 빛이 없이 자기 혼자서 자신에 대해서 생각하는 것, 그것이 바로 사람이 자신에 대해서 가지는 사고방식입니다. 물론 그는 자기에게 사실적인 일들의 차원에서 언제나 자신을 생각합니다. 자기의 출생과 자기의 모국과 자기의 태어난 곳과 자기 아버지와 어머니와 할아버지 할머니. 그밖에 친척들과 그와 관련된 모든 것이 자신을 생각할 때 다 수반됩니다. 사도는 그런 것을 언급하여 말하기를 지체하지 않습니다. 왜냐하면 자기 속에서 일어났던 이 엄청난 변화 때문입니다. 그는 그것을 극복할 수가 없었습니다. 빌립보서 3장에서 그가 말하는 것을 다시 한 번 인용해 보겠습니다. "내가 팔 일 만에 할례를 받고 이스라엘의 족속이요 베냐민의 지파요 히브리인 중의 히브리인이요 율법으로는 바리새인이요 열심으로는 교회를 핍박하고 율법의 의로는 흠이 없는 자로라"(5-6절). 그는 언제나 그러한 방식으로 자신을 생각했습니다. 오늘날 중생치 않고 본질 그대로 있는 모든 사람들이 그런 식으로 자신을 생각합니다. 출생과 혈통과 가문(家門)을 따라서 생각합니다.

그뿐 아니라 이 세상에서의 자기의 위치와 지위의 차원에서 생각합니다. 나는 어떤 계보에서 태어났는가? 나의 지위는 어떠한가? 그런 다음 부(富)의 차원에서도 생각합니다. 부하게 태어났는가, 가난하게 태어났는가, 이러한 차이들로 세상은 가득 차 있습니다. 오늘날 세상은 이러한 노선을 따라 나뉘어져 있습니다. 우리는 그 모든 것에 대해서 알고 있습니다. 질투와 경쟁의식과 또한 모든 멸시에 대해서 압니다. 그것이 바로 인생이요, 그리스도 없는 사람의 삶입니다. 물론 그런 사람은 자신의 천성적인 능력과 기질의 차원에서 자신을 생각합니다. 훌륭한 의지와 훌륭한 두뇌를 가졌는가, 그는 생각할 수 있는가 아니면 그는 법 없는 더 낮은 혈통에 속해 있는가, 그는 총명을 가지고 있는가 아니면 그는 모든 것을 보는 그대로 취하고 즐거움만을 위해서 살아가는 사람인가, 사람은 자신을 자기 능력과 지식과 총명과 자기가 하는 일과 자기가 쌓은 특별한 연구지식의 차원에서 생각합니다. 사람이 자신을 생각하는 방식들이 그러합니다.

그리고 그런 사람은 자기의 선함의 차원에서도 생각합니다. 빌립보서 3장에서 사도 바울이 자신에 관해서 말한 것을 여러가지 원리로 나누어 생각해 보려고 애쓰고 있는 것은 그 원리들이 보편적으로 통용되는 진리임을 보여 주기 위해서입니다. 오늘 이 세계는 나라간의 경쟁과 민족주의와 현대 세계를 파괴하는 여러 가지 모든 다툼으로 가득 찬 세대입니다—냉담함과 반유대주의, 또한 인간의 삶을 더럽히는 그러한 모든 것들로 가득 차 있습니다. 이러한 것들이 득세하는 것은 사람들이 자신들을 육신적인 인간의 차원에서 생각하기 때문입니다. 또 그런 다음에 다른 것들이 들어옵니다. 그때마다의 악을 극복하기 위해 선(善)이라는 이름으로 다른 것이 들어옵니다. 여기에 또한 종교적인 것이 들어옵니다. 사람들은 종교적인 것을 자랑하고, 자기들이 종교적이고 언제나 그렇게 자라왔다는 사실을 뽐냅니다. 그리고 고상한 전통을 지키고 있음을 자랑합니다. 사람들이 자신들을 생각할 때 그러한 방식으로 생각합니다.

사람들은 자기들이 처한 방식의 차원에서만 생각합니다. 왜냐하면 사람이 자기의 출생을 결정하지 못하며, 자기들의 부모를 선별하지 못하기 때문입니다. 사람은 자기 자신의 혈통을 선택하지 못합니다. 자신의 능력들도 고르지 못합니다. 우리가 어떠한 능력을 가졌다 할지라도 그것을 우리 자신이 낸 것이 아니라면 자랑하는 게 합당치 못합니다. 셰익스피어는 자기 능력들을 스스로 만들어내지 못했습니다. 날 때부터 그러한 능력들을 가지고 태어났습니다. 모든 사람마다 그 나름으로 처할 수 있는 방도를 가지고 태어납니다. 우리는 능력들을 사용할 수 있고 발전시킬 수는 있습니다. 그러나 그러한 것들을 만들어 낼 수는 없습니다. 자랑한다는 것이 참으로 우습고 터무니없는 것이 바로 그 점에서입니다. 그러므로 사도는 그리스도의 십자가에서 비치는 빛을 받지 아니하고 자신에 대해서 가졌던 관점에 있어서 맨 먼저 그 점을 말하고 있습니다.

그러한 관점의 두 번째 특징은 전적으로 자기 중심적이라는 것입니다. 사도는 그것을 이렇게 지적합니다. "저가 모든 사람을 대신하여 죽으심은 산 자들로 하여금 다시는 저희 자신을 위하여 살지 않고 오직 저희를 대신하여 죽었다가 다시 사신 자를 위하여 살게 하려 함이니라"(고후 5:15). 육신적인 사람은 자신을 위해서 살아갑니다. 바울도 그랬습니다. 다소 사람 사울로서 그는 그러한 삶을 살았습니다. 우리 모두도 그랬습니다. 이점이야 말로 사람의 여러 비극들 중에 하나입니다. 형태는 이루 말할 수 없이 다양하지만 자신을 위해서 살아갑니다. 자의식, 언제나 자기를 의식하며, 자기를 쳐다보며, 자기를 존중하며, 그리하여 결국 자기를 자랑하게 됩니다. 앞에서 생각한 여러 가지 것들과 함께 이것은 자랑으로 인도하고 자만으로 빠지게 합니다.

그러나 모든 것 가운데서 가장 골치 아프고 가장 비극적인 것은 자기 중심적이라는 것입니다. 이것이 사람들이 타락한 이후의 인류가 가진 저주거리입니다. 우리 모두는 다른 무엇보다도 우리 자신들에게서 벗어나는 것이 가장 필요한 것입니다. 자신을 잊어야 합니다. 우리는 우리 자신에게 둘러싸여 정신을 차리지 못합니다. 우리는 우리의 우주의 중심이 되고 있습니다. 언제나 우리 자신들을 바라봅니다. 그리고 우리의 차원으로 모든 것을 판단하고 평가합니다. 그것이 내게 어떤 의미가 있느냐, 그것이 나에게 무엇을 해 주느냐 하는 등의 차원에서 생각합니다. 우리의 모든 경쟁과 다툼과 투기는 바로 거기에서 나옵니다. 개인들뿐 아니라 나라들에도 그 점은 마찬가지입니다. 자기 중심, 물론 거기에다가 이기적인 생각이 가미됩니다. 자기를 위해서 모든 것을 원합니다.

바울이 이제 더 이상 우리 자신을 위해서 살지 아니하고 우리를 위해서 죽었다가 다시 사신 분을 위해서 산다는 말을 한 것은 놀라운 일이 아닙니다. 자기중심적인 사람은 언제나 이기적임에 틀림없습니다. 자기를 배부르게 하고 자기를 부추기며, 자기만이 여러 가지 것들을 가지기를 원하고 다른 사람들은 가지지 않기를 바라며, 모든 것이 우리를 지배하고 통제하는 이 가공할 무서운 존재인 자기를 세우며, 만족케 하기를 바랍니다. 물론 이 모든 것은 결국 예민한 감정을 유발시키고 그러한 생각대로 잘 되지 않을 때 무력감을 느끼고, 매우 자주 그러한 것들이 성사되지 않을 때마다 불만을 토로하게 됩니다. 그리하여 과민한 반응을 나타냅니다. 어느 누가 우리를 손해 입히지 않을까 항상 무서워하게 됩니다. 또한 어느 누군가 그렇게 우리를 손상시키고 있는 것 같은 느낌을 가집니다. 그래서 손해 감정과 피해 감정이 생기게 됩니다. 결국 그것은 자기 과잉보호적인 반응을 유발합니다. 자기 보호, 우리는 우리 자신을 보호하느라고 많은 양의 시간을 보냅니다. 심지어 우리를 해칠지도 모르는 어떤 것에 대한 가능성을 피하려고 많은 시간을 보냅니다. 그 일이 매우 큰 일이 되어버리고 언제나 중심에 있는 이 여리고 과민한 자기를 보호하느라고 애를 씁니다.

설상가상으로, 제가 방금 말씀드린 그 모든 것에도 불구하고 인간에게 있어서 가장 풀기 어려운 요점은 이것입니다. 곧, 인간은 본질상 자기를 의뢰하며 자기 신뢰심을 가지고 있다는 것입니다. 다른 말로 해서, 인간은 자기 속에 성공케 하는 것이 있다고 믿습니다. "나는 운명을 마음대로 주장하는 자이다. 나는 내 영혼의 주인이다." 그는 종교 같은 것은 좋아하지 않습니다. 왜냐하면 종교는 자기 스스로를 구원할 수 없다고 말하기 때문입니다. 그래서 종교를 거부합니다. 자기가 할 수 있다고 믿습니다. 그는 능력을 가지고 있고, 그 능력이 자기 속에 있다고 봅니다.

세상의 모든 심리학은 "너 자신을 믿으라"고 말합니다. 그래서 인간은 그렇게 할 만반의 채비가 되어 있습니다. 너 자신을 믿으라. 스스로 힘을 내라고 하는 것에서 사람들의 삶은 전적으로 잘못되고 그릇된 자기 관점에 의해서 통제받고 있습니다. 그는 자신으로 말미암아 삽니다. 자기가 처음이요 마지막입니다. 자기가 자기의 신이 됩니다. 그는 자율적인 존재입니다. 자기 중심적이고 자율적인 현대의 자존적인 사람―그는 신을 필요로 하지 않기 때문에 신 같은 것은 믿지 않는다는 식입니다. 그들 스스로 자신에 대해서 신이라는 것입니다. 그럼에도 불구하고 언제나 인간은 신경질적이고 예민하고 두려워하며 극히 과민한 상태에 있습니다. 다소 사람 사울 같은 이 위대한 사람이 바로 그러하였습니다. 그가 다메섹 도상(途上)에서 하나님의 아들을 만나 십자가에서 죽으신 그분의 죽음의 의미를 알기까지는 그러하였습니다.

그러면 그 하나님의 아들을 만난 것이 어떤 차이를 가져왔습니까? 좋습니다. 저는 하나의 새로운 관점을 소개합니다. "누구든지 그리스도 안에 있으면 새로운 피조물이라 이전 것은 지나갔으니—모두 가버렸습니다—보라 새 것이 되었도다"(고후 5:17). 이제 그가 자신에 대해서 가진 새로운 관점만큼 이 능한 사람에게 있어서 능한 사람을 더 감격시킨 것이 없었습니다. 그는 그의 모든 옛 삶으로부터 해방되었습니다. 그 옛 삶이 어떤 의미를 가지고 있는지를 진실로 알았을 때 그 옛 삶이 참으로 무섭다는 것을 인식하게 되었습니다. 그것은 수치스럽고 기만적인 삶이었습니다. 언제나 불안하고 마음에 진정한 평화가 없고 안식과 만족이 없는 삶이었습니다.

그러나 이제는 전혀 다릅니다. 그는 십자가를 통해서 자신에 대한 새로운 관점을 가지게 되었습니다. 자기에게 진실된 모습을 보여 준 것은 십자가입니다. 그는 다른 모든 사람과 같이 자기도 죄인이요, 그것도 비열한 죄인이라는 사실을 알았습니다. 그는 자기가 죄로 가득 찼으며 무가치하며 비열하다는 것도 알았습니다. 사람이 일단 십자가의 빛에 비추어서 자신을 보기 시작하기만 하면 자기 중심적인 관점이 모든 국면에서 얼마나 무섭다는 것을 알게 됩니다. 그것은 모두 그릇된 것입니다. 그것은 진리가 아닙니다. 세상이 오늘날과 같은 상태에 처하고 모든 쟁투와 긴장과 적대감과 불행과 비참에 처하여 있는 것은 우리 각자가 그러한 새로운 관점을 가지고 있지 않기 때문입니다. 자기(self)는 이러한 모든 것들의 원인입니다.

그러므로 여기서 사도가 자신과 보편적인 사람들에 관해서 쓰게 될 때, 다음과 같은 것들을 말하기 시작함을 여러분은 발견할 것입니다—"의인은 없나니 하나도 없다"(롬 3:10). 여러분도 알다시피, 자기는 전에 율법에는 흠이 없는 사람이었다고 말했습니다. 그러나 그것은 모든 바리새인들이 그랬듯이 율법을 자기 나름대로 억지로 해석했기 때문입니다. 그는 율법의 진실을 알게 되었습니다. 그는 죄가 무엇인가를 알게 되었습니다. 율법은 말합니다. "탐내지 말라." 사람이 그 탐내는 것이 죄라는 것을 인식하는 순간 자기가 죄인임을 알게 됩니다. 모든 사람은 죄를 지었습니다. 어떤 일을 행하지 않았을 수도 있습니다. 그러나 하고 싶은 마음이 들었거나 그 일을 행할 용기가 없었기 때문에 하지 못했다면, 그런 경우에 그 사람은 무서운 죄인입니다. 탐내고 정죄받고 율법이 살아나고 죄도 살아나고 그리고 나는 죽었습니다.

그는 온 세상이 하나님 앞에 죄인이라고 말합니다. "의인은 없나니 하나도 없다." "모든 사람이 죄를 범하였으매 하나님의 영광에 이르지 못하였다." 바울 자신도 그들 중에 사로잡혀 있었습니다. 그뿐 아니라 자기는 실패자임을 알게 되었습니다. 자기를 그처럼 확신하고 자기 만족에 빠져 있었으며, 자기의 도덕성과 종교성과 율법에 대한 지식을 뽐내던 사람이 이렇게 울부짖습니다. "오호라 나는 곤고한 사람이로다! 이 사망의 몸에서 누가 나를 건져내랴"(롬 7:24). 자기 속에 있는 죄, 자기 지체들 속에 있는 죄에서 누가 나를 건져낼 것인가? 그는 자기가 어떤 일을 하고는 싶지만 행할 수 없다는 것을 알게 되었습니다. 율법은 선하고 의롭고 거룩하지만 그 자신은 죄 아래 팔렸습니다. 선을 행하는 것과 선을 행하고 싶어하는 것과는 별개의 문제라고 말합니다. 내가 선을 행하려 할 때 악이 나와 함께 있습니다. "내가 원하는 바 선은 하지 아니하고 도리어 원치 아니하는 바 악은 행하는도다"(롬 7:19).

내 마음으로는 하나님의 법을 지키고 싶습니다. 그러나 내 지체 속에 한 다른 법이 있어 나를 끌어 잡아당기고 나를 꼼짝 못하게 합니다. 바울은 그 모든 것을 알았습니다. 그래서 이제 그는 자신에 대한 전혀 새로운 관점을 가지고 있습니다. 자신은 전적으로 힘이 없는 사람임을 인식합니다. 그는 다음과 같이 그 점을 나타냄으로써 로마에 있는 사람들에게 그리스도 안에 있는 하나님의 사랑을 크게 높입니다. "우리가 아직 연약할 때에 기약대로 그리스도께서 경건치 않은 자를 위하여 죽으셨도다." 우리는 연약하였습니다. "우리가 아직 죄인 되었을 때에 그리스도께서 우리를 위하여 죽으심으로 하나님께서 우리에게 대한 자기의 사랑을 확증하셨느니라"(5:6, 8). 그리고 다시 "곧 우리가 원수 되었을 때에 그들의 죽으심으로 말미암아 하나님으로 더불어 화목되었은즉…"(10절). 그러나 자기가 하나님을 섬기고 있다고 생각했습니다. 그는 자기는 경건한 사람이요, 하나님 앞에서 매우 기쁨을 드리는 사람으로 생각했습니다. 그러나 그는 이제 말합니다—나는 내가 하나님의 원수임을 알게 되었다. 나는 하나님을 섬기지도 경배하지도 않고 있었다. 나는 나 자신을 경배하고 섬기고 있었다. 그렇기 때문에 나는 나의 도덕성과 나의 종교와 나의 총명을 자랑했었다. 내가 하나님을 기쁘게 하고 있다고 생각은 했지만 하나님을 섬기고 있었던 것이 아니라 내 자신을 신으로 삼아 섬기고 있었던 것이다.

    이 모든 것을 그에게 보여 주었던 것은 십자가입니다. 왜냐하면 십자가 위에서 주 예수 그리스도께서 그와 우리 모두에게 말씀하셨던 것 때문입니다. 주님은 자기가 이 세상에 와서 십자가에서 죽은 것은 우리의 됨됨이 때문이라고 말씀하십니다. 우리가 죄인들이고 실패자들이고 무능하였고 잃어버린 자들이고 우리 속에 선한 것이 하나도 없었기 때문에, 더 나아가서 우리가 영적으로 죽어 있었기 때문에 주님이 오셔서 십자가에서 죽으셨다고 말씀하십니다. 영적으로 죽었다는 말은 우리가 하나님을 알지 못했다는 뜻입니다. 하나님에 대해서 이야기는 했지만 하나님에 대해서 알지는 못했습니다. 그것이 영적인 죽음을 뜻하는 바입니다. 우리 주님은 "영생은 곧 유일하신 참 하나님과 그의 보내신 자 예수 그리스도를 아는 것이니이다"(요 17:3)라고 말씀하십니다. 죽었다는 것은 그 정반대입니다. 그것은 하나님을 알지 못하며, 예수 그리스도를 알지 못한다는 뜻입니다.

    이제 하나님은 살아 계신 하나님이시요, 하나님께서는 자기가 사람들에게 알리워지기를 바라십니다. 하나님께서 사람을 지으신 것은 하나님을 알고 하나님과 교제케 하기 위함이었습니다. 사람은 하나님의 친구로 지은 바 되었습니다. 여러분과 저는 하나님이 마치 어떤 철학적인 "X"(미지수)인 것처럼 하나님에 대해서 토론하거나 말해서는 안 됩니다. 하나님은 알려져야 합니다. 아브라함에게 친구처럼 말씀하신 하나님은 알려져야 할 분입니다. 아브라함은 그를 알았고 이삭과 야곱도 그러하였습니다. 이 모든 사람들, 족장들과 구약의 모든 성도들은 알았습니다. 다윗은 친밀하게 하나님께 아뢰었습니다.

여러분은 하나님을 아십니까? 그렇지 않다면 그것은 여러분이 영적으로 죽어 있다는 증거입니다. 그는 에베소 사람들에게 "너희의 허물과 죄로 죽었던 너희를 살리셨도다"(엡 2:1)라고 말했습니다. 그는 그러한 사람들 중의 하나였습니다…다른 이들과 같이 "본질상 진노의 자녀"였습니다(엡 2:3). 바울은 십자가에서 이 모든 것을 알게 되었습니다. 사람들이 이러한 곤경에 처해 있지 않았다면 하나님의 아들이 십자가에서 죽지 않았을 것입니다. 십자가는 바로 그 점을 그에게 보여 줍니다. 만일 사람들이 어떤 다른 방식으로 구원받을 수 있었다면 그렇게 했을 것입니다. 그러나 그러한 일은 불가능했습니다. 그러므로 사람은 전적으로 무능하며 비열하다고 십자가는 선포합니다. 그러나 하나님께 감사합니다. 거기에서만 멈추지 않습니다. 바울이 십자가에서 배운 것은 주 예수 그리스도께서 자기를 구원하기 위하여 십자가에서 자기 대신 죽으셨다는 사실입니다. 이것을 설명하기 위해서 많은 용어들이 사용됩니다. 그 용어들 중에 하나는 "속전(贖錢)을 지불하다", "값을 지불하다"는 용어입니다. 사람은 마귀와 죄와 악의 노예가 되었습니다. 그는 그것들에게 팔리웠습니다.

사도는 십자가에서 예수 그리스도께서 자기를 사고 계셨다는 사실을 발견하였습니다. 바로 십자가에서 그 일이 일어나고 있었던 것입니다. 그래서 그는 고린도 사람들에게 도덕성과 행실에 관하여 쓰면서 이렇게 나타냅니다. "너희 몸은 너희가 하나님께로부터 받은 바 너희 가운데 계신 성령의 전인 줄을 알지 못하느냐 너희는 너희의 것이 아니라 값으로 산 것이 되었으니 그런즉 너희 몸으로 하나님께 영광을 돌리라"(고전 6:19-20). 자, 여기에 새로운 관점이 들어왔습니다. 그는 마귀와 세상의 노예였습니다. 죄와 악의 노예였습니다. 그가 아무리 애쓴다 할지라도 자유함을 얻을 수 없었습니다. 그러나 그는 구속함을 받았습니다. 건짐을 받고 해방되었습니다. 그는 흑암의 나라에서 하나님의 아들의 나라로 옮기워졌습니다. 그는 구속(救贖)되었습니다.

이제 그는 자신에 대한 새로운 관점을 가지게 되었습니다. 그는 자기의 것이 아닙니다. 더 이상 자신에게 속하지 않았습니다. 그는 전에 자신을 위해서 살았지만 이제 더 이상 그렇지 않습니다. 그는 값으로 산 것이 되었습니다. 그는 새로운 생명을 가지게 되었고 새로운 세계 안에 들어서게 되었습니다. 여러분도 알다시피, 이것이 그 사람을 어찌나 꽉 붙잡고 감격해 했던지 그는 그렇게 말하는 것으로만 끝낼 수가 없었습니다. 그는 어느 곳에서나 그 점을 말합니다. 저는 여러분에게 고린도전서 6:19-20을 인용하였습니다. 그러나 우리가 연구하고 있는 바로 이 갈라디아서 2:20에서 사도 바울이 그 점을 어떻게 나타내는지 청종하십시오. 그는 말합니다. "내가 그리스도와 함께 십자가에 못박혔나니 그런즉 이제는 내가 산 것이 아니요 오직 내 안에 그리스도께서 사신 것이라 이제 내가 육체 가운데 사는 것은 나를 사랑하사 나를 위하여 자기 몸을 버리신 하나님의 아들을 믿는 믿음 안에서 사는 것이라."

여러분은 그 차이가 어떠한 것인가를 봅니다. "이제는 내가 산 것이 아니요"라는 이 진술이야말로 얼마나 엄청난 진술입니까! 다른 말로 해서, 자기는 그 이전의 자기가 아니라는 말입니다. 그때 그는 자신을 위해서 살았습니다. 그러나 지금은 자기를 위해서 살지 않습니다. 이제는 더 이상 그렇지 않습니다. "내가 산 것이 아니요 오직 내 안에 그리스도께서 사신 것이라 이제 내가 육체 가운데 사는 것은 나를 사랑하사 나를 위하여(십자가 위에서) 자기를 버리신 하나님의 아들을 믿는 믿음 안에서 사는 것이다." 그처럼 그것은 전적으로 새로운 삶의 형태입니다. 그는 그 전의 방식대로 살고 있지 않습니다. 십자가가 그에게 있어서 모든 것을 바꾸어 놓았습니다. 그는 이제 자신을 위해서 살지 않습니다 ― "나를 사랑하사 자기 몸을 버리신 하나님의 아들을 믿는 믿음 안에서 사는 것이라."

또한 다시 로마서 8장 서두에서 그 점을 어떻게 말하고 있는지 청종하십시오. "그러므로 이제 그리스도 예수 안에 있는 자에게 결코 정죄함이 없나니 이는"―그 다음을 주목해 보십시오―"그리스도 예수 안에 있는 생명의 성령의 법이 죄와 사망의 법에서 너를 해방하였음이라." 그는 율법에 속한 삶을 살고 죄와 사망의 법을 위하여 살았으며, 죄와 정죄의 삶을 살았고 사망과 무덤을 두려워하는 삶을 살았습니다. 다시 말하자면, 율법 아래 있는 그 삶의 폭군에 매여서 무서워하며 살았습니다. "그리스도 예수 안에 있는 생명의 성령의 법이…너를 해방하였음이라." 그는 더 이상 그 율법 아래 살고 있지 않습니다. 그는 이제 그리스도 예수 안에서 살고 있습니다. 새사람이 되었습니다. 그는 삶에 대한 전적으로 새로운 사고방식을 가졌습니다. 그것이 저 위대한 구절인 "그런즉 이제는 내가 산 것이 아니요 오직 내 안에 그리스도께서 사신 것이라"는 말씀 속에 요약되었습니다. 그는 더 이상 자신을 위해서, 자신에 대해서 살지 않습니다. 이제 자기를 위해서 죽으시고 다시 사신 분을 위해서 살고 있습니다.

고린도후서 5장에서 사도 바울은 역시 그러한 논증을 펴고 있습니다. "우리가 생각컨대 한 사람이 모든 사람을 대신하여 죽었은즉 모든 사람이 죽은 것이라. 그가 모든 사람을 대신하여 죽으심은 산 자들로 하여금 다시는 저희 자신을 위하여 살지 않고 오직 저희를 대신하여 죽었다가 다시 사신 자를 위하여 살게 하려 함이니라." 그 삶은 자신에 대한 전적으로 새로운 관점, 곧 자기가 어떤 사람이며, 어떠한 사람이어야 하는가에 대한 관점을 가진 절대적으로 새로운 삶입니다. "이전 것은 지나갔으니 보라 새 것이 되었도다." 이제 내가 사는 것이 아니라, "나를 사랑하사 나를 위하여 자신을 버리신 하나님의 아들을 믿는 믿음 안에서 사는 것이라." 이 사람이 십자가를 자랑하는 것은 놀라운 일입니까? 그는 여전히 이 세상에서 살아가고 있습니다. 사람들은 그의 말을 이해하기가 매우 어려울 수 있습니다.

그래서 그는 고린도전서에서 이렇게 쓰고 있습니다. "사람이 마땅히 우리를 그리스도의 일꾼이요 하나님의 비밀을 맡은 자로 여길지어다"(4:1). 그는 말합니다. "너희가 나를 생각할 때 그렇게 생각하라. 나를 바울로 생각지 말라. 너희가 그렇게 생각하는 순간 너희는 아볼로와 게바를 생각할 것이고 어느 사람이 더 크냐는 쓸데없는 생각에 빠지게 될 것이다. 우리를 그리스도의 청지기로 생각하라. 하나님의 비밀을 맡은 자로 말이다." "그리고 맡은 자들에게 구할 것은 충성이니라 너희에게나 다른 사람에게나 판단 받는 것이 내게는 매우 작은 일이라 나도 나를 판단치 아니하노니 내가 자책할 아무것도 깨닫지 못하나 그러나 이를 인하여 의롭다 함을 얻지 못하노라 다만 나를 판단하실 이는 주시니라"(고전 4:2-4).

얼마나 놀라운 구원입니까? 바울은 너희는 결단코 나를 괴롭게 할 수 없다. 너희들이 무슨 말을 하든지 그것이 나에게 하등의 상관이 없다. 너희나 어느 사람의 판단을 받는 것이 내게는 매우 작은 일이다. 여러분은 그러한 체험을 가진 적이 있습니까? 여러분은 그와 같은 사람들입니까? 비평에 대해서 별로 신경을 쓰지 않는 사람들입니까? 사람들이 자신에 대해서 무어라고 얘기한다 할지라도 관심이 없다고 말할 수 있습니까? 하늘이나 그렇게 말할 수 있음을 알지 못합니까? 사람들이 생각하고 말하는 것을 두려워함으로 당하는 비참과 불행을 생각해 보십시오. 여기 자신으로부터 구원받은 한 사람인 바울이 말합니다. "너희에게나 다른 사람에게나 판단 받는 것이 내게는 매우 작은 일이라 나도 나를 판단치 아니하노니."

그는 다른 사람들이 자기에 대해서 어떻게 생각하는지 걱정하지 않을 뿐 아니라, 자기마저도 자신에 대해서 생각하는 것을 멈추었습니다. 여러분은 여러분 자신에 대해서 생각하느라 허비한 시간의 분량이 얼마나 되는가 생각해 본 적이 있습니까?. 여러분은 자신을 바라보며 우쭐거리며, 자신을 시험해 보고 점수를 매겨 보고 다른 사람들을 두려워하느라고 보낸 시간이 얼마나 되는가 계산해 보았습니까? 참으로 시간 낭비요 가증스러운 일입니다. 그는 말합니다. "나는 다른 사람들이 나에 대해서 무어라 생각하든지 관심이 없다. 뿐만 아니라 나 자신에 대해서도 나는 생각지 않는다. 나는 내 자신과 관계를 끊었다. 내 재판장은 주님이시다. 나는 그와 그이를 찬미하기 위하여 산다. 내가 살지만 이제부터 내가 사는 것은 나를 사랑하사 나를 위하여 자기 몸을 버리신 하나님의 아들을 믿는 믿음 안에서 산다."

얼마나 놀라운 변화입니까! 얼마나 엄청난 구원입니까! 바로 그 모든 일을 십자가가 해냈습니다. 여러분은 값으로 산 것이 되었고, 그 값이 그리스도의 보배로운 피, "점도 흠도 티도 없는 어린양의 피 같은" 그리스도의 피이기 때문에 여러분은 여러분 자신의 것이 아닙니다. 이제 바울은 이 자신에 대한 새로운 관점 때문에 전체 삶과 그 삶에 수반되는 모든 환경에 대한 전적으로 새로운 관점을 가지게 되었습니다. 그는 이제 어떻게 하면 새로운 방식으로 살 것인가를 압니다. 우리 모두는 그 점을 배울 필요가 있습니다. 그렇지 않습니까? 전에는 삶이란 도덕적 투쟁의 문제, 선해지려고 헛된 노력을 하고 율법을 지키며, 도덕적이 되며 종교적이 되려는 헛된 수고를 하는 것이었습니다. 그러나 그 모든 것은 자신을 위한 것이었습니다. 모든 것이 자기를 위해서 행해졌으며, 그 모든 것은 전적이고 절대적인 실패로 돌아가고 말았습니다.

그리스도의 십자가를 통해서 우리에게 이루어진 놀라운 일들 가운데 하나는 십자가가 그 모든 것을 변화시켰다는 점입니다. 우리가 진실로 그 십자가의 의미를 이해할 때 그것을 알게 됩니다. 십자가는 능히 우리로 하여금 전적으로 새로운 방식으로 살게 합니다. 사도 바울이 로마서에서 무엇이라고 썼는지 읽어보십시오. 8장을 다시 살펴봅시다. 이미 1절과 2절은 인용한 바 있습니다. 그래서 지금은 3절과 4절을 인용해 보겠습니다. "율법이 육신으로 말미암아 연약하여 할 수 없는 그것을 하나님은 하시나니 곧 죄를 인하여 자기 아들을 죄있는 육신의 모양으로 보내어 육신의 죄를 정하사 육신을 좇지 않고 그 영을 좇아 행하는 우리에게 율법의 요구를 이루어지게 하려 하심이니라." 이 말씀은 십자가의 비밀을 온전히 풀어낸 것입니다. 하나님께서 육신을 좇지 않고 그 영을 좇아 행하는 우리에게 율법의 의가 이루어지게 하려고 육신의 죄를 정하신 것은 바로 그 십자가 위에서였습니다. 다른 말로 해서, 십자가는 이 세상에서 어떻게 삶을 살 것인가에 대한 전적으로 새로운 사고방식을 제공합니다.

 십자가는 바로 그러한 방식으로 그 일을 해냈습니다. 사람이 십자가의 메시지의 의미를 알기 전에 선과 악의 차원에서 생각하며 행동들의 차원에서 생각합니다. 그러나 그 이상은 나갈 수가 없습니다. 그 이상은 나갈 수 없기 때문에 그가 원하는 것을 할 수가 없습니다. 그러나 십자가는 우리에게 죄에 대한 전혀 새로운 관점을 제공합니다. 십자가는 죄가 우리의 가장 큰 원수임을 밝혀 줍니다. 십자가는 우리가 좋아하는 것들과 우리가 애호하는 것들과, 세상이 우리 앞에 눈부시게 펼쳐 보이는 것들이 우리 영혼의 원수라고 밝혀 줍니다. 그러한 것들이 우리를 위태롭게 합니다. 또한 십자가는 세상이 자랑하는 것이 바로 우리를 지금 이렇게 비참하게 했음을 보여 줍니다. 세상이 자랑하는 것이 우리를 불행하게 만들고 모든 어려운 난제들을 발생시킵니다. 우리로 하여금 죽기를 무서워하고 하나님을 무섭게 생각하게 만들었던 것이 바로 그처럼 놀랍게 보였던 그것이었습니다—바로 그것의 진상이 그러하였습니다. 십자가는 그것의 겉에 발라놓은 모든 현란한 색깔들을 다 벗겨버리고 그것의 비열함과 어리석음을 드러내 줍니다.

 십자가는 그러한 일을 그렇게 해냅니다. 하나님의 아들로 하여금 십자가에 나아가게 한 것은 무엇이었습니까? 그것은 죄입니다. 죄, 하나님께 대한 모반이 악의 원리, 사람의 이기심, 그리스도를 십자가에 못박은, 바로 그것입니다. 사람은 맨 처음 십자가가 그러하다는 것을 알게 됩니다. 그뿐 아니라 십자가는 사람에게 또 다른 계시를 줍니다. 저는 그것을 이렇게 설명하겠습니다. 죄는 그리스도 안에 있는 하나님의 전체 목적과 하나님의 아들이 십자가에 나아가서 그 잔인하고 수치스러운 방식으로 죽으신 의도에 반하는 것입니다. 바울은 점층법적인 어법으로 디도에게 그것을 이렇게 나타냅니다. "모든 사람에게 구원을 주시는 하나님의 은혜가 나타나 우리를 양육하시되 경건치 않은 것과 세상 정욕을 다 버리고 근신함과 의로움과 경건함으로 이 세상에 살고 복스러운 소망과 우리의 크신 하나님 구주 예수 그리스도의 영광이 나타나심을 기다리게 하셨으니 그가 우리를 대신하여 자신을 주심은…."

그가 무엇 때문에 우리에게 자신을 주셨습니까? 지옥에서 우리를 건지기 위해서입니까? 더 계속 읽어보십시오. "모든 불법에서 우리를 구원하시고 우리를 깨끗하게 하사 선한 일에 열심 내는 친백성이 되게 하려 하심이라"(2:11-14). 십자가에서 자신을 주신 것은 우리를 그 악한 삶에서 건지기 위한 것입니다. 그는 자신을 위해서 한 특별한 백성, 자기의 소유된 백성, 선한 일에 열심내는 백성을 가지기 위해서 "우리를 모든 불의에서 구속하셨습니다." 만일 내가 자기 중심적인 삶을 계속 살아간다면, 그것은 그를 십자가로 가게 한 바로 그 일을 부인하고 있는 것입니다. 그뿐 아니라 내가 그리스도인으로서 믿는다고 자랑하는 모든 것을 다 부정하고 있는 셈입니다.

십자가의 메시지를 알고도 계속 죄를 짓는 사람은 스스로 모순을 범하는 사람입니다. "그런즉 우리가 무슨 말하리요 은혜를 더하게 하려고 죄에 거하겠느뇨 그럴 수 없느니라 죄에 대하여 죽은 우리가 어찌 그 가운데 더 살리요"(롬 6:1-2). 바울이 말하는 것은, 만일 계속해서 죄를 범하고 있다면 자기가 믿는다고 하는 모든 것을 부정하는 셈이 된다는 것입니다. "이와 같이 너희도 너희 자신을 죄에 대하여는 죽은 자요 그리스도 예수 안에서 하나님을 대하여는 산 자로 여길지어다 그러므로 너희는 죄로 너희 죽을 몸에 왕노릇하지 못하게 하여 몸의 사욕을 순종치 말고 또한 너희 지체를 불의의 병기로 죄에게 드리지 말고 오직 너희 자신을 죽은 자 가운데서 다시 산 자같이 하나님께 드리며 너희 지체를 의의 병기로 하나님께 드리라"(롬 6:11-13). 이 말씀이 바로 이런 의미라는 것을 여러분은 아실 것입니다. 곧, 여러분의 성화는 십자가에 대한 여러분의 관점에 의해서 결정된다는 말입니다.

십자가는 사죄에 대해서만 말하고 또는 회심에 대해서만 말한다는 식으로 주장해서는 안 됩니다. 십자가를 떠나서 더 높은 지점을 향해서 나아가야 한다거나, 우리는 오직 성령의 영역 안에 들어 있다는 식으로 말해서는 안 됩니다. 아닙니다. 십자가는 거룩하게 되는 것을 주장합니다. 십자가는 성화에 대한 가장 강력한 논증입니다. 만일 여러분이 죄 가운데 계속 거하며 거룩한 삶을 살고 있지 않다면 여러분의 처음 믿음을 배반하고 있는 셈입니다. 사도 요한의 말을 들어봅시다. "사랑하는 자들아 우리가 지금은 하나님의 자녀라 장래에 어떻게 될 것은 아직 나타나지 아니하였으나 그가 나타내심이 되면 우리가 그와 같을 줄을 아는 것은 그의 계신 그대로 볼 것을 인함이니 주를 향하여 이 소망을 가진 자마다 그의 깨끗하심과 같이 자기를 깨끗하게 하느니라"(요일 3:2-3).

사람이 일단 십자가의 메시지를 알면 모든 것에 대해 전혀 새로운 관점을 가지게 됩니다. 그는 이제는 선한 생활을 살려고 발버둥친다든지, 다른 사람을 해롭게 하지 않으려고 애쓴다든지, 율법이 허용하는 최소한의 한도 내에서만 의롭게 살려고 하지 않습니다. 고소 당하지 않으려 바둥거리지 않게 되고 오히려 안전하게 안식하는 것을 택합니다. 이제 그 모든 것은 끝났습니다. 그는 새로운 사람입니다. 그는 값으로 산 것이 되었고 하나님의 아들입니다. 그는 하나님을 위해서 예비된 사람입니다. 그는 이제 새로운 동기를 가지고 있습니다. 이제 그가 죄 짓는다는 것은 사랑을 손상시킨다는 것이지 율법을 어긴다는 것이 아닙니다. 자기를 위하여 자신의 몸을 버리신 사랑을 훼손시키는 것입니다. 그는, 나는 그렇게 할 수 없다고 말합니다. 나는 값으로 산 것이 되었다. 나는 그렇게 사랑을 손상할 하등의 권리를 가지고 있지 않다. 나는 나 자신의 것이 아니다. 나는 그분에게 속했다. 내가 마귀와 죄의 노예였듯이 이제는 그리스도의 노예이다. 나는 그것을 할 권리도 없고, 할 수도 없다. 그러면서 그는 죄에 대해서 새로운 개념을 가집니다. 또한 거룩한 삶을 영위하기 위한 새로운 동기들을 가집니다.

하나님께 감사하게도 그 모든 것보다도 거룩한 삶을 살 수 있는 새로운 능력을 받게 됩니다. 그리스도의 하나님께서 죽으신 것은 우리가 용서함 받기 위한 것만이 아닙니다. 성령의 은사와 그의 능력을 받게도 하기 위함이었습니다. 그는 우리에게 어떻게 사느냐를 가르치셨고 그는 역시 우리에게 고난받는 법도 가르쳐 주셨습니다. 우리가 이 고난의 세상에서 살고 있으며 어떻게 고난을 대처해야 될 것인가를 익힐 필요가 있기 때문에 그는 어떻게 고난을 받아야 할 것인지를 가르쳐 주십니다. 십자가는 우리에게 고난받는 방식을 가르칩니다만, 도덕적이고 윤리적으로 어떻게 살 것뿐만 아니라 어떻게 고난을 받아야 할 것인지도 가르쳐 줍니다. 난폭한 운명의 돌팔매질과 화살들을 대처하는 방식도 가르쳐 줍니다. 우리 모두는 그러한 것들을 당합니다. 사람들이 우리를 오해하고, 부당한 일을 당하고, 믿는 친구로부터 배반을 당하고, 우리가 꼭 신뢰하던 사람들이 우리를 넘어뜨리는 것, 절망, 고독, 육신적 고통 등이 우리에게 찾아옵니다.

여러분은 이러한 것들을 맞서서 어떻게 대처합니까? 우리 모두에게 다가오는 이러한 것들을 어떻게 대처하며 살아나가겠습니까? 여기에 그 방식이 있습니다. 사도 베드로가 이 점에 관해서 무어라 말하는지 읽어보십시오. "사환들아 범사에 두려워함으로 주인들에게 순복하되 선하고 관용하는 자들에게만 아니라 또한 까다로운 자들에게도 그리하라 애매히 고난을 받아도 하나님을 생각함으로 슬픔을 참으면 이는 아름다우나 죄가 있어 매를 맞고 참으면 무슨 칭찬이 있으리요 오직 선을 행함으로 고난을 받고 참으면 이는 하나님 앞에 아름다우니라 이를 위하여 너희가 부르심을 입었으니 그리스도도 너희를 위하여 고난을 받으사 너희에게 본을 끼쳐 그 자취를 따라 오게 하려 하셨느니라 저는 죄를 범치 아니하시고 그 입에 궤사도 없으시며 욕을 받으시되 대신 욕하지 아니하시고 고난을 받으시되 위협하지 아니하시고 오직 공의로 심판하시는 자에게 부탁하시며 친히 나무에 달려 그 몸으로 우리 죄를 담당하셨으니 이는 우리로 죄에 대하여 죽고 의에 대하여 살게 하려 하심이라 저가 채찍에 맞음으로 너희는 나음을 얻었나니 너희가 전에는 양과 같이 길을 잃었더니 이제는 너희 영혼의 목자와 감독 되신 이에게 돌아왔느니라"(벧전 2:18-25).

오직 한 가지 길밖에 없습니다. 십자가뿐입니다. 오해와 불공평과 친구들의 모략과 고독과, 심지어 제자들이 그를 버리고 달아나 버렸고 주님 혼자 남았었습니다. 그러나 그것이 올 줄을 주님은 아셨습니다. 주님께서는 이미 그러한 사실을 그들에게 일러주셨던 것입니다. "보라 너희가 다 각각 제 곳으로 흩어지고 나를 혼자 둘 때가 오나니 벌써 왔도다 그러나 내가 혼자 있는 것이 아니라 아버지께서 나와 함께 계시느니라"(요 16:32).

그렇기 때문에 주께서 당한 체험은 다 여러분의 몫으로 언제나 떨어질 수 있습니다. 중상모략과 오해와 욕설과 부당함과 고독과 고뇌와 땀 등 그러한 모든 체험을 언제라도 당할 수 있습니다.

> 마음을 찢는 모든 고통을
> 질고의 사람은 다 당하였네
>
> 브루스(M. Bruce)

그렇습니다. 그가 죄 있는 육신의 모양으로 오신 바 되었고, "모든 일에 우리와 한결같이 시험을 받은 자로되 죄는 없으시다"는 사실에 비추어 볼 때 그는 우리를 도우실 수 있습니다. 그처럼 십자가는 어떻게 살아야 하는가를 가르칠 뿐 아니라 어떻게 고난받고, 어떻게 그리스도의 발자취를 따라가야 하는가를 가르칩니다. 또한 어떻게 죽고, 우리 모두 다 죽어야 함을 가르칩니다. 나에게 실제적으로 어떻게 죽는가를 가르칠 수 있는 것은 십자가뿐입니다. 그것이 어떠한 방식으로 그러한 일을 해냈는지 몇 가지 방식만 말씀드리려 합니다. 그는 사망에게서 쏘는 것을 뽑았습니다. 사망이 고통거리가 아닌 것이 되었습니다. 사망 뒤에 따라오는 것은 고통입니다. 사람들은 죽은 후에 어떠한 일이 일어날까에 대해서 아무것도 말하지 않습니다. 그러나 그들은 알지 못하고 그것을 증명할 수 없습니다. 또한 믿지도 않습니다. 마지막 원수는 사망에 대한 공포입니다. 그 원수는 낫을 가지고 언제나 우리를 기다리고 있습니다.

아! 그러나 다 좋습니다. 고린도전서에서 저 위대한 사도인 바울이 어떻게 그 점을 나타내는가를 들어보십시오. 이 썩을 것은 불가불 썩지 아니함을 입어야 하겠고 이 죽을 것은 죽지 아니함을 입어야 한다고 말합니다. "이 썩을 것이 썩지 아니함을 입고 이 죽을 것이 죽지 아니함을 입을 때에는 사망이 이김의 삼킨 바 되리라고 기록된 말씀이 응하리라 사망아 너의 이기는 것이 어디 있느냐 사망아 너의 쏘는 것이 어디 있느냐 사망의 쏘는 것은 죄요 죄의 권능은 율법이라 우리 주 예수 그리스도로 말미암아 우리에게 이김을 주시는 하나님께 감사하노니"(고전 15:54-57). 그는 십자가에서 죽으심으로 율법을 만족시켰고, 그를 믿고 그리스도의 속죄의 희생적인 죽음의 효력을 믿는 모든 사람들에 대하여 사망의 쏘는 것을 제거하셨습니다. 그는 사망과 무덤을 이기셨습니다. 그에 더하여 십자가에서 죽으심으로 말미암아 우리가 어떻게 죽을 것인가를 밝혀 주셨습니다.

여러분은 히브리서 기자가 그 점을 어떻게 나타냈는가 기억하십니까? "이러므로 우리에게 구름같이 둘러싼 허다한 증인들이 있으니 모든 무거운 것과 얽매이기 쉬운 죄를 벗어버리고 인내로써 우리 앞에 당한 경주를 경주하며 믿음의 주요 또 온전케 하시는 이인 예수를 바라보자 저는 그 앞에 있는 즐거움을 위하여 십자가를 참으사 부끄러움을 개의치 아니하시더니…." 십자가는 그에게 있어서 참으로 무서운 것이었습니다. 그렇기 때문에 동산에서 그처럼 땀을 흘리셨던 것입니다. 사람들의 죄가 자기에게 지워지고 자기는 하나님의 면전에서 버림을 받아 의로운 영혼으로 사망의 고통을 당해야 함을 아셨습니다. 생명의 주께서 죽다니! 그는 결코 그것을 원치 아니하셨습니다. 그 일은 참으로 무서운 일이었습니다. 그러나 그는 그것을 참아 내셨습니다. 어떻게? "저는 그 앞에 있는 즐거움을 위하여 십자가를 참으사 부끄러움을 개의치 아니하시더니 하나님 보좌 우편에 앉으셨느니라 너희가 피곤하여 낙심치 않기 위하여 죄인들의 이같이 자기에게 거역한 일을 참으신 자를 생각하라 너희가 죄와 싸우되 아직 피흘리기까지는 대항치 아니하고"(히 12:1-4). 그러나 주님은 십자가에서 죽으셨고 어떻게 죽어야 할지를 가르쳐 주십니다.

여러분은 그 쏘는 것이 없어졌다는 것을 인식하기 위하여 십자가에서 죽으신 주님을 살펴보아야 합니다. 주님께서 가시면서 너희를 위하여 처소를 예비하러 가신다고 말씀하셨습니다. "너희는 마음에 근심하지 말라 하나님을 믿으니 또 나를 믿으라 내 아버지 집에 거할 곳이 많도다 그렇지 않으면 너희에게 일렀으리라 내가 너희를 위하여 처소를 예비하러 가노니 가서 너희를 위하여 처소를 예비하면 내가 다시 와서 너희를 내게로 영접하여 나 있는 곳에 너희도 있게 하리라"(요 14:1-3). 그와 같은 사도 바울이 말년에 어떻게 삶을 살았는가를 살펴보십시오. 그는 로마 옥중에 갇힌 죄수의 몸이 되었습니다. 그를 체포한 사람은 다름아닌 저 악명 높은 로마의 네로 황제였습니다. 그는 방종스럽고 불의하고 잔인한 독재자였습니다. 사도들은 거의 매일같이 사형당할 것이라는 소문을 듣고 있었습니다. 그는 죽을 날이 임박해 오는 것을 알았습니다. 어느 순간에도 그 죽음이 올 줄을 알았습니다. 그는 그것을 이렇게 대처하였습니다. "나의 간절한 기대와 소망을 따라 아무 일에든지 부끄럽지 아니하고 오직 전과 같이 이제도 온전히 담대하여 살든지 죽든지 내 몸에서 그리스도가 존귀히 되게 하려 하나니 이는 내게 사는것이 그리스도니 죽는 것도 유익함이니라 그러나 만일 육신으로 사는 이것이 내 일의 열매일진대 무엇을 가릴는지 나는 알지 못하노라 내가 그 두 사이에 끼였으니 떠나서 그리스도와 함께 있을 욕망을 가진 것이 더욱 좋으나 그러나 내가 육신에 거하는 것이 너희를 위하여 더 유익하리라"(빌 1:20-24). 바로 그것이 죽음을 대처하는 방식입니다. 그러니 죽는 것도 유익합니다. 죽는 것은 그리스도와 함께 있게 됨을 의미합니다. 그것이 훨씬 더 낫습니다. 하나님의 아들이 죽고 난 이후 죽음은 더 이상 요물이 아닙니다. 그는 하늘 가는 길을 알았습니다. 만일 여러분이 하나님의 아들과 그의 죽으심을 믿는다면, 죽는다는 것은 그와 함께 있게 될 것을 의미합니다. 그리스도와 함께 있는 것, 그것이 훨씬 더 좋습니다. 죽는 것도 유익합니다.

그처럼 이 십자가로부터 이 모든 놀라운 것들이 나옴을 알았습니다. 사람이 자기의 가련한 자아로부터 건짐 받고, 어떻게 살아야 할까를 가르침 받고 그런 식으로 능히 살 수 있는 힘을 얻게 됩니다. 어떠한 고난이 온다 할지라도 그 고난을 어떻게 맞을지를 배우게 됩니다. 또한 승리하며 개선가를 부르고 죽는 법을 익히게 됩니다. 왜냐하면 그리스도께서 죽으심으로 사망을 이기셨고, 그의 죽으심은 영광의 부활과 승천과 하나님 우편에 영광 중에 앉는 일로 이어졌음을 알기 때문입니다. 이 사람이 "주 예수 그리스도의 십자가 외에 결코 자랑할 것이 없다"고 말한 것이 놀라운 일입니까? 십자가 외에 다른 무엇이 있습니까? 이것이 모든 것입니다. 모든 선한 것이 여기서 나옵니다. 이것이 아니고는 아무것도 없습니다. 이것과 함께 모든 것이 있습니다—이생과 인생과 죽음과 하나님이 자녀들을 기다리는 영원함 속에 있는 모든 것이 그 십자가와 함께 있습니다.

여러분은 그리스도의 십자가를 자랑하고 있습니까? 아니면 여전히 여러분 자신을 자랑하고 있습니까? 여러분 자신을 알았습니까? 십자가를 바라보십시오. 그러면 여러분 자신을 알게 되고, 자신을 미워하게 되며 그 자신으로부터 구원받기 위하여 기도할 것입니다. 그러면 주님께서는 내가 너를 구원하였다고 말씀하실 것입니다. 주님께서 죽으신 것은 여러분으로 하여금 "그런즉 이제는 내가 산 것이 아니요 오직 내 안에 그리스도께서 사신 것이라 이제 내가 육체 가운데 사는 것은 나를 사랑하사 나를 위하여 자기 몸을 버리신 하나님의 아들을 믿는 믿음 안에서 사는 것이라"고 말할 수 있게 하기 위함이었습니다. 나는 나 자신의 것이 아닙니다. 나는 값으로 산 것이 되었습니다. 나는 나를 너무나 사랑하사 나를 위해서 죽으셨고, 언제나 나를 위해서 간구하시며, 다시 오셔서 나를 자기에게로 영접하실 분에게 속해 있습니다.

> 오! 주님의 변치 않는
> 사랑의 한없는 보배
> 그 광대함을 찬미케 하소서
>
> 로빈슨(R. Robinson)

역자후기

먼저 이 책을 우리에게 주신 하나님께 감사를 드립니다. 이제 한국 교회에 로이드 존스 목사님에 대해 새롭게 소개할 필요가 없을 정도로 그의 많은 책들이 번역 출간되었습니다. 실로 그분의 책을 접할 수 있다는 것은 하나님 앞에서 큰 긍휼과 영광이 아닐 수 없습니다. 그가 강단에서 직접 외쳤던 살아 있는 메시지를 지면에 담아 책으로 출판함으로써, 많은 사람들의 신앙을 정립해 주고 양육하여 이 어지러운 세대 속에서 신앙을 지키게 하신 하나님의 섭리는 크고 오묘합니다. 우리는 이분의 책을 대할 때마다 우리 믿음의 뿌리와 줄기와 열매를 다시 한 번 새롭게 살펴보게 됩니다. 그의 메시지가 그러한 효력을 우리 안에서 내는 것은 그가 말씀을 통해서 예수 그리스도를 성령의 나타남을 따라 명백하고 분명하게 증거하기 때문입니다.

오늘 우리는 이러한 면에서 새로운 각성이 필요한 세대에 살고 있습니다. 강단에서 예수 그리스도의 인격과 그 사역을 명백히 밝히고 그 이름을 언제나 높이고 있는지, 강단에 선 사역자들이 성령의 나타나심을 따라 사역하고 있는지 깊이 숙고해 보아야 할 것입니다. 그리하여 성경이 말하는 그리스도인의 진면모를, 진실을 지적하고 그려주는지 자문하고 반문해 보아야 합니다. 이 책에 실린 메시지들은 그리스도 예수의 십자가의 본질과 영광과 그 효력을 집중적으로 강해한 것입니다. 우리 그리스도인에게는 그리스도 예수의 십자가가 언제나 지치지 않을 자랑과 노래의 제목이 되어야 함을 로이드 존스 목사님은 외치고 있습니다. 본서의 내용에 나타나는 것은 희한하고 기발한 아이디어에서 나온 것들은 아닙니다. 성경 전체의 맥락을 따라서 십자가에서 드러난 진리를 성경이 말씀하는 대로 순전하고 겸비하게 그러면서도 힘있게 밝힌 것입니다.

우리는 이 메시지 앞에서 십자가의 능력이 어떠한가를 다시 한 번 발견하게 됩니다. 그리고 복음의 진수와 그 영광이 어디에 있는지를 새삼 알게 됩니다. 그의 고백대로 사역자들은 흔히 "십자가에 대해서 너무 많이 이야기하였으니 다른 것을 이야기하자"는 식의 생각을 하고는 십자가를 언급하지 않고 다른 국면의 진리를 전하느라 애씁니다. 그러나 그것이 얼마나 어리석고 무모한 짓인지를 저자인 로이드 존스 목사님 스스로가 밝히고 있습니다. 우리는 주님께서 영원하신 하나님의 영원한 아들이 왜 사람이 되어 십자가에서 죽으셔야 했는지 그 사건의 본질과 영광과 그 함축된 내용을 면밀하고 주의 깊게 파헤쳐 보아야 합니다. 이 책이 많은 독자들로 하여금 복음의 진수와 핵심이 되는 십자가로 다시 나아가게 할 것을 믿어 의심치 않습니다 그리고 그 능력의 영광 앞에 기쁨을 함께 나누어 가질 것을 확신합니다.

하나님의 성령께서 이 책을 읽는 독자의 마음을 조명하여 주시기를 간절히 바랍니다. 역자는 독자들에게 이 책을 읽을 때 취할 자세에 대해 한 가지만 말씀드리려 합니다. 이 책은 다른 책을 읽는 것처럼 해서는 안 됩니다. 이 책을 읽을 때 그 목사님이 이 메시지를 지금 직접 그 강단에서 전하고 있으며, 각 독자는 그 예배 중의 회중석 어디에선가 자리를 잡고 앉아서 그 메시지를 듣고 있다는 생각을 가져야 합니다. 그런 식으로 이 책을 읽을 때에만 참된 영감에 사로잡히게 될 것입니다. 번역에 어눌함과 부족함을 늘 생각합니다. 그래도 하나님께서 이 부족한 번역을 크게 사용하시어 주의 영광의 복음의 광채를 드러나게 하시기를 바랍니다. 또한 책 출간을 위해 수고하신 사단법인 기독교문서선교회 직원들과 대표되시는 박영호 목사님께 감사드립니다.

역자 서문 강 識

CHRISTIAN LITERATURE CRUSADE

사단법인 기독교문서선교회는 청교도적 복음주의신학과 신앙을 선포하는 국제적, 초교파적, 비영리 문서선교기관입니다.

사단법인 기독교문서선교회는 한국교회를 위한 교육, 전도, 교화에 힘쓰고 있습니다.

만일 당신이 예수 그리스도와 그리스도인의 생활에 대하여 알기를 원하시면 지체말고 서신연락을 주십시오. 주 안에서 기쁜 마음으로 도움을 드리겠습니다.

서울 서초구 방배동 983-2
Tel. (02)586-8761~3

사단법인 기독교문서선교회

십자가와 구속
The Cross

2001년 3월 30일 초판 발행
2015년 1월 31일 초판 3쇄 발행

지은이 | D. M. 로이드 존스
옮긴이 | 서문강

펴낸곳 | 사)기독교문서선교회
등 록 | 제 16-25호(1980.1.18)
주 소 | 서울시 서초구 방배로 68
전 화 | 02) 586-8546(본사) 031) 942-8761(영업부)
팩 스 | 02) 523-0131(본사) 031) 942-8763(영업부)
홈페이지 | www.clcbook.com
이메일 | clckor@gmail.com
온라인 | 기업은행 073-000308-04-020, 국민은행 043-01-0379-646
            예금주: 사)기독교문서선교회

ISBN 978-89-341-0247-0(03230)

* 낙장 · 파본은 교환해 드립니다.